Klare Führung

Guido Schmidt

Klare Führung

Führungsphilosophie als Anleitung für gute und nachhaltige Entscheidungen

Guido Schmidt
Düsseldorf, Deutschland

ISBN 978-3-658-25273-1   ISBN 978-3-658-25274-8 (eBook)
https://doi.org/10.1007/978-3-658-25274-8

Die Deutsche Nationalbibliothek verzeichnet diese Publikation in der Deutschen Nationalbibliografie; detaillierte bibliografische Daten sind im Internet über http://dnb.d-nb.de abrufbar.

Springer Gabler
© Springer Fachmedien Wiesbaden GmbH, ein Teil von Springer Nature 2019
Das Werk einschließlich aller seiner Teile ist urheberrechtlich geschützt. Jede Verwertung, die nicht ausdrücklich vom Urheberrechtsgesetz zugelassen ist, bedarf der vorherigen Zustimmung des Verlags. Das gilt insbesondere für Vervielfältigungen, Bearbeitungen, Übersetzungen, Mikroverfilmungen und die Einspeicherung und Verarbeitung in elektronischen Systemen.
Die Wiedergabe von allgemein beschreibenden Bezeichnungen, Marken, Unternehmensnamen etc. in diesem Werk bedeutet nicht, dass diese frei durch jedermann benutzt werden dürfen. Die Berechtigung zur Benutzung unterliegt, auch ohne gesonderten Hinweis hierzu, den Regeln des Markenrechts. Die Rechte des jeweiligen Zeicheninhabers sind zu beachten.
Der Verlag, die Autoren und die Herausgeber gehen davon aus, dass die Angaben und Informationen in diesem Werk zum Zeitpunkt der Veröffentlichung vollständig und korrekt sind. Weder der Verlag, noch die Autoren oder die Herausgeber übernehmen, ausdrücklich oder implizit, Gewähr für den Inhalt des Werkes, etwaige Fehler oder Äußerungen. Der Verlag bleibt im Hinblick auf geografische Zuordnungen und Gebietsbezeichnungen in veröffentlichten Karten und Institutionsadressen neutral.

Lektorat: Stefanie Winter, Denise Schneider

Springer Gabler ist ein Imprint der eingetragenen Gesellschaft Springer Fachmedien Wiesbaden GmbH und ist ein Teil von Springer Nature
Die Anschrift der Gesellschaft ist: Abraham-Lincoln-Str. 46, 65189 Wiesbaden, Germany

Inhaltsverzeichnis

1	Einleitung.	1
2	Führung und Philosophie.	5
	Ziele der neuen Führung.	5
	Das Philosophische an der Führung	8
	Philosophie statt Methode.	12
	Mythos und neues Denken	15
	Mythen sind überall	18
	Literatur.	20
3	Philosophie für Anfänger oder die Anfänge der Philosophie	21
	Von Flüssigem und Geld.	21
	Der Zeitgeist als Ungerechtigkeit Zeit	24
	Die Kultur als unfassbares Phänomen.	26
	Die Mystik der Zahlen	29
	Die Wahrheit über Führung.	34
	Die relative Dynamik der Umwelt	37
	Der Kampf als Motor allen Geschehens.	39
	Literatur.	42
4	Megatrends zur Führung.	43
	Wahrheit: Von der freien Meinung zum freien Wissen.	43
	Wettbewerb: Vom Klein-Klein zum Fortschritt.	51
	Gerechtigkeit: Von der Gleichmacherei zur Differenzierung	54
	Werte: Vom Geld zur Tugend	57
	Wirtschaft: Von der Globalisierung zu neuen Allianzen.	61
	Staatsform: Von der Hyperdemokratisierung zurück zu Mehrheiten	64

Management: Von der Ohnmacht zur Kompetenz 68
Literatur. 71

5 Persönliche Aspekte der neuen Führung 73
Der Mensch im Mittelpunkt der Führung 73
Idole und Vorbilder 76
Die moralische und unmoralische Führung 79
Die Grenzen der Moral 82
Die Moral der Generationen X und Y 85
Die Angst als intrinsischer Antrieb 90
Die neue Autorität in der Führung 94
Persönlichkeit als Leitbild. 96
Literatur. 100

6 Die Tugenden der klaren Führung 101
Weisheit als Anspruch an die Führungskraft. 103
   Wichtige Fragen auf dem Weg zur Weisheit 104
   Die Synthese als Mittel der Weisheit 106
   Weisheit hat subjektive und objektive Qualität 110
   Weisheit überzeugt einfach 112
   Das Gefühl der Weisheit. 114
Gerechtigkeit als Tugend. 117
   Gerechtigkeit schaffen 120
   Ungerechte Intransparenz. 122
   Ungerechte Entscheidungen. 124
   Führen ist gerecht. 127
Die Tugend der Tapferkeit. 129
   Tapferkeit aus Überzeugung. 131
   Verantwortung übernehmen 134
   Mutige Ziele und Entscheidungen 136
   Mut zur Offenheit. 138
   Vertrauen und Tapferkeit 142
Die Tugend der Mäßigung 144
   Vom Hochmut in der Führung 146
   Die anmaßende Einmischung. 148
Literatur. 151

7 Das Seinige Tun 153
Literatur. 156

Weiterführende Literatur. 157

Einleitung 1

Seit einiger Zeit wird von einem radikalen gesellschaftlichen Wandel gesprochen. Nach Ansicht vieler Meinungsführer gewinnt die Welt zunehmend an Dynamik und Komplexität. Entwicklungen wie die Wissensgesellschaft, die Individualisierung, die Globalisierung und die Digitalisierung führen uns in eine neue Zeit. Wir werden in zahlreichen Beiträgen und Diskussionen aufgefordert, uns den neuen Herausforderungen zu stellen und Antworten auf die damit verbundenen drängenden Fragen zu geben. Glaubt man den Autoren und Meinungsträgern, geht es um nichts weniger als um unsere Zukunft.

Die wesentlichen gesellschaftlichen Veränderungen müssen akzeptiert werden und die politische Führung soll darauf gute und zukunftsweisende Antworten finden. Es geht darum, den richtigen Weg zum Erhalt der Zukunftsfähigkeit zu finden. Die gravierenden Veränderungen stellen besondere Herausforderungen an die politische Führung. Die Forderungen nach einer zukunftsgerichteten Politik werden lauter und sie sind auch berechtigt. Es geht um die Führung in Zeiten des Wandels.

Die gesellschaftlichen und technologischen Veränderungen haben natürlich auch eine starke Auswirkung auf die wirtschaftliche Zukunftsfähigkeit unserer Gesellschaft. Die Fingerzeige sind klar: Vor dem Hintergrund gravierender gesellschaftlicher und technischer Entwicklungen müssen die richtigen Schritte eingeleitet werden. Die Unternehmen sollen die Globalisierung, Digitalisierung und das Unternehmen 4.0 nicht verschlafen, sondern als Chance erkennen und mutig neue Geschäftsmodelle, neue Produkte und neue Märkte entwickeln. Fortschritt soll durch Innovationen gesichert und vorangetrieben werden. Nicht nur der Output der Wirtschaft soll neu und zukunftssicher sein, es wird allgemein kolportiert, dass den Unternehmen die Gestaltung der Zukunft nur auf der Basis neuer Organisationsformen und eines grundsätzlich neuen Führungsverständnisses gelingen wird. So werden immer deutlicher Forderungen artikuliert, dass die Unternehmen eine gute und weitsichtige Führung benötigen, um die neuen Herausforderungen meistern zu können. Die Frage, wie denn nun eine neue und starke Führung aussehen sollte, um in der „neuen Zukunft" bestehen zu können, ist in aller Munde.

Führung heißt: Einen Weg weisen, andere leiten, eine Richtung bestimmen. Im besten Fall ist der eingeschlagene Weg auch der richtige und erfolgreiche. Doch die Anzahl der Wegweiser ist sehr groß und die Meinungen über den richtigen Weg sind vielfältig bis unüberschaubar.

Ein Lösungsweg, zu guten Ergebnissen einer neuen Führung zu kommen, ist eine philosophische Auseinandersetzung mit den aktuellen Phänomenen und den richtigen Optionen einer guten Führung.

Dieses Buch startet mit einer Einführung in die besondere Art des philosophischen Denkens. Sie befreit uns aus der Komplexität des täglichen Chaos und gibt uns grundsätzlich neue Perspektiven an die Hand. Dazu werden die Denkanstöße und die besondere Dialektik der alten griechischen Philosophen aufgenommen. So kann man die wesentlichen Entwicklungen in der Gesellschaft, der Wirtschaft und den Unternehmen erkennen. Die Philosophie zeigt uns eine besondere und zeitlose Art des Denkens. Sie gibt uns wesentliche Denkanstöße und schafft ganz neue Perspektiven für die Führung von heute und morgen. Der philosophische Ansatz führt uns hinter die Kulissen der einfachen Wahrnehmung und schnellen Einordnung und macht die hintergründigen Phänomene sichtbar. Es wird nicht weniger als eine besondere Form der Weisheit erreicht. Die philosophische Auseinandersetzung mit Führung besiegt die von vielen wahrgenommene Komplexität und zeigt, auf was es wirklich ankommt.

Ein wesentliches Ergebnis der philosophischen Auseinandersetzung mit Führung ist das Erkennen von Megatrends. So wird ein Wandel in den Werten und Einstellungen als wesentlicher Einfluss auf die Gesellschaft und die Wirtschaft sichtbar. Das Buch beschreibt den Handlungsrahmen, in dem Führung in Zukunft agieren muss. Daraus ergeben sich wichtige Hinweise für den richtigen Weg in die Zukunft. Es geht um eine besondere Form der Logik, also das folgerichtige Denken, um die Herausforderungen zu erkennen und zu bewerten und die richtigen Schlüsse zu ziehen.

Führungsfragen werden grundsätzlich aus zwei unterschiedlichen Richtungen erörtert. Erstens gibt es den technokratisch-organisatorischen Ast des Management. In diesem instrumentellen Gebiet werden alle Werkzeuge des effektiven Managements behandelt. Management-Ansätze und -Methoden sind meistens leicht zugänglich, basieren aber nur zu oft auf einer Ausschnittbildung. Sie repräsentieren

1 Einleitung

in vielen Fällen einen bestimmten Zeitgeist und können durchaus auch als Modeerscheinungen angesehen werden. Das Buch verzichtet bewusst auf eine Vertiefung dieser vielfältigen Aspekte und greift sie nur am Rande auf. Zweitens verbindet sich Führung mit einer Untersuchung von Persönlichkeitsaspekten. Dieser verhaltenswissenschaftliche Ansatz beschäftigt sich mit grundsätzlichen Einstellungen und deren Einfluss auf Führung. Eine philosophische Auseinandersetzung mit Werten und Einstellungen macht überhaupt erst deutlich, was wir bereit sind, als gute Führung anzuerkennen. Hier liegt der Schwerpunkt des Buches.

Es ist der Anspruch dieses Werkes, deutlich zu machen, dass die zuweilen hektische Arbeit an den Symptomen zur Definition einer guten Führung nicht ausreichend ist. Es wird herausgearbeitet, dass das Nacheifern von Modeerscheinungen und eine Auseinandersetzung mit zahllosen Managementmethoden nicht geeignet sind, eine Definition von guter Führung zu entwickeln. Die weitgehend verdeckten Einstellungen der Menschen sind sichtbar zu machen und die hintergründigen Organisationsprinzipien gilt es zu verstehen. Eine solche Neudefinition der Basisprinzipien in der Gesellschaft, der Wirtschaft und den Unternehmen bezeichnen wir als neue Führungsphilosophie. Um die Unternehmen in eine herausfordernde, ungewisse und chancenreiche Zukunft zu führen, müssen Gesamtzusammenhänge verstanden werden. Es gilt eine Beziehung herzustellen, zwischen allgemeinen gesellschaftlichen Ansichten und einer guten Führung. Es ist eine Brücke zu schlagen zwischen allgemein verbreiteten Werten und Verhaltensweisen in Unternehmen. Es geht schlichtweg um ein Verständnis der Prinzipien von komplexen Institutionen. Nicht das schnelle Handeln führt zum Erfolg, sondern zunächst einmal ein tief greifendes Verständnis für die Ausgangslage.

Führung ist nicht neu. Das Thema genießt mal mehr oder weniger Aufmerksamkeit, aber die Auseinandersetzung mit dem Thema geht wieder auf die alten griechischen Philosophen zurück. Sie waren nicht nur Aufklärer in einem wissenschaftlichen Sinne, sondern auch Ratgeber für die politischen Institutionen und Lehrer für die großen Herrscher ihrer Zeit. Schon vor gut zweieinhalbtausend Jahren haben Sie ein klares Gerüst aufgebaut, was einen guten Menschen und eine herausragende Führung kennzeichnet. Es ist die Einhaltung der sogenannten Kardinaltugenden: Weisheit, Gerechtigkeit, Tapferkeit und Mäßigung. Dieses Buch zeigt auf, dass diese Erkenntnisse nichts von ihrer Bedeutung verloren haben. Wir müssen die Tugenden nur in unsere Zeit übertragen. Damit erreichen wir eine Erklärung dessen, was gute und zeitlose Führung ist. Fernab von Modeerscheinungen werden die Eckpfeiler von Führungsphilosophie dargestellt. Grundsätzliche Begriffe wie Ethik und Moral finden erneuten Einzug in die Diskussion. Es wird verdeutlicht, dass gute Führung unausweichlich mit einem aufrechten Charakter verbunden ist. Gute Führung beginnt immer mit einem eigenen

Anspruch der Führungskräfte an sich selbst. So bilden sich Persönlichkeiten heraus, denen das Umfeld das durchweg positive Attribut der Authentizität zuspricht. Das eigene Wertegerüst ist die Grundlage, um das zu tun, was Führen im Kern ist: Menschen in einem positiven Sinne in Bezug auf ihre Werte, Sichtweisen und Handlungen zu beeinflussen.

Führungsphilosophie ist keine „vergeistigte" Auseinandersetzung mit dem Thema ohne jeden praktischen Bezug. Es wird im Folgenden keine intellektuelle und ergebnislose Diskussion geführt, sondern es werden klare und umsetzbare Aspekte aufgezeigt, wie eine gute Führung aussieht. Der Schlüsselbegriff ist eine neue Form der klaren Führung. Die Forderung nach einer klaren Führung mag bei dem einen oder anderen noch zu Unbehagen führen. Doch solche Ängste zu nehmen, genau dazu dient die folgende Ausarbeitung. Es wird aufgezeigt, wie man als Führungskraft starke Impulse setzen kann und an Kompetenz gewinnt, ohne die neue Stärke unmoralisch auszunutzen. Es ist keinesfalls ein Aufruf zu unkontrollierter Macht, die sich immer auch mit einer Angst des Machtmissbrauchs verbindet. Die gesellschaftliche Diskussion über Tugenden, ebenso wie die Ausbildung eines tugendhaften Charakters, sind die notwendigen Regulative. Wer diesem Weg folgt, der schafft die Grundlagen für eine gute und erfolgreiche Führung. Führungsphilosophie ist der Leitfaden, wie die beiden am häufigsten genannten Faktoren des radikalen Wandels beherrscht werden können: Die Komplexität wird besiegt und die Dynamik wird gesteigert. Oder anders ausgedrückt: Die hier vorgestellte Führungsphilosophie zeigt einen guten Weg, die Zukunft positiv zu gestalten.

Führung und Philosophie

Ziele der neuen Führung

Die Veröffentlichungen zur Führung beginnen in den letzten Jahren eigentlich immer gleich. Sinngemäß heißt es: „Vor dem Hintergrund steigender Komplexität und einer zunehmenden Dynamik muss sich auch die moderne Führung ändern." Zunächst dazu der Hinweis, dass diese ersten Zeilen schon aus der Diskussion um strategische Führung aus den 80er-Jahren sehr bekannt sind (Porter 1979; Szyperski und Winand 1980). Wenn also schon seit 30 oder fast 40 Jahren die Komplexität steigt und die Dynamik zunimmt, dann befinden wir uns in einem undurchdringlichen Geflecht, das mit hoher Geschwindigkeit durch einen nicht näher definierten, aber in sich hochkomplexen Raum reist. Der letzte Satz erinnert ein wenig an Astrophysik mit einem unbestimmten Raum, nicht definierten Gebilden und einer noch nicht verstandenen Zeitleiste. Wenn aber Komplexität und Dynamik über so lange Zeit als Ausgangspunkt für Überlegungen zur Führung herangezogen werden, dann müssen diese beiden Faktoren eine besondere Bedeutung haben.

Sie sind allgemeine Umweltfaktoren, die uns zu neuem Denken und neuem Handeln veranlassen sollen. Warum sollen Unternehmen und Manager die Energie aufbringen, um auf Komplexität und Dynamiken zu reagieren? Eine Antwort könnte sein, dass beide Faktoren die Unternehmen bedrohen. Dann wäre es tatsächlich eine Führungsaufgabe, sich gegen die neuen Bedrohungen zu wappnen. Die Komplexität soll die Unternehmen nicht erschlagen und die Dynamik der Wirtschaft soll die Unternehmen nicht abhängen.

Eine neue Führung kann sich diesen wesentlichen Rahmenbedingungen nicht entziehen. Um die Zukunftsfähigkeit der Unternehmen sicherzustellen, ist es also notwendig, sich der Komplexität zu stellen. Aber was heißt es, sich dieser

Herausforderung zu stellen. Versteht man es so, dass Unternehmen sich dieser Rahmenbedingung anpassen sollen, dann wäre die Führungsaufgabe passiv. Führung heißt nach allgemeinem Verständnis zu leiten und aktiv in eine Richtung zu lenken. Ein aktiver Umgang mit Komplexität bedeutet, die Komplexität zu besiegen. Aus der Herausforderung können dann sogar Chancen erwachsen. Das ist nämlich dann der Fall, wenn andere Marktteilnehmer nach wie vor in einer Komplexitätsfalle gefangen bleiben.

Die Dynamik zu besiegen, erscheint kein probates Mittel, um im harten Wettbewerb zu bestehen. Unternehmen, die versuchen gegen die Dynamik der Märkte zu arbeiten, können allenfalls kurzfristig erfolgreich sein. Also gilt es in Bezug auf diese Rahmenbedingungen, mindestens mal mitzumachen. Eine bessere Führung sollte aber auch hier nicht nur eine passive Anpassung zum Ziel haben. Besser ist es, durch Führung eine hohe Dynamik zu erzielen und Wettbewerber geradezu zu überholen. Das zweite Ziel der Führung ist also, die Dynamik von Unternehmen zu erhöhen.

Damit sind die beiden Ziele der neuen Führung beschrieben: Komplexität zu besiegen und Dynamik zu schaffen.

Es sind sehr viel mehr Ziele der Führung bekannt. Wenn man Wirtschaft als Welt der Zahlen betrachtet, werden Aktienkurse, Cashflow, Produktivität, Gewinne und eine nahezu unendliche Zahl an Kontrollgrößen genannt. Wir können diese Ziele einem eher technokratischen Ast der Führung, den Management-Techniken, zuordnen. In der soziologischen Führungslehre werden sowohl Ziele im Verhalten angestrebt, wie Mitwirken, Unterstützen, Vorantreiben oder alle Formen des vernünftigen Miteinanders in einer Organisation. Andere psychologische Ziele der Führung bestehen in einem positiven Erleben des unternehmerischen Umfeldes und der Führung. Hier geht es um Werte, Zufriedenheit, Vertrauen, Identifikation und zahllose weitere Aspekte. Die sozialpsychologischen Ziele lassen sich einem zweiten Ast der Führung, den Management-Tugenden, zuschreiben.

Die hier erarbeitete neue Führungsphilosophie fokussiert sich allein auf die beiden Ziele Komplexität besiegen und Dynamik schaffen. Das ist eine sehr bewusste Entscheidung, denn es handelt sich um die beiden wesentlichen Herausforderungen in der Zukunft. Die Komplexität lässt sich gut dem eher sachlich-technokratischen Management zuordnen. Die Komplexität unserer Zeit steckt in den Strategien, Strukturen und Prozessen der Unternehmen. Die Dynamik lässt sich stark mit persönlich-soziologischen Management-Aspekten in Verbindung bringen. Führung hat den Aspekt, Menschen zu bewegen. In dem Ausmaß, in dem das gelingt, wird auch mehr oder weniger Dynamik geschaffen.

Die Aufnahme weiterer Ziele des technokratischen Managements hätte eine erhöhte Komplexität der neuen Führung zur Folge. Mehrere Ziele wären im Sinne eines geschlossenen Zielsystems vertikal und horizontal zu ordnen. Die Aufgabe, die Zusammenhänge richtig herauszuarbeiten, ist nicht ganz einfach. Wir würden also mit einem komplexen System versuchen, Komplexität zu besiegen. Das ist offensichtlich ein Widerspruch in sich.

Komplexität zu beherrschen, kann man auch mit der Forderung verbinden, Dinge wieder einfach zu machen. Einfachheit hat leider ihren Stellenwert in der Gesellschaft und der Wirtschaft weitgehend eingebüßt. Wer hervortritt und sagt: „Das ist ganz einfach", wird gerne als oberflächlich, inkompetent oder populistisch abgestempelt. Dabei sollte Einfachheit im Management das Ergebnis eines langen und komplexen Erkenntnisprozesses sein. Einfachheit, solange sie sich nicht mit Oberflächlichkeit paart, ist der Ausdruck eines grundsätzlichen Verständnisses. Nur eine weitgehend rationale und der Logik unterworfene Anstrengung führt zur Einfachheit. Mit dem Ziel, wieder Einfachheit in die Komplexität des gesellschaftlichen, wirtschaftlichen und unternehmerischen Umfeldes einziehen zu lassen, ist schon der erste Schritt zur Komplexitätsbewältigung getan. Wenn wir uns auf dieses Ziel einigen können, werden auch alle Betroffenen aktiv daran arbeiten. Dabei ist es am Ende egal, wie das im Einzelnen aussieht.

Auch bei den häufig diskutierten persönlich-sozialen Zielen verdichten wir im Sinne einer Komplexitätsreduktion auf eine angestrebte Dynamik in Unternehmen. Das mag zunächst einmal wie eine übertrieben starke Abstraktion wirken. Doch es gibt eine klare Reihenfolge der Faktoren, die diesen Schritt rechtfertigt. Die Ziele des positiven Erlebens in einem Unternehmen dienen doch dem Zweck, die Grundlage für eine Verhaltensbeeinflussung zu legen. Insofern haben diese Aspekte der Führung nur einen mittelbaren Einfluss auf eine Zielerreichung. Die darauf aufbauende Verhaltensbeeinflussung soll in eine Richtung erfolgen. Bei Stillstand im Unternehmen braucht es wenig Führung bzw. sie verkommt zur Kontrolle. Will die Führung nicht nur jemanden, sondern auch etwas bewegen, muss sie Beharrungskräfte, also Statik, überwinden. Diese Bewegung von Menschen ist nicht nur ein temporäres, sondern ein dauerhaftes Anliegen und darum ist es dynamisch. Man kann es auch anders formulieren: Dynamik ist Bereitschaft und Fähigkeit zur Veränderung. Diese Bereitschaft und Fähigkeit zur Veränderung muss immer wieder neu geschaffen werden. Vor dem Hintergrund einer dynamischen Umwelt erscheint es zudem gerechtfertigt, schnelle Veränderungen zu fordern. Die Schildkröte oder Schnecke kann nicht das Ziel einer neuen Führung sein.

Das Philosophische an der Führung

Der Begriff der Philosophie hat sich über einen langen Zeitraum entwickelt und verschiedene Facetten eingenommen (Röd 1998, S. 12 f.). Wir verwenden ihn in einer ursprünglichen und damit archaischen Auslegung, bei der Philosophie das Streben nach Wissen ist. Der Ausdruck „Sophia" als „Wissen" umfasst in der klassischen Definition sowohl die Weisheit als eine Form der Einsicht als auch das Sachwissen im Sinne von Fertigkeiten. Es geht den ersten Philosophen nicht um abgeklärte Weisheiten, sondern um die Gewinnung neuer Erkenntnisse. Es sind die Faktoren der Wissbegierde und der Aufgabenbewältigung (Röd 1998, S. 12 f.).

Mit dieser Definition von Philosophie machen wir deutlich, dass auch Führung nicht als rein ethisch-moralische Disziplin zu verstehen ist, sondern auch praktische Aspekte des richtigen Managements umfasst. Diese Festlegung führt uns zu einer klaren Logik in der Aufarbeitung zum Thema Führung. Aufbauend auf einem tiefen Verständnis der wesentlichen Faktoren von Führung (der Einsicht) können wir umsetzbare Aspekte der neuen Führung entwickeln (den Fertigkeiten).

Bei dem Bemühen, eine neue Führung zu entwickeln, werden wir immer wieder Bezug nehmen auf einen der griechischen Philosophen. Das ist kein Zufall, dafür gibt es ganz handfeste Gründe. Das vorliegende Buch beschäftigt sich mit einer neuen Führungsphilosophie und daher ist eine gewisse Nähe zu Ansichten der Philosophen schon im Titel gegeben.

Inhaltlich wird der Zeitgeist unserer Gesellschaft in der Tiefe betrachtet und dessen zunächst einmal unsichtbarer Einfluss auf die Unternehmenskultur, die dann wiederum in Führungs-Tugenden und Management-Techniken ihren Niederschlag findet.

Die kulturellen Aspekte und ihr Einfluss auf Führung sind in den meisten Fällen nicht direkt ersichtlich. Eine Auseinandersetzung mit verdeckten Aspekten der Unternehmensführung, die die meisten Vorschläge zur Führung nicht reflektieren, kann man gerne im positiven Sinne als „Philosophieren" bezeichnen. Der Rückgriff auf Ansätze und Begriffe der fremden Disziplin „Philosophie" ist Methode oder besser gesagt Dialektik (Brendel 2014).

Die Dialektik dieses Buches besteht darin, der Logik bzw. der Erkenntnistheorie vom ersten bekannten Philosophen Thales bis hin zu Aristoteles zu folgen. Ein klares Vorgehen, das uns einen Weg zeigt, die Welt, in der wir heute leben, zu verstehen. Schritt für Schritt. Wie kann man besser den Zeitgeist, die Unternehmenskultur, die Grundlagen der Organisation und die Einstellungen der

Führungskräfte erläutern, als auf mehr als zweitausend Jahre alte Erkenntnisse zurückzugreifen und diese in unsere Zeit zu übersetzen.

Anhand der Grundlagen unseres heutigen westlichen Weltbildes zu argumentieren, das eben in besonderem Maße durch die griechische Philosophie und über zweitausend Jahre alte Ansichten geprägt ist, erleichtert die Schau auf die hintergründigen Phänomene. Es wird eine kritische Distanz zur Komplexität und den Verwicklungen des Tagesgeschäftes eingenommen. Die Überlegungen der Philosophen geben uns einen ebenso anerkannten wie auch weit entfernten Fluchtpunkt für neue Perspektiven.

Fragen der klassischen Philosophie aufzunehmen, zeigt auch noch etwas anderes auf. Viele Probleme, die sich in und für die Unternehmen stellen, erscheinen uns natürlich einzigartig und nur aus der konkreten Situation heraus zu erklären. Ein tieferer Blick zeigt jedoch, dass es teilweise uralte Fragestellungen sind, die nur in neuem Gewande auftreten. Letztendlich handelt es sich um Erkenntnisgegenstände, die uns eigentlich schon über die Jahrhunderte beschäftigen. Die Aktualität vieler philosophischer Themen bleibt ungebrochen, auch wenn das nicht immer leicht zu erkennen ist.

Es geht um die Erkenntnis, dass wir praktisch gar nicht anders können, als uns in einem festen „philosophischen Rahmen" zu bewegen. Und tatsächlich sind gerade in letzter Zeit wieder Begriffe aus der Ethik in unserem Sprachgebrauch und in den öffentlichen Diskussionen aufgetaucht. Die jüngsten Ereignisse um Kursmanipulationen, Betrugssoftware, Manager-Boni und -Abfindungen haben eine große Diskussion eröffnet. Ist es eigentlich moralisch vertretbar, dass Anleger um ihr gesamtes Hab und Gut geprellt werden, während die Verursacher der Tragödien mit millionenschweren Gehältern nach Hause gehen? Was bedeutet eigentlich Verantwortung, wenn tausende von Mitarbeitern ihren Arbeitsplatz verlieren, während die Führung immer höhere Bezüge für sich verbucht? Welche Moral gilt im Management, wenn Eigeninteressen so starr verfolgt werden, dass ganze Unternehmen gefährdet werden?

Den aufgezeigten Fehlentwicklungen stellt sich eine zunehmend breitere Front entgegen. Gestandene Persönlichkeiten der Wirtschaft und Politik stemmen sich gegen Selbstbedienungsmentalität, Betrug und mangelnde Unternehmenskontrollen. Immer häufiger verwenden sie dabei Begriffe wie Ethik und Moral. Es ist keine Frage: Die Wirtschaft setzt sich mit ihren eigenen Werten auseinander! Und Wertefragen sind ein zentraler Gesichtspunkt der Philosophie.

Philosophie durchdringt unser Leben viel stärker als wir glauben. Daher ist es auch nicht verwunderlich, wieder verstärkt auf das Vokabular dieser Disziplin zurückzugreifen. Es wird uns nicht gelingen, Philosophie in der Gesellschaft und in der Wirtschaft zurückzudrängen. Philosophie umhüllt uns nämlich zu jeder Zeit und in unserem gesamten Handeln. Es mag sein, dass wir den Einfluss grundsätzlicher Fragestellungen und Werte nicht täglich vor Augen haben, das heißt aber nicht, dass nicht doch eine Auseinandersetzung mit philosophischen Sachverhalten stattfindet. Die Dinge verbergen sich nur mehr oder weniger. Wir können das Konstrukt der freien Marktwirtschaft nicht ohne eine moralische Wertung des Wettkampfes zwischen Stärkeren und Schwächeren aufbauen und verteidigen. Es ist ebenso nicht möglich, den Begriff der sozialen Marktwirtschaft ohne ein Grundverständnis über Gerechtigkeit in der Gesellschaft zu erörtern. Und auch die betriebswirtschaftliche Frage der Rolle der Führung fußt letztendlich auf grundsätzlichen und in der Gesellschaft anerkannten Werten und Einstellungen.

Philosophie bedeutet „Liebe zur Weisheit" und wird als Lehre über die Zusammenhänge der Dinge in der Welt definiert. Bei dieser weiten Auslegung des Begriffs wird erstens deutlich, dass sich Philosophie nicht auf ethische und moralische Aspekte beschränkt. Es werden ebenso wissenschaftliche und praktische Erkenntnisse in die Betrachtung eingeführt. Zweitens wird klar, dass es um die Darstellung von Gesamtzusammenhängen geht.

Die hier vorliegende Auseinandersetzung mit dem Thema neue Führungsphilosophie will keine weitere Methode neben die schon jetzt zu ausschnittartigen Aspekte der betriebswirtschaftlichen Unternehmensführung stellen. Die Führungsphilosophie nimmt übergeordnete Aspekte auf, die von allgemeiner Gültigkeit sind. Ganz bewusst wird abstrahiert und die Suche nach dem Hintergründigen, das sich hinter den konkreten Ausprägungen des Vordergründigen und Aktuellen verbirgt, begonnen. Es geht um das Erkennen der Wahrnehmung häufig verborgener Zusammenhänge der Dinge. Nicht der Facettenreichtum der Unternehmen steht im Mittelpunkt des Interesses, sondern Gemeinsamkeiten und übertragbare Erkenntnisse.

Die moderne Welt der Wirtschaft ist durch stark technokratische und eher unpersönliche Züge geprägt. Zwar ist der homo oeconomicus als Denkmodell der wirtschaftlichen Prinzipien überwunden, doch noch immer sind die rationale Entscheidung, das sachliche Vorgehen und absolute Durchsetzungsstärke als wesentliche Attribute unangetastet. Im Gegensatz dazu verbindet man mit Philosophie eher „weiche Aspekte" wie Fragen der Tugend, der Ethik, der Moral usw. Gerade wenn man auf die klassischen griechischen Philosophen Bezug nimmt, werden sofort Assoziationen von Schöngeistern geweckt, die sich der endlosen Diskussion verschrieben haben. Die Bilder in unseren Köpfen zeigen vornehm gewandete Männer, die in den heiligen Gärten des Akademos gemeinsam mit ihren Kollegen trefflich über Fragen mit geringem praktischen Wert ringen. Oder alte und durchaus stattliche Herren, die in den Alleen im Lykeion vertieft in Fragen großer Bedeutung umherwandeln. Im Extremfall sehen wir den die Bedürfnislosigkeit predigenden Diogenes vor uns, der in einer Tonne vor den Toren des alten Athens lebte.

Geradezu antipodisch stellen sich die heutigen Führungskräfte dar, die in dunklen Anzügen auf einen sachlich-seriösen Auftritt bedacht sind. Doch die hier angenommenen Gegensätze basieren auf einer falschen – oder besser: unzureichenden – Kenntnis der klassischen Philosophie. Hier hilft uns ein Blick hinter die Verzerrungen, die die heutige Wahrnehmung über die Inhalte dieser Disziplin gelegt hat. In der heutigen Zeit verbinden wir Philosophie zu eng mit den Teildisziplinen der Metaphysik und der Ethik. Die Erkenntnisgegenstände werden allein auf die Frage des Ursprungs allen Seins und der richtigen Verhaltensweise des Menschen eingegrenzt. Eine solche Wahrnehmung wird der Geschichte jedoch nicht gerecht. Philosophie war Wissenschaft schlechthin. Alle Dinge, bei denen der Mensch Wissen gewinnt und verbreitet, waren Inhalt der klassischen Philosophie. Natürlich auch Fragen zur Entstehung der Welt sowie eine kritische Beurteilung der Götter und Religionen. Das Neue bestand aber eben darin, die weit verbreiteten Mythen durch die wissenschaftliche und nach Prinzipien suchende theoretische Auseinandersetzung mit praktischen Fragen zu ersetzen. Philosophie im alten Griechenland heißt Abkehr vom Mythos und Hinwendung zum Logos! Es geht um das verstandesmäßige Erkennen komplexer Sachverhalte. Philosophie ist Aufklärung.

Unternehmen heutiger Prägung hat es in Kleinasien und dem athenischen Griechenland nicht gegeben. Führung damals hieß Führung des Hauses bzw. Haushaltes und des Staates. In beiden Disziplinen sind die Philosophen durchaus von Bedeutung. Praktisch alle Philosophen haben die Rolle eines Lehrers in Führungsfragen eingenommen und die aristokratische Jugend auf die Aufgaben im Haus und im Staat vorbereitet. Als Beispiel sei hier nur Aristoteles genannt, der im Jahre 343 vor Christus von Phillip dem Großen von Makedonien an seinen Hof berufen wurde, die Ausbildung und Erziehung seines Sohnes Alexander zu übernehmen. Alexander der Große ist uns zunächst einmal durch die riesige Größe seines Reiches von Makedonien bis Indien in Erinnerung. Nach heutigem Sprachgebrauch die erste Form der Globalisierung. Um ein so großes Reich führen zu können, war die erfolgreiche Führung des eigenen Heeres allein nicht ausreichend. Es bedurfte sehr intelligenter Führungsmodelle, um die unterworfenen Staaten „bei der Stange zu halten". Also im modernen Deutsch eine Flächenorganisation mit dezentralen Elementen, Diversity Management und einer starken Führung. Inwieweit die Erfolge des uns als Alexander der Große bekannten Feldherrn und Staatsmannes durch Philosophie beeinflusst wurden, können wir heute nicht mehr belegen. Fakt ist aber, dass ihm eine profunde Ausbildung in der damaligen Führungslehre zuteilwurde.

Philosophie statt Methode

Die neue Führung will die Komplexität besiegen und Dynamik in den Unternehmen erhöhen. Damit werden auch die Wettbewerbsfähigkeit gefördert und Innovationen hervorgebracht. Wie kann man aber als Führungskraft den richtigen Weg finden? Ein vermeintlich sicherer Weg ist die Anwendung einer bestimmten Methode. Immer wieder tauchen neue Ansätze auf, die den Unternehmen Vorteilspositionen bringen sollen oder Schwächen schnell und sicher ausräumen sollen. Tatsächlich gibt es auch einige Ansätze, die den Unternehmen echte Verbesserungen gebracht haben. Denken wir nur an die Marketing-Methode, die Gemeinkostenwertanalyse, das Business Process Reengineering oder auch die zahlreiche Management-by-Ansätze.

Doch die hier gemachte kleine Aufzählung zeigt ein Dilemma. Die erwähnten Ansätze sind nur ein kleiner Ausschnitt der Alternativen und sie sind nicht repräsentativ. Die Liste der Managementmethoden lässt sich nahezu unendlich verlängern. Neben einer ganzen Menge wissenschaftlicher Ansätze stehen weitere unzählige Methoden aus der Praxis. Und nahezu täglich kommen neue Veröffentlichungen dazu. Man kann das Unternehmen über die Kundensicht, den Shareholder-Value, die überragende Qualität, die operative Exzellenz, die Balanced Scorecard oder, wenn es sein muss, auch durch die Mäusestrategie in eine gute Zukunft führen. Es ist kaum noch möglich „die" richtige Methode für das Unternehmen auszuwählen. Zu dicht ist der Methodendschungel bereits zugewachsen.

Die Anzahl der modernen Führungs- und Managementmethoden ist ebenso groß wie die Anzahl der verschiedenen identifizierten Problemkreise. Dementsprechend ist die Methodenvielfalt auch sehr stark von der Wahrnehmung der Problemlage und der Beurteilung von notwendigen Verbesserungen abhängig. Die speziellen Perspektiven sind Ausdruck unterschiedlicher Meinungen. Alle Vorschläge verfolgen eine Optimierung aus der besonderen Sichtweise des jeweiligen Fachgebietes. So stammen die Ausarbeitungen zur Führung in den meisten Fällen aus der Feder von Sozialwissenschaftlern und Psychologen. Die Managementmethoden wiederum werden sehr häufig von Beratern entwickelt und propagiert. Die Anzahl der vorgeschlagenen Ansätze explodiert und gleichzeitig entsteht ein Bewertungsproblem. Während die Einen aufgrund ähnlicher Betrachtungsstandpunkte zu Promotoren einer ganz bestimmten Methode werden, werden Andere ausgehend von ihrer differenten persönlichen Basis schnell an den Erfolgsaussichten genau der vorgeschlagenen neuen Methode zweifeln. Die vielen aus einer Spezialisierung hervorgegangenen Rezepte werfen die Frage auf, ob die Erlangung von Wettbewerbsvorteilen nicht zwingend auf einer übergeordneten

Sicht der Dinge basieren muss. Die Antwort in diesem Buch ist: Ja, wir brauchen eine übergeordnete Sicht der Dinge. Und diese Perspektive finden wir in der Philosophie.

Sollen innovative Unternehmen durch den Einsatz einer bestimmten Methode erreicht werden, muss die Führung aus der Menge der Angebote die richtige Auswahl treffen. Dazu bedarf es eines anerkannten Bewertungsmaßstabes, um sozusagen eine Schneise in den Dschungel zu schlagen. Wenn die verschiedenen Ansätze aber aus dem Blickwinkel einer Spezialisierung oder einer individuellen Wahrnehmung ihrer Entwickler entstehen, wird man keine allgemein anerkannten Beurteilungskriterien finden. Vielleicht mit der Ausnahme bestimmter Modeerscheinungen, die immerhin den Vorteil haben, größere Mengen an Leuten hinter sich zu vereinigen. Es ist aber keinesfalls sichergestellt, dass das Mitlaufen in eine allgemein anerkannte Veränderungsrichtung tatsächlich die gewünschten Erfolge bringt.

Das Ergebnis dieser Überlegungen ist: Was die Methodenvielfalt angeht, fehlt es an klaren Wertmaßstäben. Vor diesem Hintergrund ist es nicht wahrscheinlich, dass der Einsatz einer bestimmten Methode einen Konsens über die richtige Vorgehensweise zustande bringt. Es bleibt sogar fraglich, ob die Anwendung einer bestimmten Methodik zur richtigen sachlichen d. h. unternehmensindividuellen Problemerkenntnis beiträgt oder gar den richtigen Lösungsansatz hervorbringt. Eine starke Skepsis ergibt sich aus der Tatsache, dass die meisten zurzeit diskutierten innovativen Methoden die Ausgangslage nur unzureichend aufnehmen und bewerten.

Also starten wir einmal mit einer philosophischen Betrachtungsweise. Als Begründer der Dialektik und damit der Methodologie wird gemeinhin Zenon von Elea (550–480 vor Christus) angesehen (Störig 2002, S. 148). Sein Anliegen bestand darin, die Ansicht seines Lehrers Parmenides, dass jede Bewegung nur ein Schein sei, gegen alle Angriffe zu verteidigen. Die von ihm erfundene Methode war die Beweisführung durch die Darstellung des überspitzten Gegenteils. So argumentierte er, dass die Bewegung schon dadurch unmöglich ist, dass sich das Bewegte weder da, wo es gerade ist, noch da, wo es nicht (noch und schon nicht) ist, bewegt.

Mit dem Vorgehen, kritische Gegensätze gegenüberzustellen, hat er die ersten methodisch sauber hergeleiteten Beweise geführt, die von anderen Denkern seiner Zeit nur schwerlich widerlegt werden konnten. Aus dem Rückgriff auf die Philosophie können wir zwei wesentliche Dinge lernen. Erstens war die Entwicklung der Methodik zweckgebunden. Die Methode der Beweisführung ist nicht der allgemeinen Erkenntnistheorie geschuldet gewesen, sondern dem klaren Anliegen, bestimmte Thesen zu untermauern. Zweitens hat die Anwendung der Methode inhaltlich zu falschen Ableitungen geführt.

Die Methodik ist lediglich eine Richtschnur, mit der man quasi sein handwerkliches Vermögen zur Ableitung von Erkenntnissen aufzeigen kann. Der richtige Einsatz einer Methodik schließt systematische oder offensichtliche Fehler aus und ist daher für die Rechtfertigung der vorgelegten Ergebnisse sehr dienlich. Aber die Ergebnisse sind keinesfalls verlässlich. Denken Sie nur an die teilweise methodisch sauber erarbeiteten Business-Pläne aus der Boom-Phase der New Economy. In den allermeisten Fällen wurden handwerklich sauber – zumindest bei den großen Deals – hervorragende Zukunftsszenarien gemalt, die sich leider alle nicht erfüllt haben. Oder denken Sie an die zahllosen Strategiepapiere, die analytisch gut fundiert sind, ebenso professionell vorgetragen werden und dennoch nie Wettbewerbsvorteile für die Unternehmen geschaffen haben.

Die methodisch hergeleiteten Ergebnisse sind inhaltlich nicht wertfrei und bedürfen in vielen Fällen weiteren Überprüfungen und der Anreicherung um weitere Aspekte. Das wissen wir auch aus zahlreichen Präsentationen: Klar strukturierte Charts und logische Schlussfolgerungen beeindrucken auf den ersten Blick, um dann doch von den Entscheidungsträgern noch einmal kritisch hinterfragt zu werden. So, wie man über die Inhalte streiten kann, kann man eben auch über die richtige Methodik durchaus unterschiedlicher Meinung sein.

Auch in der Philosophie als grundlegender Wissenschaftsdisziplin ist im Laufe der Geschichte nicht unerheblicher Streit über die richtige Methodologie entbrannt. Durch die Ausbildung von Teildisziplinen haben sich verschiedene Methoden etabliert, die jede für sich einen gewissen Überlegenheitsanspruch auf dem Weg zur Wahrheit proklamiert hat (Röd 1998, S. 13). Die zunehmende Spezialisierung führte einerseits zu einer erheblichen Verbreiterung des Wissens und andererseits zum Werteproblem der richtigen Ausschnittbildung.

Ein ganz besonders interessanter Aspekt in Bezug auf die Methodenvielfalt ist folgende These: Methoden dienen der Verbreitung von systematischem Wissen im Unternehmen. Es ist unumstritten, dass die Anwendung einer bestimmten Methode in den meisten Fällen schnell und zuverlässig saubere Ergebnisse liefert. Ist die Vorgehensweise in sich schlüssig, führt sie immer zu einem sauber hergeleiteten Ergebnis, das gut gegen viele Einwände verteidigt werden kann. Und so locken zahlreiche Ratgeber mit dem Versprechen, in wenigen Schritten zum Erfolg zu kommen. Es werden leicht verständliche Checklisten vorgelegt, deren einfache Abarbeitung den Weg in eine bessere Zukunft zeigen sollen. Alles ist ganz einfach! Natürlich nicht für den Erfinder der neuen Methode. Er muss in einem intellektuellen Prozess das Werkzeug sauber entwickeln. Die Anwender jedoch haben den Vorteil, auf dieser Basis aufsetzen zu können. Wenn die Vorarbeiten durch die Erfinder der Methode schon erledigt sind, dann kann es eben auch schnell ans Werk gehen. Folgt man dabei noch einer Modewelle ist der Beweis der Wirksamkeit sowieso schon erbracht. Tatsächlich vielleicht in innovativen Unternehmen, aber eben auch das insgesamt positive Image der Methode, das jeden weiteren Beweis entbehrlich macht. Die große Verbreitung einzelner Methoden ist wie eine Einladung zum Mitmachen. Und weil die intellektuelle Arbeit schon getan ist, muss man selbst auch nicht mehr groß nachdenken. Es gilt die Devise: Abhaken statt Verstehen! Das kennen ja viele auch schon aus dem Studium mit überfüllten Hörsälen und fragwürdigen Lehrmethoden.

Was die Unternehmen benötigen, um sich fit zu machen, ist ein tief greifendes Verständnis – oder besser: die Bereitschaft zum wirklichen Verstehen – der Ausgangslage und der daraus abzuleitenden Entwicklungen in der Zukunft. Und genau das werden wir machen. Den nicht näher hinterfragten, aber allgemein anerkannten Ausgangszustand werden wir als Mythos entlarven. Die wesentlichen Entwicklungen in der Zukunft werden wir als Megatrends definieren.

Natürlich liegen mittlerweile auch sehr viele Veröffentlichungen mit dem nach wie vor mitreißenden Titel „Mythos ..." vor. Leider kann man bei einer Beschäftigung mit Philosophie nicht aus dieser Phalanx reißerischer Titel ausbrechen. Denn Philosophie heißt ja Streben nach Wissen und ist eine aufklärerische Bewegung, die den nicht weiter hinterfragten Grundsätzen, den Mythen, die rationale Erkenntnis gegenüberstellt (Röd 1998, S. 11 ff.).

Mythos und neues Denken

Die Verbreitung neuer Ansichten und Ansätze geht immer mit wesentlichen Veränderungen der gesellschaftlichen Rahmenbedingungen einher. Auch ein neues Denken, wie es die aufkommende Philosophie war, fand unter einem fundamentalen Wandel der damaligen Welt statt (Helferich 2000, S. 1 ff.). Die Entwicklung der Philosophie ist ohne wesentliche gesellschaftliche Veränderungen nicht denkbar. Erstaunlicherweise lassen sich zwischen dem Wandel der damaligen Zeit und der modernen Welt einige Gemeinsamkeiten feststellen. Der hergestellte Bezug zwischen der klassischen Philosophie und der modernen Unternehmensführung ist vor dem Hintergrund ähnlicher Verwerfungen gar nicht so abwegig, wie er auf den ersten Blick erscheinen mag.

Die neuen Strömungen ergriffen damals die religiösen, die technologischen und die wirtschaftlichen Gegebenheiten der Zeit des 7. bis 4. Jahrhunderts v. Chr. in vollem Maße. Die Veränderungen sind radikal und können durchaus als disruptiv angesehen werden. Die Welt verändert sich von der durch Mythen und

Riten gestützten Herrschaft der Aristokratie hin zur gleichberechtigten und auf Wissen begründeten Gesellschaftsform der Demokratie. Im alten Griechenland entwickelt sich eine Wissensgesellschaft. Der Wandel ist so radikal, dass praktisch kein Bereich des damaligen Lebens davon ausgenommen ist. Um die Wucht der Veränderungen auszudrücken, möchten wir bildhaft folgende Aussage machen: Das zentrale Bild der griechischen Gesellschaft entwickelt sich vom Palast des Gottkönigs zum öffentlichen Platz (agora) des Stadtstaates (Helferich 2000, S. 1 f.).

Das wesentliche Merkmal des philosophischen Denkens ist die Abkehr vom Mythos hin zum rationalen Denken. Es handelt sich um die erste Aufklärung in unserer Hemisphäre. Der Mythos ist ein Gemeingut, das keine gesicherte Herkunft kennt. Es gibt keinen Verfasser und keinen verbrieften Überbringer der Botschaften. Seine wesentliche Eigenschaft – gestern wie heute – ist die Unantastbarkeit der mit ihm verbundenen Wahrheiten (Hirschberger 1981, S. 14).

In der Zeit des alten Griechenlands war der Mythos weitverbreitet. Er diente nicht nur der abendlichen Unterhaltung, sondern war vor allen Dingen auch eine Erklärung für alle Phänomene, die sich der einfachen Beobachtung verschlossen hielten (Röd 1998, S. 14). Der Mythos verkörperte Wahrheit. Es bedurfte keines Beweises, dass die Welt von Göttern geschaffen wurde. Alle physikalischen Phänomene waren der Ausdruck einer Durchdringung der realen Welt mit Göttern. Die farbenreichen Schilderungen der Homerischen Dichtungen und die Theogonie des Hesiod waren Religionsunterricht, Geschichtsschreibung und Physikvorlesung in einem (Helferich 2000, S. 2 f.). An der Richtigkeit der Darstellungen wurden nicht gezweifelt. Ganz im Gegenteil, ein Infragestellen der als Gemeingut anerkannten Erklärungen wäre nicht nur mit einer Ächtung verbunden gewesen, sondern mit Gefahr für Leib und Leben.

Es bedurfte also eines Anlasses und einer ernst zu nehmenden Rechtfertigung, die Wahrheit neu zu hinterfragen. Ein solch starker Impuls war die Entwicklung einer echten Wissensgesellschaft. Ein wesentlicher Faktor war die Gewinnung neuer Erkenntnisse aus anderen Regionen und Kulturen. Wir würden heute sagen, die Globalisierung hat ein neues Denken ausgelöst. Die damals erheblich vorangetriebene Kolonialisierung hat die Grenzen räumlicher und gedanklicher Natur der alten Welt eingerissen. Die vielzitierten Denker sind nahezu alle durch ausgedehnte Reisen mit Fremdartigem in Berührung gekommen. Ein riesiges Meer an neuen Perspektiven hat sich aufgetan (Kunzmann et al. 2001, S. 29).

Auch die als unantastbar geltenden Mythen und Götter sind von dieser Veränderung nicht unberührt geblieben. Alle Stämme hatten ihre eigenen Geschichten über den Ursprung der Welt. Es gab durch das Zusammentreffen vieler unterschiedlicher Strömungen ebenso viele Erklärungen für die Naturphänomene. Wo verschiedene Ansichten aufeinandertreffen, stellt sich natürlich sofort die Frage, welche Darstellung denn nun richtig ist. Schnell ergeben sich Disputationen. Bei der Beantwortung dieser drängenden Fragen der Zeit kommt die Größe des philosophischen Denkens zum Ausdruck. Die Philosophen haben sich nicht den endlosen Diskussionen und Streitgesprächen unterworfen. Sie haben sich nicht nach gut vorgetragenem und mit Detailkenntnissen angereichertem Vortrag und Diskussion auf die Seite des einen oder anderen gestellt. Ihre Antwort ist eigentlich eine neue und wirklich grundsätzliche Frage: Gibt es auch andere Erklärungen für das Entstehen und das Geschehen in der wahrgenommenen Welt als den Einfluss der Götter? Die Antwort lautet: Ja, die Wissenschaft und die Physik. Der Logos wird dem mystischen Empfinden gegenübergestellt. Die Mythen werden wegen ihres Herrschaftsanspruches und der Vielzahl an Ausprägungen durch ein ganz neues Denkmodell ersetzt. Übrigens zugunsten einer erheblichen Vereinfachung. Aus der nicht mehr zu überschauenden Anzahl an Göttern sind sehr wenige grundsätzliche physikalische Gesetze geworden. Eine wirklich komplexitätsreduzierende Innovation auf Basis der Globalisierung.

Ein Technologieschub war die zweite Ursache, neue Denkweisen wie die Philosophie zu entwickeln. In der Mathematik, der Geometrie und der Sternkunde wurden so gewaltige Fortschritte erzielt, dass z. B. Fernreisen und die Handelstätigkeit über die Weltmärkte erheblich zunahmen. Auch unsere heutige Zeit ist durch große Technologieschübe geprägt. Biotechnologie, Umwelttechnologie und Informationstechnologie fordern die Gesellschaft und die Unternehmen heraus. Sind das nicht Anlässe, bestimmte Mythen in unserer Gesellschaft zu hinterfragen?

Die Einführung des Geldes im griechischen Reich fällt in die Zeit der ersten Philosophen. Dies ist sicher eine Erfindung, die durch ihre Einfachheit glänzt. Güter verschiedenster Herkunft und Qualität können auf einmal durch einen einheitlichen Maßstab bewertet werden. Die Komplexität des Tauschhandels wird schlagartig auf ein absolutes Minimum reduziert. Wenn wir an die rasante Entwicklung der internationalen Finanzmärkte mit dem praktisch ohne Zeitverlust möglichen bargeldlosen Tausch von Vermögen denken, sehen wir da nicht Parallelen zu den Umwälzungen der Antike?

Eine weitere Parallelität zwischen den Veränderungen unserer Zeit und der Antike ist die Entwicklung der Informationsgesellschaft. Der „massenhafte Austausch von Informationen" war im alten Griechenland nicht nur durch die geringe Anzahl von Schreibkundigen eingeschränkt. Ein ebenso großes Problem war das Fehlen eines geeigneten Trägermediums, um „Daten" auszutauschen. Hier ist mit der Einführung des Papyrus ein Quantensprung gelungen. Auf einmal waren leicht zu transportierende Rollen mit wichtigen und authentischen Informationen praktisch an jeden Ort zu bringen. Ist ein solcher Entwicklungssprung nicht absolut vergleichbar mit der als einmalig bezeichneten Verbreitung des Internets?

Ein Vergleich der Entwicklungssprünge des antiken Griechenlands mit den Verwerfungen des beginnenden 21. Jahrhunderts ist inhaltlich nicht möglich. Aber in Bezug auf die Tragweite der Veränderungen kann sicher eine Parallelität unterstellt werden. Die Folgerung daraus ist: Wir müssen uns tatsächlich neu entwickeln. Moderne Mythen, Annahmen unserer Zeit, deren Richtigkeit wie Herkunft nicht überprüft werden, sind kritisch zu hinterfragen. Neue Denkmuster müssen als Antworten zugelassen werden bzw. sind eine Sicherung von Fortschritt und Innovation.

Auch heute fordert die Globalisierung neue Antworten, ich meine sogar: neue Fragen, die sich die Unternehmen stellen müssen. Weltweiter Wettbewerb, Liberalisierung der Märkte, zunehmender Protektionismus, ein rapider Know-how-Anstieg in Billiglohnländern, die Auflösung der Staatsgrenzen durch digitale Wertströme stellen wirklich neue Anforderungen.

Mythen sind überall

Wird unsere Zeit beschrieben, fallen häufig Worte wie „aufgeklärte Gesellschaft" oder „Wissensgesellschaft". Können sich in unserer Zeit tatsächlich Mythen bilden? Haben wir nicht einen viel zu hohen Bildungsgrad, um Annahmen unserer Zeit nicht zu hinterfragen? Ich meine ja. Wir leben ja in einer komplexen Welt. Wir sind umgeben von gesellschaftlichen, politischen, technologischen und religiösen Gegebenheiten. Die Situation, so wie sie jetzt ist, ist über Jahrtausende entstanden. Da kann man nicht jede Entwicklung im Einzelnen verstehen und nicht jegliche Rahmenbedingung mit Wissen durchdringen. Das „Nicht-Hinterfragen" ist eine Art der Komplexitätsreduktion. Man nimmt es, so wie es ist. Wir akzeptieren unsere Umwelt und richten uns auf ein gutes Leben in den aktuellen Gegebenheiten ein. Das ist gar nicht mal dumm, sondern ein sehr ausgeklügelter Überlebensmechanismus. So entstehen auch in einem aufgeklärten Umfeld immer neue Mythen.

Warum sollen wir gerade jetzt damit beginnen, unsere Umweltfaktoren zu hinterfragen? Ist es an der Zeit für eine neue Aufklärungswelle in einem ohnehin schon aufgeklärten Europa? Ich meine ja! Wenn denn die vielen Autoren, die sich zu Führung und Innovation auslassen, Recht haben, stehen wir doch an der Schwelle zu ganz besonders gravierenden Veränderungen. Wenn sich eine neue globale und digitalisierte Welt formt, werden sich viele Rahmenbedingungen ändern. Also müssen wir diese Veränderungen doch verstehen, oder besser noch: gestalten. Natürlich können die Unternehmen auch innerhalb der sich wandelnden Umwelt mitschwimmen. Doch Innovation ist doch Neuerung oder Neuschöpfung. Es ist die bewusste Gestaltung des „Neuen". Dazu muss man wesentliche Veränderungen frühzeitig erkennen. Besser noch sollten die Unternehmen Neuerungen vorantreiben und neue Perspektiven eröffnen. Dazu muss man das Althergebrachte hinterfragen und außerhalb der gegebenen Begrenzungen der Erfahrungen neu denken.

Der Begriff des Mythos hat einen archaischen Ursprung und wird gerne mit Göttern und Heldengeschichten der Frühzeit in Zusammenhang gebracht. Doch auch in der modernen Welt gibt es eine ganze Reihe von Mythen. Personen, Ideen, Ereignisse oder Begriffe von öffentlichem Interesse können zu jeder Zeit zum Mythos erhoben werden. So sind das deutsche Wirtschaftswunder und die soziale Marktwirtschaft mittlerweile viel beschworene Mythen, und nicht selten wird an die Tugenden dieser Zeit appelliert. Ebenso haben Begriffe wie Globalisierung und Wachstum einen mythischen Charakter. Kultfiguren aus Wirtschaft, Politik, Kultur und Sport werden zunehmend verklärt und erhalten damit einen mythischen Charakter. Kein Zweifel: Mythen sind in der modernen Welt genauso gegenwärtig wie in der Antike.

Ein moderner Mythos ist von allen wirtschaftlichen Gruppen und in allen Unternehmen anerkannt. Es ist der Mythos Führung! Wir wissen eigentlich gar nicht was Führung bedeutet. Die Begriffsbestimmung ist nämlich ebenso facettenreich wie die konkreten Ausprägungen von Führung. Wir kennen keinen Erfinder von Führung und wir haben keine klaren Ansätze in der Organisation und in Bezug auf die handelnden Personen, die Führung eindeutig beschreiben könnten. Dennoch haben wir ein tiefes Empfinden, was denn Führung ist und welche Ausprägung wir gerade jetzt benötigen, um die schwierigen Situationen auf den Weltmärkten zu beherrschen. Daher verklären wir Persönlichkeiten als Idealtypus der Führungskraft und geben bestimmten Sichtweisen wie z. B. dem Shareholder-Value einen geradezu mythischen Charakter.

Das wesentliche Merkmal des Mythos ist es, dass die mit ihm verbundenen Inhalte eine hohe autoritative Kraft haben, ohne dass ein näheres Hinterfragen der Aussagen erfolgt oder gar als notwendig erachtet wird. Der Mythos lebt von seiner emotionalen Bindungskraft und stellt diese Funktion der rationalen Auseinandersetzung gegenüber. Das ist der Grund, warum die klassische Philosophie, die den Logos und das rationale Denken in den Mittelpunkt gestellt hat, den Mythos bekämpft hat. Heute stehen wir wieder an einem Punkt, wo eine

Auseinandersetzung mit dem modernen Mythos „Führung" notwendig ist, und wo eine neue Rationalität die gemeinhin anerkannten Grundlagen in den Unternehmen hinterfragen muss.

Literatur

Brendel D (2014) Wie Philosophie Sie zum besseren Manager macht. Harvard Business Manager.http://www.harvardbusinessmanager.de/blogs/warum-philosophie-sie-zu-einer-besseren-fuehrungskraft-machen-kann-a-995961.html. Zugegriffen: 14. November 2018

Helferich C (2000) Geschichte der Philosophie. Dtv, München

Hirschberger J (1981) Geschichte der Philosophie. Teil 1 Altertum und Mittelalter. Herder, Freiburg im Breisgau

Kunzmann P, Burkard F-P, Wiedmann F (2001) DTV-Atlas Philosophie. Dtv, München

Porter ME (1979) How competitive forces shape strategy. Harvard Business Review 57:137–156

Röd W (1998) Kleine Geschichte der antiken Philosophie. C. H. Beck, München

Störig H-J (2002) Kleine Weltgeschichte der Philosophie. Limitierte Jubiläumsedition. S. Fischer, Frankfurt am Main

Szyperski N, Winand U (1980) Grundbegriffe der Unternehmensplanung. Poeschel, Stuttgart

Philosophie für Anfänger oder die Anfänge der Philosophie

Von Flüssigem und Geld

Die Wiege der griechischen Philosophie steht in Kleinasien, in der Stadt Milet (Hirschberger 1981, S. 17). Die heute zur Türkei gehörende Region war damals ein Kreuzungspunkt zahlreicher Handelswege aus Osten (Asien) und Süden (Orient) sowie dem Südwesten (Afrika). Dort sind die verschiedenen Einflüsse der östlichen Kulturen mit denen der westlichen Welt zusammengekommen. Es ist heute herrschende Meinung, dass die Entwicklung der griechischen Philosophie massiv durch die neuen Errungenschaften der Zeit (Geografie, Mathematik, Münzwesen und die Einführung des Papyrus) beeinflusst wurde. Es ist also eine Phase der massiven Innovationssprünge, die die Notwendigkeit einer neuen Denkweise hervorgebracht hat. An dieser Schnittstelle verschiedener Kulturen wird uns Thales von Miles (624–546 vor Christus) als erster Philosoph überhaupt genannt. Er soll viele Länder bereist haben und hat u. a. auch aus Ägypten mathematische und astronomische Kenntnisse nach Griechenland gebracht (Störig 2002, S. 140). Neben diesem neuen praktischen Wissen war es sein Erkenntnisziel, den Ursprung für die wahrnehmbaren Dinge in der Welt zu finden. Es handelte sich um einen wissenschaftlich aufklärerischen Akt, denn bis dahin waren unzweifelhaft die ersten Götter, also Chaos und Gaia, der Ursprung und die schaffenden Wesen der Welt. Thales begründete mit seinen Überlegungen die Physik, weil er natürliche Gegebenheiten interpretierte und Gesetzmäßigkeiten aufstellte. Die neue Perspektive der „Mileser" wird heute als „Naturphilosophie" bezeichnet. Die Überlegungen rankten sich um die Frage, was der sachliche – und nicht der mythische – Ursprung der Welt ist. Thales fand eine neue Antwort und sah den Urgrund der Welt, oder die Arché, im Wasser (Helferich 2000, S. 5).

Unser Bild von der Physik hat sich in den vielen Jahrhunderten natürlich deutlich verändert. Nach heutigem Wissensstand sehen wir den Ursprung der Welt nicht mehr im Wasser. Gleichwohl gibt es die nach wie vor vertretene wissenschaftliche These, dass das Leben aus dem Wasser hervorgegangen ist.

Also nehmen wir mal den Grundgedanken auf und fragen nach dem Urgrund oder Ursprung unserer heutigen Wirtschaft. Das Flüssige hat auch heute eine enorme Bedeutung für die Wirtschaft, und zwar als Geld. Schnell kann Geld als ein wesentlicher Antrieb der Wirtschaft verstanden werden. In unserer heutigen Zeit dreht sich vieles, wenn nicht sogar alles, um das „Geld verdienen" und um das „Mehren von Geld".

Für das Wirtschaften an sich wird man schnell feststellen, dass Geld nicht der Ursprung sein kann. Es ist allgemein bekannt, dass Wirtschaften oder Handel als Realtausch begonnen hat. Man tauschte eine Sache gegen eine andere Sache. Das Tauschverhältnis war den Handel treibenden Parteien überlassen und spiegelte die individuelle Wertschätzung der Gegenstände wieder. Nun kam gerade in der Zeit, als Thales forschte, das Münzwesen auf, das eine echte Innovation darstellte. Eine Neuentwicklung, die nun schon mehr als 2500 Jahre Bestand hat. Respekt!

Auch für produzierende oder leistende Unternehmen sehe ich den Urgrund, die Arché, nicht im Geld. Ist es nicht vielmehr irgendein Tüftler mit neuen Ideen, der am Anfang von Unternehmen steht? Es ist die Produktidee oder auch die technische Umsetzung, in jedem Fall aber das Neue, das die Gründer fasziniert. Damit sind doch auch die beiden Ausprägungen von Philosophie beschrieben, das Erkennen und die Sachkenntnis. Wobei wahrscheinlich häufig gar nicht der Ideengeber, sondern der Tüftler, der die Ideen weiterentwickelt, das Unternehmen begründet oder zum Erfolg geführt hat.

Es ist aber in jedem Fall die Innovation, die gute Idee, die den Grundstein für neue Unternehmen legt. Das war schon immer so und ist keine Erfindung unserer Zeit und der „New Economy". Aber ohne Geld geht es nicht. Unsere Unternehmen sind fest eingebunden in ein wirtschaftliches System, das auf Geldströmen basiert. Innovationen und Wettbewerbsvorteile müssen am Ende zu Geld werden. Unternehmen sind ja keine wohltätigen Institutionen, die sich aus reiner Liebe zur Sache mit Handel, Technologien, Produkten und Leistungen beschäftigen. Unternehmen dienen tatsächlich dem Zweck, das wichtige wirtschaftliche Gut „Geld" zu verdienen. Aber die Arché ist die Innovation und die teilweise schwierige und mühsame Umsetzung herausragender Ideen.

Unser Zeitgeist gibt dem Geld, oder Cash, aktuell einen zu hohen Stellenwert. Während wir eine hohe Abneigung gegen Macht empfinden, stellen wir uns der Macht des Geldes nicht wirklich in den Weg. Durch Globalisierung und internationalen Wettbewerb werden soziale Ziele in den Unternehmen mehr und mehr zurückgedrängt. Allenfalls ein paar unternehmergeführte Unternehmen können sich aufgrund ihrer Führungs- und Eigentümerstruktur von einer allzu fokussierten Sichtweise auf Gewinn und Geldvermehrung fernhalten. Aber wir wollen hier keine sozialphilosophische Diskussion führen. Viel wichtiger ist es aus meiner Sicht zu erkennen, dass wir ganz unbewusst dem Cash eine besondere Bedeutung beimessen und andere Wertfaktoren zurückstellen. Das ist Philosophie, also das Erkennen des Hintergründigen.

Viele Unternehmen werden nach dem Shareholder-Ansatz geführt, bei dem es zunächst um die Steigerung des Unternehmenswertes geht (Rappaport 1999). So weit, so gut. Doch der Unternehmenswert wird anhand des freien Cashflows bzw. des Discounted Cashflow errechnet, basiert also relativ einseitig auf Geldströmen. Damit werden aber andere Wertfaktoren automatisch in den Hintergrund gerückt. Investitionen in Anlagen oder das Halten von Immobilien haben keinen hohen Cashback und sind in den letzten Jahren deutlich auf dem Rückzug gewesen. Das Leasing von Anlagen und das Ausgliedern von Immobilien, der einmalige Cash-Zufluss durch Verkauf von kapitalbindendem Vermögen und die Verringerung des gebundenen Kapitals sind das Gebot der Stunde. Außer im unternehmerischen Mittelstand. Hier wird die eigene Immobilie oder der eigene Anlagenpark nach wie vor als wertvoll angesehen. Und er ist es auch.

Wenn man als Unternehmer genügend Geld verdient, kommt es auf einen weiteren Mittelzufluss nicht an. Oder vielleicht argumentativ umgekehrt: Der Mittelabfluss im Sinne eines free Cashflow, der an Eigen- und Fremdkapitalgeber ausgeschüttet wird, hat für den Eigentümer oder Unternehmer wenig Bedeutung. Aber andere dauerhafte Werte haben für den Fall, dass das Geschäft mal schlecht läuft, einen hohen Stellenwert als Absicherung. Der typische Unternehmer maximiert den free Cashflow nicht bis zum Exzess, warum auch? Für ihn haben Investitionen einen hohen Stellenwert, weil er eine andere Perspektive hat. Er kann sich Investitionen und Innovationen im wahrsten Sinne des Wortes leisten. Die langfristige Perspektive hat hier Vorrang vor kurzfristigen Cash-terms. Die andere Sichtweise kann sich der mittelständische Unternehmer leisten, weil er nicht an den Kapitalmärkten aktiv ist. Die Kapitalmärkte und das Investmentbanking sind fest in der Hand von Bankern und Finanzmanagern. Die nun aber sind stark cashorientiert. Sie haben gelernt, in Geldströmen zu denken. Das Bankwesen hat ja seinen Ursprung beim Verleih und der gewinnbringenden Anlage von Geld. Der Unternehmer denkt in Werten, wenn auch nicht immer in den richtigen.

Die kurzen Überlegungen sind keine methodisch fundierte Kritik am Shareholder-Value (Coenenberg und Salfeld 2003). Sie sollen nur die beiden wesentlichen Grundgedanken dieses Buches verdeutlichen. Erstens: Es gibt einen hintergründigen Gedanken zur aktuellen Situation. Hier die Dominanz des

Cash-Gedankens über andere wesentliche unternehmerische Werte. Zweitens: Hat man den Hintergrund erst einmal verstanden, stellt sich die Frage, ob man dem verdeckten Zeitgeist unreflektiert folgen will, oder ob andere Aspekte wichtiger sind. Der Zeitgeist wandelt sich und vielleicht kann man daraus erste Anregungen für innovative Gestaltungen finden.

Der Zeitgeist als Ungerechtigkeit Zeit

Es ist augenfällig, dass man zwar viele, aber eben nicht alle Aspekte der Führung aus dem Streben nach Geld erklären kann. Ebenso wenig, wie man nicht alle dinglichen Stoffe aus dem Wasser erklären kann. Wir müssen also unsere Überlegungen weiter führen und bessere Erklärungen finden.

Einen wichtigen Erkenntnisschritt machte Anaximander (611–548 vor Christus). Er hat eine neue Logik eingeführt, indem er sagte, dass wenn etwas werden soll, dann muss dem Werden etwas zugrunde liegen. Also ein Ursprung, aus dem alle verschiedenen Dinge hervorgehen. Dieses „Apeiron" ist für uns dinglich nicht zu verstehen. Es ist ein Urprinzip (Störig 2002, S. 141). In unsere heutige Zeit übersetzt ist das Apeiron nicht der Urknall, sondern das noch einmal dahinterliegende Prinzip des Werdens und Vergehens. Da das Urprinzip in sich nicht verstanden werden kann, bleibt es unbestimmt und grenzenlos. Wir sehen nur die Dinge, die es hervorbringt: Kaltes und Warmes, Feuchtes und Trockenes usw. Übrigens nimmt Anaximander den Gedanken von Thales mit dem Wasser als Urstoff durchaus auf. Für ihn ist die Erde aus Wasser entstanden und aus dem Prozess des Austrocknens sind die Lebewesen hervorgegangen, die zunächst im Wasser lebten und dann an Land gegangen sind. Diese Erkenntnis deckt sich durchaus mit der modernen Entwicklungstheorie.

Von besonderer Bedeutung ist das einzige überlieferte Fragment der Überlegungen des Anaximander:

> Nach ewigem Gesetz gehen aus dem Unbestimmt-Grenzenlosen immer neue Welten hervor und kehren wieder in dasselbe zurück, einander Strafe und Buße gebend für die Ungerechtigkeit nach der Ordnung der Zeit (Störig 2002, S. 141).

Die Formulierung ist für uns ungewohnt, doch das angesprochene Prinzip wird sehr schnell klar. Das Warme verdrängt das Kalte, das Trockene geht über in das Feuchte usw. Welchen Zustand wir nun gerade vorfinden, ist nicht vorbestimmt, sondern er ergibt sich zufällig aus dem Zeitpunkt der Betrachtung.

Was können wir nun aus diesen Überlegungen für unser Führungsthema ableiten? Je nachdem zu welcher Zeit wir auf die Grundlagen der Führung, die Führungssysteme, oder die Führungsstile, schauen, sehen wir eine bestimmte Konkretisierung. Und diese tatsächlichen Erscheinungen sind nicht logisch ableitbar oder gar statisch. Sie sind Ausformungen der in sich vereinten Gegensätze, so, wie es in der chinesischen Philosophie kein Yin ohne ein Yang geben kann (Wilhelm 2017). Also das Abstraktum „Führung" vereint in sich die Gegensätze stark und schwach, partizipativ und undemokratisch, hierarchisch und nicht hierarchisch, strategisch und operativ, innovativ und konservativ und nicht zuletzt gut und schlecht. Die konkrete Ausformung in den Unternehmen, so, wie wir sie wahrnehmen können, ergibt sich allein aus dem Zeitpunkt des Betrachtens. Also zu einer anderen Zeit würden wir ein anderes Bild finden, bei dem sich die gegensätzlichen Faktoren anders ausgeprägt haben. Insofern ist es doch richtig, in der Führung nicht nach unantastbaren und statischen Wahrheiten zu suchen. Es ist eben der Zeitpunkt des Betrachtens oder der Zeitgeist, der die konkreten Dimensionen der modernen Führung definiert. In der Zukunft werden sich andere Konstellationen ergeben, da sich aus der „Ungerechtigkeit nach der Ordnung der Zeit" die gegensätzlichen Aspekte weiter durchgesetzt haben werden.

Im Ergebnis heißt das, dass jede Ausprägung von Führung das Gute und das Schlechte in sich trägt. Eine zeitgemäße Führung betont mal den einen und ein anderes Mal einen anderen Aspekt und findet damit nach der Ungerechtigkeit der Zeit eine positive oder negative Wertung. Und was ist eine zeitgemäße Führung? Im einfachsten Fall eine, die den aktuellen Zeitgeist aufnimmt und sich daran orientiert. Wenn so ein Bild der guten Führung gezeichnet wird, dann kommt man nicht umhin, von Modeerscheinungen zu sprechen. Wir müssen grundlegende Prinzipien finden, Entwicklungen antizipieren und eine Führung aufbauen, die sich nicht am Jetzt orientiert, sondern an der nahen Zukunft. Das Modell muss so gewählt werden, dass es zum Zeitpunkt des Eintreten noch Gültigkeit hat und nicht schon wieder überholt ist.

Um eine neue Führung zu definieren, müssen wir die Entwicklung des Zeitgeistes antizipieren. Es ist vollkommen falsch, auf den heute gültigen Rahmenbedingungen aufzusetzen. Und wie macht man das nun, die Zukunft der Führung zu antizipieren? Mit einer durchaus philosophischen Auseinandersetzung mit den Rahmenbedingungen. Nicht die einfache Wahrnehmung dessen, was Führung heute ist, beschäftigt uns. Wir suchen die hintergründigen Prinzipien des Werden und Vergehens von Führungsaspekten. Der aktuelle Zeitgeist wird beschrieben und in der Tiefe verstanden, um daraus Entwicklungsrichtung abzuleiten. Wir betrachten das gesellschaftlich-politische Umfeld der Unternehmen und stellen die These auf, dass dieses kulturelle Umfeld die Ansprüche an eine moderne Führung in besonderem Maße beeinflusst.

Die Kultur als unfassbares Phänomen

Die Erkenntnisse der ersten beiden Naturphilosophen sind natürlich kein Endpunkt der Überlegungen. Nach Thales und Anaximander tritt Anaximenes (585–528 vor Christus) auf die Bühne. Er entwickelt die bisherigen Gedanken dahin gehend weiter, dass er das Prinzip des Werden und Vergehens genauer beschreibt. Wenn sich alles auf einen Grundstoff zurückführen lässt, dann müssen sich die Dinge der Welt daraus formen lassen. Das ist beim Wasser nicht ganz einfach. Mit der Luft haben wir ein Medium, das uns, oder alles in der damaligen Vorstellungswelt, umschließt (Helferich 2000, S. 6). Da Luft nicht sichtbar ist, kann man sogar das Leere zwischen den wahrnehmbaren Elementen erklären. Im Übrigen ein Grundgedanke des asiatischen Taoismus. Die Luft kann nach der Vorstellung von Anaximenes durch Verdichten und Verdünnen die verschiedenen Formen des Wahrnehmbaren einnehmen. Er baut eine logische Kette auf. Gelockert wird die Luft zu Feuer, verdichtet entsteht der Wind, aus dem Wind die Wolken, aus den Wolken das Wasser, dann Erde, dann Steine. Die Luft ist sogar göttlich, weil sie eben alles auf der Welt umschließt (Hirschberger 1981, S. 22).

Bilden wir noch einmal eine Analogie der Überlegungen zu unserem Thema der Führung. Das Element, das die Gesellschaft, die Wirtschaft und uns als Personen umhüllt, ist der Zeitgeist oder die Kultur. Wir können diesem Umweltfaktor nicht entrinnen. Egal was wir tun, wir tun es in einem bestimmten kulturellen Rahmen. Es gibt keine Astronautik, die uns zu einem anderen Planeten führt, auf dem wir uns aus den Fängen der Kultur befreien können. Wenn wir also moderne Führung verstehen wollen, dann tun wir das zwangsweise in einem kulturellen Umfeld. Die Kultur ist das Medium, das durch verdichten und verdünnen verschiedene Erscheinungsformen annimmt. Und tatsächlich gibt unsere Sprache wichtige Hinweise auf diese Zusammenhänge. Indizien verdichten sich, um etwas Tatsächliches oder eine Entwicklung zu verstehen. Gedanken verflüchtigen sich und verlieren damit ihre kulturprägende Wirkung. Die Kultur als das Flüchtige, das uns umgibt, kann tatsächlich verschiedene Formen annehmen und beeinflusst uns massiv (Groysberg et al. 2018).

Kultur wird gemeinhin definiert als Sammlung von Traditionen, Werten, Regeln, Glaubensgrundsätzen und Haltungen, die einen Rahmen für unser Denken und Handeln bilden. Kultur ist prägend für unsere Wahrnehmung der Dinge und sie ist, wie wir schon beim Zeitgeist gelernt haben, dynamisch. Die Kultur ist eine Art Bewertungsmaßstab für die gute und zukunftsträchtige Führung.

Die Kultur kann einerseits ein externer Faktor im Sinne gesellschaftlicher und politischer Werte und Einstellungen sein. Wir haben schon über den Zeitgeist gesprochen, der sich ständig verändert und zu neuen Führungsmodellen und differenzierten Bewertungen führt. Dieser äußere Einfluss auf die Unternehmen darf nicht unterschätzt werden. Die Unternehmen können sich der Kultur unserer Gesellschaft ja nicht entziehen. Sie sind ein Bestandteil innerhalb des von Kultur umgebenen Kosmos. Unserer Gesellschaft ist dabei auch gerade in einem tief greifenden Wandel begriffen. Überall äußert sich der Wunsch nach Fortschritt. Die aktuellen Themen der Globalisierung, Digitalisierung und Bildung sind Fortschrittsthemen. Es formt sich also ein fortschrittliches Umfeld bzw. die Forderung nach Fortschritt verdichtet sich zu einem wesentlichen Element der gesellschaftlichen Kultur. Das sind die Rahmenbedingungen für die Unternehmen heute. Die Zeit für eine neue Führung ist also günstig.

Kultur prägt sich andererseits auch in den Unternehmen selbst aus. Sie ist das Produkt von allem Denken und Handeln in einem Unternehmen, sozusagen ein Kuppelprodukt der Führung von Unternehmen. Schon in den 80er-Jahren hat es eine wissenschaftliche Auseinandersetzung mit der Unternehmenskultur gegeben (Krefting und Frost 1985). Die Autoren haben das Kulturphänomen beschrieben und damit eine neue, nämlich soziologische Sichtweise in die Wirtschaftstheorie eingeführt. Dem technokratisch-mechanistischen Bild der Unternehmensführung wurden weiche Faktoren zur Seite gestellt. Das Unternehmen wurde jetzt nicht mehr als ein funktionierender Apparat verstanden, sondern als eine Organisation im Sinne eines Organismus.

Die wesentliche Frage ist, welche Rolle die Unternehmenskultur für innovative Unternehmen spielt. Aus meiner Sicht ist die Unternehmenskultur der alles entscheidende Faktor der modernen Führung. Bright und Parkin (1997, S. 13) haben Unternehmenskultur so beschrieben: „So machen wir das hier". Wenn wir über eine neue Führungsphilosophie sprechen, dann geht es doch genau darum, wie man Dinge macht. Die Werte und Einstellungen der Führungskräfte sind die alles entscheidende Grundlage, wie man Dinge in einem Unternehmen angeht. Die organisatorischen Aspekte der Führung müssen so gestaltet sein, dass sie die Kultur des Unternehmens abbilden oder eine neue Kultur fördern.

Die Kultur bildet sich auf 3 verschiedenen Ebenen ab (Schein 1985). Auf einer ersten, direkt zu erkennenden Ebene gibt es äußerlich sichtbare Zeichen und Verhaltensweisen. Das sind zum Beispiel das Kommunikationsverhalten von Mitarbeitern untereinander und das gegenüber Kunden und Lieferanten. Auf dieser Ebene finden sich auch die sichtbaren Symbole wie das Corporate Design und die Unternehmensausstattung. Die Organisation ist ebenso ein direkt zu erkennendes Merkmal der Kultur. So können wir aus dem Organigramm und den schriftlich fixierten Handlungsanweisungen Rückschlüsse darauf ziehen, wie die Dinge in dem Unternehmen gehandhabt werden. Das bedeutet, dass die aktuelle Organisationsform die Kultur des Unternehmens abbildet.

Man kann und sollte diesen Zusammenhang auch von der anderen Seite betrachten und die Frage stellen, wie die sichtbare Organisation die Kultur beeinflusst. Das ist von hoher Bedeutung, wenn Reorganisationen mit dem Ziel, eine Innovationskultur zu schaffen, angestoßen werden. Nicht direkt sichtbar, und damit auf einer darunterliegenden zweiten Ebene, finden sich die Einstellungen der Personen. Hier zeigen sich kollektive und individuelle Werte. Kollektive Werte sind z. B. Fortschrittsdenken oder Technikorientierung, aber eben auch Widerstände gegen Veränderungen und Erneuerungen. Die persönlichen Einstellungen sind in hohem Maße auch moralische Grundsätze wie Gerechtigkeit, Mut und Mäßigung. Auf der tiefsten Ebene der Kultur sind solche Werte und Einstellungen verborgen, die als Selbstverständlichkeiten angenommen werden. Sie sind so fest verankert, dass sie häufig weder erkannt oder gar hinterfragt werden. Hier sind die schon mehrfach erwähnten Faktoren des Zeitgeistes, also gesellschaftliche Phänomene, verankert.

Die Auseinandersetzung mit einer Philosophie der Führung macht es erforderlich, nicht einfach vermeintliche „Selbstverständlichkeiten" zu übernehmen. Gerade diese häufig nicht hinterfragten Werte, Einstellungen und Normen sind doch die Rahmenbedingungen der Führung. Diese Hintergründe von konkreten Ausprägungen der Führung zu verstehen, das ist das „Philosophische" an der Behandlung des Themas. Auch, wenn es sich vielleicht zunächst einmal so anhört, ist dieses Vorgehen nicht abgehoben. Es handelt sich um nichts anderes als eine umfassende Darstellung von Führung in unserer Zeit und einer neuen Führung für die Zukunft.

Die Bearbeitung des Themas „Führung" basiert auf einem klaren Modell. Wir erläutern in einem ersten Schritt entsprechend des besonders großen Einflusses die sogenannten Selbstverständlichkeiten. Diese Selbstverständlichkeiten können wir auch als Mythos bezeichnen. Das Philosophische steckt in der Sichtbarmachung des sonst nicht Hinterfragten. Durch eine Behandlung der Selbstverständlichkeiten unserer Gesellschaft und der Führung gewinnen wir komplett neue Ansichten. Auf diesem Fundament können wir zu einer praktischen Philosophie überleiten, die Lösungen sowohl für die sichtbaren kulturellen Aspekte der ersten, organisatorischen Ebene als auch für die nicht offensichtliche zweite Einstellungsebene ermöglicht. Mit diesem Modell beantworten wir eine wichtige Frage aus der Diskussion um die Organisationskultur, nämlich der Beeinflussbarkeit von Kultur. Viele Autoren sind der Ansicht, dass Kultur das Ergebnis ungeplanter Faktoren ist und damit selbst nicht beeinflusst werden kann (Krefting und Frost 1985). Dieser fatalistischen Einstellung kann ich mich nicht anschließen: Unternehmenskultur ist beeinflussbar und muss sogar aktiv beeinflusst werden (Robbins 1987). Die Unternehmenskultur ist das zentrale Element, um eine neue und moderne Führung zu definieren.

Mit diesem Vorgehen holen wir die sozialen Aspekte der Organisation aus einem Elfenbeinturm heraus. Wie in der Auseinandersetzung mit Unternehmenskultur gefordert, werden mit der Formulierung von Führungsgrundsätzen gewünschte Verhaltensweisen der Mitarbeiter festgelegt. Das Unternehmensleitbild umfasst die Vision und wesentliche Werte des Unternehmens. Aber beide Maßnahmen durchdringen die Unternehmen nicht. Es sind elaborierte Vorgehensweisen, die von einer kleinen Gruppe definiert werden und damit nicht alle Personen im Unternehmen wirklich erreichen. Da die Auseinandersetzung mit Unternehmenskultur, wie die obigen Beispiele zeigen, häufig nur in Schulungen und Workshops erfolgt, bleibt der praktische Nutzen unklar (Groysberg et al. 2018, S. 18). Unser Modell zur Beeinflussung der Kultur als wesentliches Führungselement findet seinen Niederschlag im täglichen Tun und am direkt erlebbaren Arbeitsumfeld. Damit ist eine deutlich größere Wirkung verbunden als wir es aus den „abgehobenen" Workshops kennen.

Die Mystik der Zahlen

Ein einfaches Experiment hat unsere Welt verändert. Welche große Wirkung doch grundlegende und ebenso einfache Dinge haben können! In einem Versuch hat der weithin bekannte Pythagoras (570–500 vor Christus) gezeigt, dass sich die sonst nur dem geübten Ohr erkenntlichen Tonfolgen der Oktave, der Quarte und Quinte durch einen mathematischen Zusammenhang abbilden lassen. Seine experimentelle Anordnung war das Monochord, ein einfaches Instrument mit einer über einen Resonanzkörper gespannten Saite, die durch einen Steg niedergedrückt wird. Die Erkenntnis bestand darin, dass die Positionen des Stegs, die die harmonischen Töne hervorbringen, die Saite in einfache mathematische Verhältnisse teilt. So entsprechen der Oktave Saiten im Längenverhältnis 1:2, der Quinte 2:3 und der Quarte 3:4 (Hirschberger 1981, S. 25).

Diese aus unserer heutigen Sicht vielleicht banal erscheinende Erkenntnis ist als eine der wichtigsten Entdeckungen der Antike einzuschätzen: Natürliche Erscheinungen lassen sich durch Zahlen ausdrücken. Töne entsprechen einem festen Verhältnis der Länge der schwingenden Saite. Eine logische Konsequenz aus dieser Beobachtung war die Ableitung der These, alle natürlichen Gegebenheiten in Zahlen ausdrücken zu können. Zahlen können reale Gegebenheiten beschreiben. Die Mathematik ist das erste System zur Erklärung der Welt.

Doch Pythagoras ging in seinen Überlegungen noch einen Schritt weiter. Zahlen sind nicht ein Abbild der realen Welt: Die reale Welt ist ein Abbild mathematischer Zusammenhänge (Störig 2002, S. 143)! Ein Gedanke von unglaublicher Tragweite. Mit der Entschlüsselung der richtigen Formel ist ein Erkennen auf der Basis der absoluten Abstraktion ohne jegliche sinnliche Erfahrung möglich. Im Zentrum der weiteren Überlegungen steht ein Wissen, dass nur den strengen Gesetzen des Logos unterworfen ist. Nach damaliger Auffassung war das abstrakte Prinzip, das den Kern der Realität darstellt, gefunden. Das erste System überhaupt, denn alle Gegebenheiten lassen sich durch Zahlensysteme erklären. Und das Ganze glänzt durch seine Einfachheit. Die Abstraktion macht eine Detaillierung entbehrlich, die Komplexität des Wahrnehmbaren wird erstmals besiegt.

Die Anwendungsmöglichkeiten dieses Abstraktionsprinzips waren in der Vorstellung der damaligen Zeit unbegrenzt. Natürliche und physikalische Gegenstände ebenso wie Veränderungsprozesse konnten jetzt mithilfe der Mathematik entschlüsselt werden. Eine Fläche muss nicht mehr in jeder Einzelheit beschrieben werden. Die Quadratzahl gibt uns sofort und unmittelbar eine Vorstellung von Form und Güte des betrachteten Gegenstandes. Der Raum muss nicht mehr in allen Facetten dargestellt werden, die Angabe der ihn begrenzenden Linien gibt uns einen sicheren Eindruck über seine Ausdehnung. Die Abstraktion ist geeignet, komplexe Sachverhalte vereinfacht darzustellen. Man kann das Wesen der Dinge mitteilen, ohne durch die Begrenzungen der sinnlichen Wahrnehmung behindert zu sein.

Und der Bezug zur Organisation und Unternehmensführung? Die Verbindung zu unserer modernen Welt ist der nach wie vor unangetastete Mythos der Zahl. Ist nicht Wirtschaften schlechthin durch Zahlen geprägt? Können wir Unternehmen und Veränderungsprozesse ohne einen Rückgriff auf umfangreiche Zahlenwerke sinnvoll beschreiben? Nutzen wir nicht noch immer Zahlen als das wesentliche Abstraktionsinstrument, komplexe Sachverhalte zu erkennen und zu erklären? Wird nicht immer noch der kaufmännische Mitarbeiter als Herr der Zahlen vorgestellt?

Es besteht kein Zweifel: Auch die moderne Welt hat den Mythos der Zahlen beibehalten. Die Zahlen als Wesen der Wirtschaft und die Objektivität der Zahlen sind unangetastete Axiome unseres Handelns. Kaum ein betriebswirtschaftlicher Sachverhalt ist ohne Zahlen denkbar oder darstellbar. Selbst die eher kreativen Disziplinen sind „mathematisiert" worden. Wesentliche Aspekte des Marketings, der Forschung und Entwicklung und Unternehmensführung werden in Zahlen gegossen. Und dort, wo eine klare Formel für Erklärungen nicht gefunden ist, werden zahlreiche Statistiken aufgebaut, um wenigstens einen mathematisch fundierten empirischen Zusammenhang nachzuweisen. Der Siegeszug der Zahlen ist ungebrochen.

Ein Grundpfeiler des Mythos „Zahl" verlangt heutzutage eine kritische Betrachtung. Sind Zahlen wirklich mit streng objektivem Wissen verbunden? Die betriebswirtschaftliche Wahrheit ist doch eher in dem Ausspruch zu sehen: „Traue keiner Statistik, die du nicht selbst gefälscht hast". Sind wir heutzutage eigentlich sicher, dass bei Analysen tatsächlich objektive Erkenntnisse gefunden werden? Viel zu häufig liegen doch verschiedene Gutachten mit widersprüchlichen Ergebnissen vor. Wenn gegensätzliche Ergebnisse durch Gutachten und Zahlenwerke belegt werden können, dann müsste es ja mindestens zwei objektive Wahrheiten geben. Es besteht kein Zweifel: Wir stehen vor der Erkenntnis, dass eine unumstößliche Objektivität der Zahlen nicht gegeben ist. Dieser Mythos muss aufgegeben werden.

Zahlen sind ein systematischer Ansatz, um Sachverhalte abstrakt zu beschreiben. Sie sind als Managementinstrument nach wie vor unverzichtbar. Doch beim Thema neue Führung stellen sich mehrere Herausforderungen an die Mathematik. Erstens sind die Managementtugenden mathematisch nicht zu erfassen. Das sah Pythagoras übrigens anders. In seiner Begeisterung für die Theorie der Zahlen wurden auch sittlichen Qualitäten wie Gerechtigkeit und Zwietracht eine bestimmten Zahl zugeordnet, wobei die geraden Zahlen die positiven und die ungeraden Zahlen die negativen Aspekte ausdrückten (Röd 1998, S. 35). Eine wirkliche Herleitung und Systematik ist bei der Mathematisierung der pythagorischen Ethik nicht zu erkennen. Selbst in unserer heutigen, zahlengetriebenen Welt würden wir nicht ernsthaft den Versuch unternehmen, den Führungstugenden Zahlen und mathematische Modelle zuzuordnen. Vielleicht ergibt sich da aber ein heute noch nicht bekannter Algorithmus.

Bei den sachlogisch-rationalen Managementtechniken ist der Mythos der Zahl ungebrochen. Doch eine wesentliche Funktion der Zahlen scheint uns in den letzten Jahren verloren gegangen zu sein: Das Abstraktionsprinzip der Zahlen ist mehr und mehr zurückgedrängt worden. Mit dem dramatischen Anstieg der Auswertungen keimt eine gewisse Skepsis bezüglich der Funktion der Verdichtung durch Zahlen auf. Geradezu inflationär werden neue Analysen vorgestellt, die immer neue und vermeintlich wichtige Erkenntnisse zeigen. Ob sich jedoch in den dicken Büchern und aufgeblähten Zahlenwerken wirklich wesentliche Aussagen für die neue Führung verbergen, bleibt eher fraglich. Die Komplexität der Unternehmensführung wird nicht besiegt, sondern im besten Falle einfach abgebildet. Die abgebildete hohe Komplexität bremst die Dynamik.

Eine starke Führung darf wichtige Entscheidungen nicht von unnötigen Analysen und im Detail verhafteten Zahlenfriedhöfen abhängig machen. Natürlich muss man sich einen Überblick verschaffen und natürlich sind Zahlen, auch wenn sie nicht so objektiv sind, wie man gemeinhin annimmt, notwendig. Aber ausschweifende Analysen behindern die notwendigen Veränderungsprozesse nur. Wettbewerbsvorteile lassen sich mit zu langen Entscheidungswegen aufgrund von zu lang andauernden Faktensammlungen nicht erzielen. Die meisten Auswertungen besiegen die Komplexität nicht, sondern steigern sie noch.

Will Führung einen Weg in die Zukunft weisen und Fortschritt fördern, sind Zahlen wohl überhaupt nur eine geringe Hilfe. Die Zukunft ist unsicher und daher gibt es, anders als bei einem Blick auf die Vergangenheit und den Status quo, keine genauen mathematischen Modelle. Die Marktaspekte und Einnahmen können, wenn überhaupt, nur geschätzt werden. Natürlich gibt es Prognosemodelle, doch die müssen immer dann versagen, wenn die Basisannahmen bei echtem Fortschritt nicht wirklich anzuwenden sind. Zahlenwerke können keine Innovationssprünge abbilden, sondern allenfalls inkrementelle Verbesserungen. Das Verhalten der Gesellschaft oder der Wirtschaft ist bei echten Neuerungen nicht prognosefähig, schon gar nicht im globalen Wettbewerb.

Eine bessere Abbildungsmöglichkeit von Innovationen in Zahlen ist auf der Kostenseite gegeben. Natürlich kann es auch hier einige Überraschungen durch Verzögerungen im Projektmanagement, unerwartete technische Probleme und falsch geschätzte Kostenbestandteile geben. Da aber die Kosten beim Entscheidungsträger selbst anfallen, hat er auch eine weitgehende Kontrolle über die Ausgaben. Die Kosten von Fortschritt und Innovationen kann man also durchaus quantitativ erfassen und sollte es auch tun, wenn auch die letzten politischen Großprojekte alle an dieser Aufgabe gescheitert sind.

Wenn die oben angestellten Überlegungen zutreffen, kann man Fortschritt der Gesellschaft und Innovation in Unternehmen nur als Investition mit unsicherem Payback ansehen. Den gut zu belegenden und auch zu steuernden Zahlen auf der Kostenseite stehen nahezu unkalkulierbare Erträge auf der Marktseite gegenüber. Dieser Zusammenhang wird eigentlich bei jedem Start-up deutlich. Es ist die Hoffnung, und nicht die Mathematik, die die innovativen Unternehmen interessant machen. Diese Hoffnung nun wiederum hat einen ausgeprägten zahlenmäßigen Effekt. Gelingt es Unternehmen als besonders innovativ und dynamisch angesehen zu werden, hat das einen durchschlagenden Effekt auf den Unternehmenswert. Die weltweit am teuersten bewerteten Aktien sind solche von besonders innovativen Unternehmen. Nicht mehr die Größe nach Umsatz oder Gewinn führen zu einer guten Bewertung, sondern die Erwartung, dass das Unternehmen immer wieder neue Impulse in die Absatzmärkte geben wird. Die positive Erwartung basiert auf einer Innovationskultur. Dabei geht es nur bedingt um das einzelne Produkt oder die eine neue Erfindung, sondern um die Überzeugung, immer wieder Innovationen entwickeln zu können. Dieser Zusammenhang ist für das Thema Führung von besonderer Bedeutung. Wenn es durch eine neue Führung gelingt, die Komplexität zu besiegen, die Dynamik zu steigern und eine Innovationskultur zu etablieren, werden die Kapitalmärkte diese Anstrengungen auch honorieren. Der Unternehmenswert steigt durch einen nahezu ungreifbaren und nicht mathematisch erfassbaren Aspekt: Die Unternehmens- oder besser Innovationskultur. Allein dieser Zusammenhang schon macht die Auseinandersetzung mit einer neuen Führung lohnenswert. Da schon die Kultur ein unbestimmter Sachverhalt ist, bleibt auch die mathematische Beziehung von der Kultur zum Unternehmenswert ein Mysterium. Aber der grundsätzliche Zusammenhang ist klar und erfordert eine Führung, die die unbestimmten und qualitativen Aspekte im Unternehmen ernst nimmt und fördert.

Aus der Welt des Pythagoras lässt sich noch ein ganz anderer, mystischer Aspekt ableiten. Das Leitmotiv von Pythagoras war die Harmonie in der Welt. Diese Harmonie sah er sowohl in den göttlichen Zahlen als auch in Aspekten des rechten Lebens. Pythagoras hatte in Unteritalien einen sektenartigen Glaubensbund gegründet. Dieser pflegte einen mystischen Glauben an eine Seelenwanderung und einen Zyklus von Wiedergeburten (Röd 1998, S. 32 f.). Um die Seele aus der Gefangenschaft des Körpers zu befreien, wurde in dem Bund ein ganz besonderer Lebensstil geführt. Mithilfe einer asketischen Lebensweise, gepaart mit geistiger Arbeit (Mathematik), einer Pflege von Musik und der Beschäftigung mit Gymnastik, sollte die Seele gereinigt werden, um aus dem ewigen Zyklus von Wiedergeburten ausbrechen zu können. Bei Pythagoras finden sich also zwei für uns total gegensätzliche Aspekte. Neben dem rationalen Logos steht die Beschäftigung mit dem Mystischen. Beide Aspekte sind durchdrungen von der Suche nach Harmonie. Die Zahlen selbst bildeten nach Ansicht von Pythagoras einen harmonischen Kosmos, aber auch die mystische Seite war durchdrungen von der Suche nach einer Harmonie des Lebens.

Die alles überragende Harmonie findet sich nicht nur innerhalb der Mathematik und innerhalb der Lebensführung, sondern auch zwischen diesen beiden Sphären. Es soll eine Harmonie zwischen dem Rationalen und Irrationalen bestehen. Wir können daraus lernen, dass wir in einem Kosmos leben, der immer beide Seiten in sich vereint. Nur wenn beide Sphären wohl aufeinander abgestimmt sind, herrscht Harmonie. Harmonie ist damit ein Gleichgewicht zwischen zwei total gegensätzlichen Aspekten. Betonen wir in besonderem Maße rationale Aspekte, stehen dem in besonderem Maße irrationale Aspekte als Gegengewicht gegenüber. Sonst herrscht keine Harmonie. Genau das ist bei Pythagoras der Fall. Seine Mathematik trifft auf eine mystische Lebensführung.

Bei der Anwendung einer zeitgemäßen Analogie muss ein harmonisches Unternehmen ein Gleichgewicht zwischen der sachlich-technokratische Seite und der emotionale Seite der Führung finden. Stark ausgeprägte Managementtechniken können zu einem Mangel an emotionaler Führung führen. Dann herrscht eine Disharmonie. Um wieder ins Gleichgewicht zu kommen, muss man einer ausgeprägten Sachorientierung eine ebenso starke emotionale Orientierung gegenüberstellen. Dies wird bei besonders fordernden Managementaufgaben wie der Komplexitätsreduktion oder der Innovation z. B. durch ein starkes Zusammengehörigkeitsgefühl erreicht. Auf der anderen Seite geht eine einseitige Fokussierung auf soziale Aspekte mit der Gefahr unterrepräsentierter sachlicher Managementaspekte einher. Hier kann man Harmonie herstellen, indem man im sozialen Umfeld fördert und in der Sache stark fordert. Gesucht wird das richtige Gleichgewicht zwischen beiden Aspekten. Daher gehen wir an späterer Stelle auf Führungstugenden und Managementtechniken als zwei Äste der Unternehmensführung ein. Eine kluge Unternehmensführung behandelt beide Aspekte und strebt eine Harmonie zwischen den beiden Polen an.

Die Wahrheit über Führung

Mit dem Ansatz, den Kosmos als System mathematischer Zusammenhänge zu erklären, ist eine Erkenntnistheorie entwickelt worden, die allein auf die Logik abstellt. Alle Phänomene des Lebens sollen am Ende durch die intensive intellektuelle Auseinandersetzung erkannt werden können. Erfahrung und Wahrnehmung spielen bei dieser Systematik keine Rolle. Tatsächlich ermöglicht uns die Mathematik oder Physik Erkenntnisse, die sich jeglicher Erfahrung entziehen. Denken wir z. B. an die Theorien der Astrophysik oder die Relativitätstheorie. Nicht nur in der Unendlichkeit des Kosmos, sondern auch in den besonders kleinen Welten der Teilchenphysik haben wir heute Wissen, das nicht auf der menschlichen Wahrnehmung beruht.

Der Absolutheitsanspruch der rein vernünftigen Erkenntnis ruft natürlich sofort Widersacher auf den Plan. In der Geschichte der Philosophie ist es Xenophanes (570–470 vor Christus), einer der Eleaten, der hier hervortritt und eine ganz eigene These vertritt. Er hat prinzipielle Zweifel daran, dass man das Wesen der Wirklichkeit ohne Erfahrungen erkennen kann. Hier entsteht also eine erste Form des Skeptizismus. Tatsächlich geht es um die Begrenztheit des Verstehens von metaphysischen Zusammenhängen. Im Ergebnis hält er fest, dass es kein sicheres Wissen gibt. Nach ihm entwickelt sich das Wissen, denn in einem Fragment (Röd 1998, S. 39) heißt es: „Nicht von Anfang an haben die Götter den Sterblichen alles enthüllt, sondern allmählich finden sie suchend das Bessere".

Bezogen auf Führung haben beide Ansätze, der der reinen Logik und der des unsicheren Wissens, ihren Charme. Die zahlreichen technokratischen Ansätze des Managements mit ihrem quantitativen Ansatz lassen sich durchaus mit Logik entschlüsseln. So werden Ziele in logische Systeme gefasst, Strategien abgeleitet und operative Maßnahmen deduktiv aus Zielen und Strategien entwickelt. Bei den psychologischen Aspekten der Führung versagen die mathematischen Modelle. Es gibt sogar die Behauptung, dass das Gegenteil von Logik die Soziologie ist. Es besteht der Verdacht, dass sich die Führungstugenden nicht durch Vernunft erkennen lassen.

Der Skeptizismus des Xenophanes bedeutet nun aber nicht, dass es aufgrund der Begrenztheit des menschlichen Logos verschiedene Wahrheiten gibt. Er bekräftigt die eine Wahrheit, die es zu ergründen gibt. Sie ist in seinen Worten „das Sein". Wir würden sagen: der Kern oder das Wesen einer Sache. Es ist halt nur schwer, das Sein zu erkennen. Parmenides (540–470 vor Christus), ein Schüler des Xenophanes, nimmt die These des unsicheren Wissens auf und gibt ihm eine systematische Form. Auch für ihn gibt es nur eine, schwer zu erkennende Wahrheit. Diese Wahrheit oder das tatsächliche Sein verbirgt sich hinter der Wahrnehmung. Parmenides erarbeitet eine grundlegende Differenzierung. Er unterscheidet Wahrheit und Wissen auf der einen Seite und Schein und bloße Meinung auf der anderen Seite. Er bekräftigt die These: Es gibt keine verschiedenen Wahrheiten. Die Wahrheit ist etwas, das sich hinter einer Vielzahl von konkreten Erscheinungen gleichsam verbirgt. Deshalb muss man einen Erkenntnisprozess durchlaufen, um zur Wahrheit vorzudringen. Nur dieser lange und intellektuell anspruchsvolle Weg führt zum Wissen und damit zur Wahrheit. Das Ziel besteht darin, das ordnende und erklärende Kriterium hinter der Fassade der scheinbaren Widersprüche in der schnell zugänglichen Welt der Wahrnehmungen zu entdecken. Wer sich dieser Aufgabe entzieht, bleibt so gesehen auf der geringen Erkenntnisstufe der Meinung stehen. Oder anders ausgedrückt: Meinungsvielfalt ist ein Ergebnis mangelnden Wissens.

Folgt man Parmenides, versteht man sehr schnell, warum es hunderttausende von Veröffentlichungen über Führung gibt. Die Wahrheit über Führung, also der abstrakte und ebenso verborgene Sachverhalt ist wohl noch nicht erkannt worden. Die Autoren legen ihre Meinung zu dem Thema dar. Diese Meinungen sind geprägt durch ihre ganz persönliche Wahrnehmung. Wie schon beschrieben, spielen der Zeitgeist und grundlegende persönliche Werte und Einstellungen eine wichtige Rolle bei der Meinungsbildung. Die Wahrheit über Führung liegt wohl immer noch im Dunkeln.

In Bezug auf die zu besiegende Komplexität können wir aus der Unterscheidung in Wissen und Meinung wichtige Erkenntnis ziehen. Die Vielfalt – und damit die Komplexität – basiert auf Meinungen, und nicht auf Wissen. Es ist das leicht Wahrzunehmende, das verschiedene Formen annimmt. Der Kern der Sache, das Sein, ist weit weniger kompliziert. Man muss es nur suchen und mit Vernunft angehen. Wer sich mit den verschiedenen wahrnehmbaren Formen einer Situation zufrieden gibt, der besiegt die Komplexität nicht. Er ist aufgrund mangelnder Anstrengungen in einer komplexen Situation geradezu gefangen.

Für die politische wie unternehmerische Führung lässt sich aus den Überlegungen der Eleaten eine interessante Erkenntnis ableiten: Ist die Meinungsvielfalt groß, mangelt es an Wissen über die Zusammenhänge. Was ja auch bedeutet: Wo eine ausufernde Meinungsvielfalt vorliegt, sind die Ziele und Maßnahmen der Führung und der damit verbundenen Entscheidungen nicht klar. Stimmt man dieser These zu, muss man wohl von einem Führungsproblem sprechen. Ein zentrales Anliegen der neuen Führung ist es daher, das Spannungsfeld von Wissen und Meinung, Wahrheit und Schein so gut als möglich aufzulösen.

Wir wollen die Komplexität überwinden, um eine neue und zukunftsgerichtete Führung zu etablieren. Das gilt für die Rahmenbedingungen wie auch für die Führungsaspekte selbst. Nun haben wir das Werkzeug in der Hand. Wir müssen praktisch hinter die Fassade der zahlreichen Formen einer Situation schauen, um gute und tiefgründige Erkenntnisse zu gewinnen. Der schnell zugänglichen Meinung müssen wir eine Absage erteilen. Die Dinge müssen durch intellektuelle Durchdringung wieder einfach werden. Einfachheit muss als Ziel der Führung verankert werden. Allein mit der Festlegung dieses Zieles ist man schon einen guten Schritt weitergekommen. Dabei müssen wir Einfachheit so verstehen, dass sie das Ergebnis eines herausfordernden Durchdenkens ist. Es gibt natürlich auch die einfache Meinung, die alles andere als durchdacht ist. Hier ist das Spielfeld der wahren Populisten, die auf die Wirkung einer Aussage fixiert sind und nicht auf deren Wahrheitsgehalt. Solche schnellen Parolen sind schlichtweg abzulehnen. Es ist aber auch nicht gutzuheißen, wenn der Kern einer Sache einfach oder sogar schmerzhaft ist, jede einfache Botschaft als populistisch abzutun.

Lassen Sie uns an dieser Stelle noch einmal den Gedanken von Parmenides aufgreifen. Nach seiner Erkenntnis existiert Vielfalt nur auf der Ebene des „Scheinbaren". Die Wahrheit findet sich hinter den verschiedenen Ausprägungen. Wissen kann die Vielfalt erklären und führt sie auf wenige gemeinsame Nenner zurück. Wo also eine ausufernde Meinungsvielfalt ist, fehlt es am Gesamtverständnis. Man ist, um es bildlich zu sagen, auf dem Weg zur richtigen Erkenntnis von der Wahrheit noch „relativ weit weg".

Die relative Dynamik der Umwelt

Für die Eleaten gab es ein unveränderliches Sein, das nicht entsteht und nicht vergeht. „Das Seiende ist, und das Nicht-Seiende ist nicht" (Röd 1998, S. 48). Dieser zunächst komisch erscheinende Satz lässt sich trefflich interpretieren. Übersetzt in unsere Zeit kann man sagen „Aus Nichts wird Nichts". Aber das, was ist, war schon immer da, sonst müsste es ja aus dem Nichts entstehen. Wenn aber etwas immer da ist, dann gibt es kein Werden. Auf dieser Basis wurde der kühne Schluss abgeleitet, dass Veränderung und Bewegung Scheinwahrnehmungen sind. Die ganze Wahrheit ist allumfassend, unentstanden und unbewegt.

Es handelt sich hier um die ersten Gedanken einer Metaphysik, also Überlegungen jenseits der Physik. Bis heute haben wir die Unendlichkeit des Alls und die Entstehung des Kosmos nicht verstanden. Der Urknall mag ja interessant klingen, wirft aber die Frage auf, was vorher war, und wie wir uns den Kosmos als Ganzes oder einen Raum außerhalb des Kosmos vorstellen müssen. Die Metaphysik ist nach wie vor ungelöst.

Was sich zunächst einmal unglaublich anhört, nämlich dass es keine Bewegung gibt, kann durchaus die Grundlage für eine zeitgemäße Auseinandersetzung mit dem Phänomen der Dynamik sein. Der Schüler von Parmenides, Zenon (550–480 vor Christus), versuchte die Thesen seines Lehrers durch besonders scharfsinnige Beweisführung zu untermauern. Ein Beispiel:

> Ein fliegender Pfeil, in jedem beliebigen Einzelmoment seines Fluges betrachtet, befindet sich an einer bestimmten Stelle des Raumes, an der er in diesem Moment ruht. Wenn er aber in jedem einzelnen Zeitpunkt seines Fluges ruht, so ruht er auch im Ganzen (Störig 2002, S. 148).

Dieses Beispiel soll klar machen, dass es keine wirkliche Bewegung gibt – und damit gäbe es auch keine Dynamik.

Tatsächlich können wir aus dem Beispiel für eine Betrachtung der Dynamik viel lernen. Wenn der zeitliche Ausschnitt der Betrachtung infinitesimal ist, kommt der Pfeil tatsächlich zum Ruhen. Bei einem sehr weit entfernt liegenden Blickwinkel ist die Bewegung fast nicht zu erkennen. Das ist nun keine Negierung von Bewegung an sich, gibt uns aber einen ersten Eindruck von Dynamik. Tatsächlich ist doch die Veränderungsgeschwindigkeit abhängig vom Betrachtungswinkel. In der Welt der vielfältigen Formen sehen wir permanente Veränderungen, Neuerungen, Fortschritt und Innovationen. Es herrscht agiles Treiben. Ist die manchmal wahrgenommene Hektik nun aber das Zeichen einer besonderen Dynamik? Hektik ist kein positiv besetzter Begriff, er deutet eher auf unüberlegtes und anstrengendes Verhalten hin. Können wir uns aber dem hektischen Treiben um uns herum überhaupt entziehen?

Die Eleaten haben uns darauf eine klare Antwort gegeben: Wenn wir die täglich auf uns einwirkenden Eindrücke verlassen und das Hintergründige betrachten, dann ist die angebliche Dynamik gar nicht mehr so groß. Wir müssen also hektisches Treiben als Wahrnehmung und Behandlung von Symptomen erkennen. Und wir müssen, zumindest als Führungskraft, auf die Ebene des grundlegenden Problems abstrahieren.

Es ist doch so, dass wir z. B. in der Politik sehr viele Aktivitäten erkennen. Praktisch an jeder Ecke gibt es Handlungsbedarf und die politischen Institutionen und Meinungsträger nehmen die Themen des Tages auf und versprechen Besserung. Es kommt aber trotz der zahllosen Bemühungen nicht der Eindruck auf, dass nun eine besondere Dynamik herrscht. Ob die ergriffenen Maßnahmen den gewünschten Fortschritt bringen, wird allenthalben angezweifelt und zwar durchaus zu recht. Es wird mit der Hektik einer Bearbeitung des Tagesgeschäftes eben keine Dynamik geschaffen. Der Tag als zeitlicher Ausschnitt ist zu kurz, um eine erkennbare Dynamik auszulösen.

Aus diesen Überlegungen lassen sich mehrere Schlussfolgerungen ziehen. Erstens sollte man der Hektik des Tages einen deutlich geringeren Stellenwert geben. Viel zu häufig hören wir, dass keine Zeit ist und dass man ja so beschäftigt ist. Wer viel beschäftigt ist und das auch überall kundtut, will sich dadurch aufwerten. Eine solche Gängelung durch Unwichtigkeiten sollte für niemanden mehr ein Argument sein können, sich zu profilieren. Wo ist das Positive, wenn man in einer Situation geradezu gefangen ist? Lassen wir die Hektik das sein, was sie ist, ein eher negatives Phänomen des unreflektierten Handelns. Das ist eine erste Grundlegung von neuen Werten und kann eine Veränderung des schon beschriebenen Zeitgeistes nach sich ziehen. Zweitens: Lassen Sie uns durch eine übergeordnete Perspektive des Verstehens nicht an Symptomen arbeiten, sondern mindestens einmal die Ebene der dahinterliegenden Probleme angehen. Wenn wir mit vermeintlichen Problemen konfrontiert werden, müssen wir diese Phänomene in einen übergeordneten Zusammenhang stellen. Erst dann wird deutlich, ob es sich tatsächlich um ein Problem handelt, oder ob wir einem Symptom gegenüberstehen. Es ist die gute alte Elevator Speech, bei der man in einem sehr eingeschränkten Zeitfenster und damit zwangsweise in wenigen Sätzen die Wichtigkeit der zu bewältigenden Aufgaben erklärt. Wer sich verzettelt, hat verloren. Auch diese Forderung hat durchaus das Zeug, eine kulturelle Veränderung zu bewirken. Es bedarf „nur" der Festlegung, tatsächlich so vorgehen zu wollen. Das Hintergründige und nicht die offensichtliche Wahrnehmung oder die subjektiv vorgetragene Meinung sollten als Maßstab für Veränderungen dienen.

Drittens: Lassen Sie uns echte Dynamik schaffen, indem wir erkennbare Fortschritte erzielen. Wenn wir von echtem Fortschritt sprechen, meinen wir doch nicht die Beschäftigung mit einem „weiter so". Es geht darum, grundlegende Veränderungen anzustoßen, die aus einem übergeordneten Blickwinkel eine Bewegung auslösen. Es ist bei jeder Aufgabe zu klären, welchen Grad an Veränderungen sie in der Lage ist auszulösen.

Die aufgestellten Forderungen an eine neue Führung können wir sogar noch auf einen Königsweg bringen, indem wir nicht nur zwischen Symptomen und Problemen unterscheiden, sondern noch einmal mehr in die Tiefe schauen und die Ursachenebene angreifen. Das ist genau das, was wir mit einer neuen Führung anstreben. Wir betrachten die gesellschaftlichen und unternehmerischen Rahmenbedingungen, aus denen heraus die Vorschläge für eine neue Führung abgeleitet werden. Wir wollen erkennen, auf welcher Basis die zahlreichen Vorschläge zur dynamischen Führung, zu agilen Unternehmen und zu nicht hierarchischen Führungsmodellen entstehen. Es ist nicht ausreichend, den Zeitgeist aufzunehmen und daraus Zukunftsmodelle zu erarbeiten. Die Modelle müssen die Grundlagen oder Ursachen erkennen und darauf aufbauend neue Wege vorschlagen. Man kann folgenden Zusammenhang herstellen: Viel Bewegung und wenig Dynamik auf der Symptom-Ebene. Bessere Veränderungen mit immer noch wenig Dynamik auf der Problemebene. Echte Dynamik und tief greifende Veränderungen entstehen besonders auf der Ursachenebene. Erst dort werden bestehende Selbstverständlichkeiten wirklich hinterfragt und wirklich neue Ansätze gefunden. Der notwendige Abstand auf der Ursachenebene ist es auch, der es uns ermöglicht, wesentliche Veränderungen zu erkennen und schon begonnene Entwicklungen zu antizipieren. Die Abstraktion ist ein wichtiger Schritt, um zu erkennen, was sich zurzeit verändert und was sich gerade entwickelt.

Der Kampf als Motor allen Geschehens

Die Eleaten haben aus der metaphysischen Betrachtung des allumfassenden Seins die gewagte These abgeleitet, dass Bewegung nur ein Irrglaube, aber keine Wahrheit ist. Wir sehen aber viele Bewegungen, und wir werden jeden Tag Zeuge, wie etwas Neues entsteht. Nur wenn man das metaphysische Weltganze oder das Göttliche beschreiben will, führt eine tiefe, intellektuelle Auseinandersetzung mit verschiedenen Sachverhalten zu einem unbewegten Sein. Eine hierseits des Unverständlichen angesiedelte Philosophie wird das Werden und Vergehen nicht wirklich in Abrede stellen. So heißt denn auch die philosophische Essenz des

Heraklit (550–480 vor Christus): „Alles fließt". Das Geheimnis des Lebens und der Natur ist die Veränderung (Störig 2002, S. 150).
Nicht ein Urstoff erklärt die Welt, sondern ein Urprinzip. Der Wandel ist das Urprinzip, aus dem sich alles erklären lässt.

Mit dem Bild des Fließens werden wir bezüglich der heraklit'schen Erkenntnistheorie schnell in die Irre geleitet. In unserer Vorstellung taucht doch sofort das Bild des Flusses auf, der eine Quelle hat und sein Ende in einem See oder Meer findet. Doch so ist das Urprinzip des Heraklit nicht zu verstehen. Er sieht wie die Eleaten ein Einheitliches hinter dem Vielfältigen.

Doch diese Einheit birgt für ihn immer auch Gegensätze in sich: „Jedes Ding braucht zu seinem Sein seines Gegenteils" (Röd 1998, S. 41). Bildlich gesprochen haben wir uns ein Pendel vorzustellen, das eine Achse hat, das die Einheit verkörpert und das Pendel selbst schwingt zwischen den Gegensätzen hin und her. Wir können dieses Phänomen auch als Wesen einer Sache mit unterschiedlichen oder gegensätzlichen Ausprägungen verstehen. Das Wahrnehmbare ist die in Gegensätzen auftretende Form des einheitlichen Ganzen. Und tatsächlich gibt es diesen Zusammenhang, der zu den prägendsten überhaupt in der Philosophie gehört. Einige Beispiele: Das Gefühl von Einheit kann sich als Liebe oder Hass zeigen. Gott ist Tag und Nacht. Jahreszeiten als Winter und Sommer. Die Liste ließe sich unendlich fortschreiben. Heraklit erkannte die Einheit der Gegensätze. Dazu ein nur kurzer Hinweis auf den asiatischen Daoismus, der immer ein Yin und Yang in einer Sache vereinigt sieht. Dao ist der Weg und das mystische I Ging wird als „Buch der Wandlungen" bezeichnet.

Das Prinzip des Wandels ist wohl bis heute unbestritten. Wir können uns dieses natürliche Gesetz als Erkenntnisgrundlage auch in der heutigen Zeit zunutze machen. Indem wir aktuelle Ausprägungen von Phänomenen beschreiben, erhalten wir einen guten Eindruck, wie weit das Pendel in eine bestimmte Richtung ausgeschlagen ist. Die vertiefte Auseinandersetzung mit Indikatoren in der Gesellschaft und in den Unternehmen kann uns wichtige Indizien liefern, an welcher Stelle Kräfte wirksam werden, wo das genaue Gegenteil dessen, was heute beobachtet werden kann, sich seinen Weg bahnt. Aus einer auf Frühindikatoren basierenden Erkenntnis können wesentliche Veränderungen mit ziemlicher Sicherheit vorhergesagt werden. Es ist eigentlich einfach: Wir suchen die relevanten Aspekte der Führung oder solche kulturellen Phänomene, bei denen eine weitere Entwicklung in die bisherige Richtung kaum noch möglich erscheint. Ob das Pendel dann tatsächlich schon heute zurückschwingt, oder ob es kurzfristig noch ein Festhalten am Status quo gibt, ist bei der Betrachtung von Megatrends gar nicht so wichtig. Der Zeitraum der prognostizierten Veränderung sollte einfach nicht zu kurz sein.

Heraklit gibt uns eine Methode an die Hand, die als selbstverständlich angesehenen Umweltfaktoren oder die in den Unternehmen geltende Kultur zu hinterfragen und eine Bewegungsrichtung zu erkennen. Die voraussichtliche Zukunft ist ganz einfach das Gegenteil von dem, was wir aktuell gewohnt sind. Mit der Annahme, dass sich das Gegenteil einer Sache auf dem Zeitstrahl wieder durchsetzen wird, können wir nicht nur den Status quo beschreiben, sondern haben eine Art Prognoseinstrument in der Hand. Genau das werden wir für die wesentlichen Aspekte, die eine neue Führung beeinflussen, tun. Die neue und zukunftsgerichtete Führung wird auf der Basis sogenannter Megatrends abgeleitet. Die neue Führung basiert also auf einer mehr als zweitausend Jahre alten Dialektik.

Aus unserer Erfahrung wissen wir, dass es viele Entwicklungen gibt, die sich umkehren. Die dezentrale Organisation löst die zentrale Organisation ab. Die hierarchische Führung schwenkt um in eine nicht hierarchische Führung. Eine Cash-Orientierung kehrt sich um in eine neue Bewertung von Substanzwerten usw. Nicht selten werden solche Entwicklungen als „kalter Kaffee" oder „alter Wein in neuen Schläuchen" bezeichnet. Aber auch hierzu gibt uns Heraklit einen wichtigen Hinweis: „Man kann nicht zweimal in denselben Fluss hinabsteigen. Man selbst hat sich verändert und die Wasser sind auch nicht mehr dieselben" (Hirschberger 1981, S. 27). Selbst wenn das Gegenteil dessen, was wir gewohnt sind, eintritt, ist es nicht dasselbe, was wir aus der Vergangenheit kennen. Die Einheit, die das Gegenteil umfasst, mag zwar den gleichen Namen tragen, die konkreten Ausprägungen sind aber wohl unterschiedlich. Sie sind in eine andere Zeit mit anderen Rahmenbedingungen eingebettet.

Heraklit gibt uns noch einen weiteren Hinweis. Die Bewertung von wahrnehmbaren Phänomenen ist abhängig von bestimmten Standpunkten. So heißt es: „Für Gott sind alle Dinge schön und gerecht; die Menschen halten das eine für gerecht und das andere für schlecht" (Störig 2002, S. 152). Es ist wohl die Ungerechtigkeit der Zeit, die wir schon von Anaximander kennen, die die vermeintlich guten und schlechten Dinge hervorbringt. Eine neue Zeit wird in einigen Teilen deutlich anders aussehen, als wir es aktuell gewohnt sind.

Wir können die Behandlung der wirklich epochalen Erkenntnisse des Heraklit nicht abschließen, ohne noch eine weitere wichtige Aussage aufzunehmen: „Kampf ist der Vater von allem, der König von allem" (Helferich 2000, S. 8). Es sind die gegensätzlich wirkenden Kräfte, die sich, bildlich gesprochen, bekämpfen. Eine Harmonie als statischer Zustand gibt es in den konkret sichtbaren Formen nicht. Der Zusammenhalt findet sich allenfalls in der Einheit des zugrunde liegenden Phänomens. Für Heraklit sind alle sichtbaren Erscheinungen immer in Bewegung. Die Gegensätze bleiben für immer auf dem Kampffeld. Die Dynamik besiegt die Statik. Die damals entwickelten Vorstellungen lassen sich sofort auf unserer Vorstellung von modernem Wettbewerb übertragen und haben damit einen aktuellen Bezug zu unserer Thematik. Wir können das Gesetz des Wandels aber auch sehr gut auf gesellschaftliche Phänomene übertragen.

Den Wandel als Kampf zu beschreiben, hat eine weitere wesentliche Facette für unsere neue Führung. Wir dürfen die Dynamik von Entwicklungen nicht als gottgegebenes Gesetz interpretieren, bei der wir als Zuschauer einer unaufhaltsamen Bewegung nur zuschauen.

Wenn wir im Sinne einer Führung auch eine neue Führung gestalten wollen, müssen wir dafür in den Kampf ziehen. Die Dinge passieren nicht von alleine und die Dynamik der Veränderung kann bei einer fatalistischen Einstellung eben auch sehr gering sein. Wenn wir unser Ziel, Dynamik zu fördern, tatsächlich erreichen wollen, müssen wir Kräfte freisetzen. Solche Kräfte, die eine Entwicklung hin zu den gewünschten Ausprägungen der Führung in Bewegung setzen.

Literatur

Bright D, Parkin B (1997) Human Resource Management – Concepts and Practices. Business Education Publishers Ltd., Sunderland
Coenenberg AG, Salfeld R (2003) Wertorientierte Unternehmensführung. Vom Strategieentwurf zur Implementierung. Schäffer Poeschel, Stuttgart
Groysberg B, Lee J, Prince J, Chang JY-J (2018) Eine Frage der Kultur. Harvard Business Manager 3:20–31
Helferich C (2000) Geschichte der Philosophie. Dtv, München
Hirschberger J (1981) Geschichte der Philosophie. Teil 1 Altertum und Mittelalter. Herder, Freiburg im Breisgau
Krefting LA, Frost PJ (1985) Untangling webs, surfing waves, and wildcatting: a multiple metaphoric perspective on managing culture. In: Frost PJ et al. (Hrsg) Organization Culture. Sage, Beverly Hills
Rappaport A (1999) Shareholder Value. Schäffer-Poeschel Verlag, Stuttgart
Robbins SP (1987) Organisation Theory: Structure, Design, and Application. Englewood Cliffs, New Jersey
Röd W (1998) Kleine Geschichte der antiken Philosophie. C. H. Beck, München
Schein EH (1985) Organizational Culture and Leadership. Jossey-Bass, San Francisco
Störig H-J (2002) Kleine Weltgeschichte der Philosophie. Limitierte Jubiläumsedition. S. Fischer, Frankfurt am Main
Wilhelm R (2017) I Ging. Das Buch der Wandlungen. Nikol, Hamburg

Megatrends zur Führung

Wahrheit: Von der freien Meinung zum freien Wissen

Eine besondere Anforderung an die Führung in der heutigen Zeit ist die ausufernde Meinungsvielfalt. In der Gesellschaft wie in den Unternehmen ist es wie im Fußballstadion: Die Anzahl der selbsternannten Trainer ist ungefähr so groß wie die Anzahl der Zuschauer. Es herrscht eine Kultur, bei der jeder zu jedem Thema eine „klare Meinung" hat und diese auch artikuliert.

Nun ist es keinesfalls falsch, eine eigene Meinung zu haben. Ganz im Gegenteil: Auf der Suche nach Fortschritt kann man mit Duckmäusern und Unentschiedenen wenig gewinnen.

Wenn aber zu viele unreflektierte Meinungen ernst genommen werden sollen und bei gesellschaftlichen Entscheidungen Berücksichtigung finden sollen, dann ist nichts gewonnen. Hier stoßen wir dann auf die negativen Auswüchse von Meinungsvielfalt. Die positiv zu bewertende Meinungsvielfalt verkommt zu einer Meinungsinflation. Die so allgegenwärtige vordergründige Meinung sollte in einer Wissensgesellschaft durch ein vertieftes Wissen um die Sache ersetzt werden. Unser Zeitgeist hat aber noch die Verbreitung von Meinungen vor die Verbreitung von Wissen gestellt.

Die Meinungsvielfalt ist kein neues Phänomen. Für die Führung lassen sich aus den philosophischen Überlegungen des Parmenides interessante Erkenntnisse ableiten. Ist die Meinungsvielfalt groß, mangelt es an Wissen. Ist nicht auch ein Bestandteil unserer gesellschaftlichen Komplexität die Vielfalt an Meinungen? Man kann sicher behaupten, dass ein besseres Verständnis der Sache die Komplexität senken kann.

Eine schnelle Meinung zu einem Thema hat tatsächlich auch den Effekt der Reduktion von Komplexität, zumindest für den Meinungsgeber. Die starke Vereinfachung von verwickelten Ausgangssituationen und verworrenen Zusammenhängen wird durch Nichthinschauen oder sogar Wegschauen deutlich vereinfacht. Für den Einzelnen wird durch den Verzicht auf eine dem Logos unterworfene Betrachtung die Komplexität besiegt. Stammtischpolitik ist einfach, sowohl in Bezug auf die plakativen Aussagen als auch in Bezug auf die intellektuelle Bearbeitung des Themas. Aber ist das der Anspruch unserer Gesellschaft oder besser: unserer Wissensgesellschaft? Sicher nicht.

Doch woher kommen nun eigentlich die vielen verschiedenen Meinungen? Eine erste Antwort finden wir in unserem Zeitgeist. Es gab Zeiten, in denen unsere Ausbildungsgrundsätze die Diskussionskultur über die strenge Vermittlung von Wissen gestellt haben. Der Diskurs war die bevorzugte Methode gegenüber dem unkritischen Lernen von Inhalten. Es wurde der kritische Schüler, Student und Bürger gefördert, der auch ohne angelerntes Wissen durch sinnvolle Nutzung seiner intellektuellen Fähigkeiten zu tieferer Einsicht bei gesellschaftlichen Fragen kommen wollte. Gepaart mit einer starken Ablehnung von Macht und staatlicher Autorität wurde eine Gleichberechtigung der Rechte und Ansichten verschiedener gesellschaftlicher Gruppen und jedes einzelnen Bürgers gefordert. Entsprechend unseres demokratischen Verständnisses sind unterschiedliche Meinungen zunächst einmal tatsächlich gleichberechtigt. Wenn aber alle Meinungen unabhängig vom Wahrheitsgehalt oder einem Grundverständnis des Sachverhaltes gleichberechtigt sind, dann ist es nicht „ökonomisch", sich die Mühe eines tieferen Verständnisses zu machen. Die Devise lautet dann: Einfach mitreden und die eigene Meinung mit sprachlichem Geschick und Vehemenz vortragen. Hand aufs Herz: Wir erleben diese Situation bei der Auseinandersetzung mit wichtigen gesellschaftlichen Themen jeden Tag. Diese Zusammenhänge stellen übrigens nicht die Demokratie infrage, wohl aber unseren Umgang mit Wissen.

Neben der fehlenden Reflexion von Themen gibt es eine weitere wesentliche Ursache für eine Meinungsinflation. Die zunehmende Spezialisierung. Es herrscht die Meinung vor, dass die gesellschaftliche und wirtschaftliche Komplexität zunimmt. Eine Lösung, auf die wahrgenommene Komplexität zu reagieren, ist eine parallele Ausweitung der Spezialisierung. Um der Komplexität gerecht zu werden, muss nach landläufiger Meinung auch die Spezialisierung zunehmen. An praktisch jeder Stelle werden detaillierte Kenntnisse gefordert. Und so werden eben auch Führungsfragen, die grundsätzlich ein höheres Abstraktionsniveau und einen allgemeineren Charakter haben, aus der Brille der zahllosen Spezialisten unterschiedlich beurteilt. Die Spezialisierung ist vordergründig eine geeignete Maßnahme zum Umgang mit Komplexität, diesen Effekt erreicht sie aber durch die Ausschnittbildung. Jeder Fachmann nimmt aus der sicheren Position seiner subjektiven Perspektive seine Wertungen vor. Daher ist die Anzahl der Meinungen genau so groß wie die Anzahl der Spezialisten. Im Ergebnis wird die Komplexität nicht besiegt, sondern allenfalls abgebildet. Die grundlegenden Herausforderungen auf der Ursachenebene werden in Probleme oder gar Symptome zergliedert, womit aber die Komplexität weiter zunimmt. Die Argumentation der Spezialisten erfolgt dann auf der Problem- oder – schlimmer noch – auf der Symptom-Ebene. Auf dieser falschen Diskussionsebene sind die Dinge komplex, sie wurden aber auch nicht durchdrungen. Eine Meinungsinflation ist Ergebnis der Ausschnittbildung. Die Gefahr der Spezialisierung ist die Zunahme der Meinungsvielfalt. In dem Maße, in dem die Spezialisierung steigt, nimmt zwangsläufig die Anzahl gleichberechtigter Meinungen zu. Die Spezialisierung ist eine nicht weiter hinterfragte Selbstverständlichkeit oder auch ein Mythos unserer modernen Gesellschaft, und daher ist auch die Gleichgewichtung verschiedener Aspekte aus unterschiedlichen Blickwinkeln anerkannt. Das bedeutet aber doch auch, wenn es jemanden gelingt, als Spezialist anerkannt zu werden, hat er sich gleichzeitig das Recht erworben, im Kreise mit anderen gleichberechtigt seine Meinung vortragen und vertreten zu dürfen.

Das schlimme daran ist, dass Spezialisierung „Insellösungen" hervorruft. Denn wenn man seine Legitimation zur Einbringung der eigenen Meinung der Notwendigkeit der Spezialisierung verdankt, dann wird man zu jeder Zeit nachwiesen, dass eine immer weitere Notwendigkeit der Spezialisierung besteht. Und das bedeutet dann immer auch Abgrenzung. Niemand ist mehr wirklich an der Suche nach dem gemeinsamen Nenner interessiert, von dem aus die Spezialisierung beginnt. Die Abkehr von der Spezialisierung birgt für den Einzelnen das Risiko des Kompetenzverlustes. Wer aus der sicheren Ecke des eingeschränkten Blickfeldes heraustritt, setzt sich dem Risiko aus, sein Recht der freien Meinungsäußerung mit dem Anspruch der gleichberechtigten Berücksichtigung zu verlieren. Nun wird niemand ernsthaft die Notwendigkeit einer Arbeitsteilung bestreiten. Sicher haben wir in unserer Gesellschaft sehr ausgeklügelte Formen der Koordination, um Schnittstellenprobleme zu lösen. Die Nachteile der Arbeitsteiligkeit sollen durch Informationspflichten, Sitzungen, Gremien und informelle Kommunikationswege ausgeschaltet werden. Aber wenn zu viele verschiedene aus den Blickwinkeln der Spezialisierung vorgetragene Meinungen zu berücksichtigen sind, dann wird die Entscheidungsfindung nicht erleichtert. Die zunehmende Arbeitsteilung findet ihr Spiegelbild in einer zunehmenden Komplexität der Koordinationsmechanismen. Im Ergebnis bleibt es jedoch dabei, dass zu viele Meinungen zu berücksichtigen sind, die nicht zu einer grundsätzlichen Lösung des Problems beitragen. Die Koordination dieser Teilaspekte nimmt immer mehr Zeit in Anspruch. Das erleben wir jeden Tag in der Politik und in der Auseinandersetzung mit wichtigen gesellschaftlichen Themen. Die ausufernde Meinungsvielfalt steht aufgrund der mit ihr verbundenen Komplexität dem Fortkommen in einer Sache bzw. dem Fortschritt entgegen.

Die eigene Meinung verbindet sich immer auch mit einem offenen oder verdeckten Anspruchsdenken. Eine ausufernde Meinungsvielfalt lässt sich mit einem übertriebenen Anspruchsdenken verbinden. Die eigene Perspektive wird nämlich mit der Forderung verknüpft, dass genau die eigene Sichtweise von besonderer Bedeutung ist. Und natürlich werden andere Meinungen schon aufgrund des – aus der Sicht der Spezialisierung – falschen Ansatzes der übrigen Mitsprechenden gerne abgewertet. Sehr schnell kann man kein Verständnis mehr für andere Positionen aufbringen. Immerhin werden ja die anderen Meinungen ohne die Kenntnis der vertieften Einblicke in das eigene Fachgebiet abgeleitet. So ist der Konflikt dann sozusagen vorprogrammiert. Jeder, der von einem einzelnen und vielleicht auch noch so unwichtigen Aspekt einer wichtigen Entscheidung tangiert wird, möchte seine Perspektive in die Diskussion einbringen. Das Anspruchsdenken besteht nun darin, dass die Teilaspekte nicht nur vorgetragen werden, sondern deren Vertreter auch mitentscheiden wollen. Es gibt keine hierarchische Ordnung von Wissen. Alle Aspekte sind vermeintlich gleichberechtigt und damit auch an der Entscheidung zu beteiligen. Jeder verteidigt seine Wahrnehmung der Entscheidungssituation mit allen Mitteln. Die Suche nach einem gemeinsamen Nenner bleibt aus, weil aus der eigenen Ausschnittbildung die anderen Ansichten ja unterlegen sind. Der eigene Anspruch der gleichberechtigten Berücksichtigung entwickelt sich zu der Einstellung, dass andere Meinungen doch nicht ganz so wichtig sind wie die eigene Meinung. Und weil es eben offensichtlich ist, dass andere Wahrnehmungen aus dem eingeschränkten Blick der Spezialisierung vorgetragen werden, kann man auch schnell Kritik an solchen Meinungen formulieren. In unserer Gesellschaft entwickelt sich von allen Seiten gleichzeitig ein deutlicher Herrschaftsanspruch.

Die Digitalisierung in ihrer heutigen Form leistet der Meinungsinflation einen weiteren Vorschub. Dem Anspruch, die eigene, wenn auch mitunter unreflektierte Meinung ernst zu nehmen, ist mit den sozialen Netzwerken ein Medium gegeben worden. Die moderne Technik gibt uns die Möglichkeit, jede persönliche Ansicht schnell in die Breite zu tragen. Die Meinung des Einzelnen wird in Windeseile breit gestreut. Es ist natürlich auch in den sozialen Netzwerken so, dass die Meinung in den meisten Fällen weit vom Wissen um eine Situation entfernt ist. Aber egal: Erst mal alles raushauen. Früher hat es uns nicht interessiert, was der Stammtisch Wichtiges zu berichten wusste. Heute erreichen uns tatsächlich genau alle diese Unwichtigkeiten – und noch viel schlimmer: auch die Unrichtigkeiten.

Wir werden heute jeden Tag zu jedem Thema mit sehr persönlichen Einstellungen von unzähligen Einzelpersonen beglückt. In immer kürzeren Abständen rollen Datenwellen auf uns zu, die uns wichtige Erkenntnisse bringen sollen. Die Wahrheit ist, dass wir bei allen diesen Veröffentlichungen eben wenig zu einem Thema lernen. Die Einzelmeinungen können aber sehr wohl das Meinungsbild des Empfängers beeinflussen. Entweder verstärken sich die schon vorhandenen, vielleicht auch unreflektierten Meinungen. Oder man gewinnt neue, nicht sachlich fundierte Perspektiven. Die Gefahr besteht darin, dass das alles ohne jegliche inhaltliche Qualität erfolgt. Die Menge an Veröffentlichungen übernimmt die Herrschaft über die Qualität der Inhalte. Hatte nicht Heraklit gesagt, jede Sache vereint ihre Gegensätze in sich? Bei der Information ist es aktuell scheinbar die Menge an Informationen, die sich gegenüber der Qualität der Informationen durchgesetzt hat. Die freie Meinung dominiert das Wissen.

Nun gibt es Silberstreifen am Horizont, die uns aus der Sackgasse der besonders einfachen Meinungen zu einem Thema herausführen. Es gibt klare Indikatoren, die einen neuen Trend erkennen lassen. Erstens kann die Meinungsvielfalt wohl kaum noch weiter ausgebaut werden. Zweitens kann man eine starke Ermüdung in Bezug auf die überall wahrnehmbare Meinungsinflation feststellen. Drittens gibt es erste gesellschaftliche Anzeichen, allzu freie Meinungen einzugrenzen. Und nicht zuletzt steht die Entwicklung zu einer Wissensgesellschaft der oberflächlichen Meinungsbildung entgegen.

Eine Steigerung der Meinungsvielfalt scheint kaum noch möglich. Wir haben Zugang zu globalen Netzwerken. Wir können uns uneingeschränkt in den sozialen Netzwerken artikulieren und in den Medien kommen bei gesellschaftlich relevanten Themen immer mehr Meinungen zu Wort. Die Medienlandschaft selbst hat an Breite zugenommen. Wir haben Zugang zu immer mehr Sendern in Funk und Fernsehen. Die Print- und Online-Medien kreieren nach wie vor neue Formate als Ergänzung zu ihren etablierten Produkten. Es bestehen wenig Zweifel, dass die Meinungsvielfalt und damit einhergehende negative Folgen der Meinungsinflation ein Maximum erreicht haben. Insofern wird das Pendel früher oder später von der Richtung „Menge an Information" zu „Qualität der Information" umschlagen müssen.

Jeder kann bei sich selbst erkennen, dass die Meinungsinflation ermüdet. Wenn wir uns z. B. in die Arenen der zahllosen Talkshows begeben, stellen wir schnell fest, dass es hier überhaupt nicht um eine Anreicherung von Wissen über Sachfragen geht. Es handelt sich um einen mehr oder weniger verkümmerten Meinungszirkel. Nur in allergrößten Ausnahmefällen erhalten wir in dieser Form der „politischen Bildung" neue und wichtige Informationen zu Sachfragen. Die sorgfältig ausgewählten Kontrahenten der verschiedenen politischen Lager stellen

Forderungen auf und werfen der Gegenseite irgendwelche Unterlassungen oder Fehlentscheidungen der Vergangenheit vor. Wo ist da die qualitative Information für die mündigen Bürger? Sie ist nicht zu erkennen und das Format sieht das wohl auch nicht vor. Schließlich geht es um eine Art der Unterhaltung. Da scheint dann auch die Selbstdarstellung der Akteure ausreichend. Zu allem Überfluss hat sich in den letzten Jahren noch die Tendenz durchgesetzt, Leute aus dem Publikum ihre Meinung kundtun zu lassen. Dabei steht wohl die Betroffenheit an erster Stelle und nicht die kritische Auseinandersetzung mit komplexen Fragen. Auch die auftretenden Experten tragen nicht immer zu neuen Inhalten bei oder erklären eine schwierige Entscheidungssituation. Sie tragen auch nur ihren Standpunkt oder ihre Meinung aus dem Blickwinkel der Ausschnittbildung vor. Das alles ist wirklich langweilig geworden.

Es ist sicher auch nicht vermessen, den Siegeszug der sozialen Medien als endlich zu erklären. Es fehlen sowohl der Informationsgehalt als auch die Zeit, sich mit allen diesen Veröffentlichungen auseinanderzusetzen. Die erste Attraktion des Neuen in der digitalen Welt weicht einer zunehmenden Langeweile über immer neue und inflationäre Botschaften. Wir sehen zu viele Unwichtigkeiten und die Meinung unserer digital vernetzen Freunde sind nach der gefühlt tausendsten Botschaft auch bekannt und bringen immer weniger Erkenntniswert. Außerdem sehen wir uns einer Flut an Kurzmeldungen aus der Politik gegenüber, die in den meisten Fällen nicht das Attribut der Weisheit verdienen. Schnelle, unwahre und im Ton unmäßige Behauptungen bringen die gesamten neuen Medien eher in Verruf. Datenskandale und Manipulationen im Netz tun ihr übriges. Wir alle erkennen immer klarer, dass die neuen Medien nicht mit mehr Qualität von Informationen oder gar einer Anreicherung von Wissen einhergehen. So wie es mal „In" war, bei den neuen Medien dabei zu sein, wird es langsam modern, sich dem „Meinungsüberschuss" zu entziehen. Die mündigen Bürger einer Wissensgesellschaft ziehen sich auf solche Quellen zurück, denen man eine kritische Auseinandersetzung mit komplexen Themen zutraut. Also raus aus Facebook, Twitter und anderen Nachrichtendiensten hin zu Quellen mit fundierten Kenntnissen und Tiefgang.

Genau diese ungefilterte und freie Meinungsäußerung in den neuen und sozialen Medien hat nun auch die politische Diskussion erreicht. Einer Verbreitung von hasserfüllten Botschaften oder dem Aufruf zur Gewalt über die sozialen Medien werden vorsichtig erste kleine Riegel vorgeschoben. Die politischen Ansätze das zu tun, sind zaghaft und wirken manchmal unbeholfen. Das ist aber auch nicht verwunderlich, denn die Meinungsfreiheit ist ja eines unserer Grundrechte. Gerade wenn die Ausnutzung dieses Grundrechtes andere Grundrechte wie Persönlichkeitsrechte oder das Verbot zur Anstiftung von Straftaten verletzt, gibt es keine schnellen Lösungen. Die schwierige Aufgabe besteht darin, nur die Fehlentwicklungen der Meinungsfreiheit „abzustellen" und dabei das Grundprinzip auf jeden Fall zu erhalten. Aber ein erster Schritt in Richtung der Eingrenzung einer uneingeschränkten Meinungsfreiheit ist getan. Dies ist im Übrigen ein sehr gefährlicher Ansatz. Eine Einschränkung der Meinungsfreiheit kann durchaus an Dynamik gewinnen und über das gesteckte Ziel hinausschießen.

Denken wir immer an das Bild des Pendels: So, wie auf der einen Seite die Meinungsinflation steht, so steht auf der anderen Seite die Meinungsdeflation. In einigen Ländern um uns herum sind die Eingriffe in die Meinungsfreiheit leider schon sehr massiv zu spüren.

Wann immer etwas in solchem Überfluss wie Meinungen vorhanden ist, entsteht ein Auswahlproblem. Während es früher schwierig war, an Informationen heranzukommen, ist es heute schwierig, an qualitative Informationen heranzukommen. Eigentlich ein Paradoxon, wenn wir alle von einer Entwicklung zur Wissensgesellschaft ausgehen. Was muss sich also auf dem Weg zu einer Wissensgesellschaft ändern?

Zunächst muss der Zusammenhang von Meinung und Wissen verstanden werden. In einer Wissensgesellschaft ist nicht die Meinung von Bedeutung, sondern das Verstehen. In einer Gesellschaft, die Wissen fordert und unreflektierte Meinungen ablehnt, wird sich diese Einstellung sukzessive auch durchsetzen. Auf diesem „Nährboden" werden sich neue Formen des Wissens auftun.

Noch dominieren bei gesellschaftlichen Themen und der Darstellung von politischen Inhalten die verschiedenen Meinungen. Die mantraartige Kommunikation von politischen Forderungen lässt die Überlegenheit der vorgeschlagenen Alternativen nicht erkennen, es sei denn, sie verstärkt nur vorgefasste Meinungen. Wichtige Themen werden viel zu häufig weder in einen Zusammenhang gestellt, noch die verschiedenen inhaltlichen Aspekte dargestellt. Die Politiker haften noch an der selbstdarstellerischen Verbreitung von Meinungen, die es dem Empfänger nicht ermöglichen, sich ein Bild zu machen. Selbst wenn die Meinungen der Politiker auf einem tiefen Verständnis der Materie basieren, können die Adressaten das nicht erkennen. Dadurch kann die Politik in vielen Fällen viel zu leicht mit Populismus und Propaganda in Verbindung gebracht werden. Es ist also gar nicht der Kommunikationsinhalt, sondern die Art der öffentlichen Kommunikation, die zu einer Abwertung der Inhalte führt.

Der mündige Bürger dagegen sucht Leute, die sich komplexen Themen annehmen und durch tief greifendes Verständnis zu Lösungen kommen und das eben auch als abwägendes Urteil kommunizieren. Die Zusammenhänge und schwierigen Entscheidungssituationen gehören in einer Wissensgesellschaft vermehrt ins Licht der Öffentlichkeit gerückt. Als aufgeklärte Gesellschaft wollen wir komplexe Sachverhalte erklärt bekommen. Die politischen Schlussfolgerungen haben ohne eine Einordnung in den Kontext wenig Wert. Wir wollen die Meinung vom Wissen unterscheiden können.

In einer Wissensgesellschaft verstärkt sich der Wunsch, aus der Meinungsinflation auszubrechen und Dinge besser zu verstehen. Damit wird die Tür für einen Qualitätsjournalismus gerade weit aufgestoßen. Hatten die Medien noch vor einiger Zeit Wehklagen über Digitalisierung und kostenlose Inhalte angestimmt, scheint sich der Wind zu drehen. Noch haben wir insbesondere Fernsehinhalte, die gar keine Inhalte sind. Wir sehen Reporter, die stundenlang vor der Tür stehen, um dann einen Politiker zu einem kurzen Statement zu bewegen, das vollkommen informationslos ist. Aussagen wie „Wir arbeiten hart an einer Lösung" oder „Die Gespräche sind an einem schwierigen Punkt" bringen niemanden weiter. Es werden keine neuen Informationen zu Sachfragen übermittelt, sondern der anstrengende Prozess der Einigung und der Suche nach einem politischen Kompromiss soll eine Botschaft wert sein. Wo ist da der Inhalt? Die Medien haben jetzt die Chance, zu alter Stärke zurückzufinden. Dazu müssen sie die gerade moderne Art der inhaltsleeren Berichterstattung ebenso aufgeben, wie das ständige ins Bild rücken von einzelnen Bürgern. Bei der heutigen Reduktion auf Verbreitung von Meinungen kann auch bei „Oma Hilde" nur eine nicht auf Sachwissen basierte Meinung rauskommen. Lassen Sie uns aus den Talkshows neue Wissensshows zu den drängenden Fragen machen. Warum müssen eigentlich nur die Bürger in Frageshows wie „Wer wird Millionär" ihr Wissen unter Beweis stellen? Machen wir das doch mal mit den Meinungsgebern über Fakten zu den diskutierten Themen. Prüfen wir doch das Wissen der Experten zu wichtigen Sachfragen ab. Lassen Sie uns wieder deutlich machen, wer überhaupt auf der Basis von Wissen eine führende Rolle einnehmen kann. Das ist der Weg zur Wissensgesellschaft und zu einer neuen gesellschaftlichen Führung. Die Fragen wären ganz einfach: Was sind bei der Entscheidung A oder B die wesentlichen zu berücksichtigenden Faktoren? So wird aus dem Zugang zu freien Meinungen ein freier Zugang zu Wissen.

Es gibt sichere Anzeichen, dass unsere Gesellschaft von der Meinungsinflation umschwenkt auf eine Verbreitung von Wissen. Zumindest ist das der selbst definierte Anspruch auf dem Weg zu einer Wissensgesellschaft. Für die Führung bedeutet das, dass ein tiefgründiges Verständnis von Entscheidungssituationen wieder modern wird. Anders ausgedrückt: Eine Führungsrolle wird sich in einer aufgeklärten Wissensgesellschaft natürlich mit Wissen verbinden. Es ist nicht mehr zeitgemäß, eine Führungsposition auf der Basis von Macht oder Erfahrung auszufüllen. Die Geführten wollen den Mehrwert des Führers erkennen. Also erstens „Wo geht es hin?" und zweitens „Was ist bei der Entscheidung für den Weg zu berücksichtigen?". Hier kommen dann auch die Spezialisten mit Detailwissen zu ihrem Recht, deren Einwände natürlich zu prüfen sind. Die Führungskräfte müssen aber die verschiedenen eingebrachten Aspekte bewerten und auf einer wohlüberlegten Abwägung der widerstreitenden Interessen eine Entscheidung auf einer abstrakteren Ebene oberhalb der Symptom-Ebene treffen. Die neue Führung stellt die Synthese vor die Analyse von Problemen. Der Teufel mag ja im Detail liegen, die neue Führung liegt da nicht. Mit diesem Anspruch an eine neue Führung kommen wir der Wissensgesellschaft näher, besiegen die Komplexität, schaffen Dynamik und überzeugen die Menschen durch übergeordnete und damit neue Aspekte.

Wettbewerb: Vom Klein-Klein zum Fortschritt

Die größten gesellschaftlichen Herausforderungen bestehen nach Ansicht der meisten Experten in der Globalisierung und Digitalisierung. Nicht selten wird davon gesprochen, dass wir in ein neues Zeitalter aufbrechen, das unser gesellschaftliches und berufliches Leben vollkommen verändern wird. Es ist unbestritten, dass wir auf die gravierenden Änderungen reagieren müssen und es herrscht ebenso Einigkeit darüber, dass das richtige Mittel zum Umgang mit den Herausforderungen der gesellschaftliche Fortschritt ist. Die Erwartung ist klar definiert: Nicht der Mitläufer hat die besten Chancen in der Zukunft, sondern der Treiber, der neue Ideen entwickelt und die Wettbewerber quasi vor sich her treibt. Ein starker Wettbewerb soll die Basis für den Fortschritt liefern.

Der Wettbewerb als Motor unserer freien Gesellschaft und unserer freien Wirtschaft ist unbestritten und hat einen geradezu mythischen Charakter. Nach landläufiger Meinung wird dort, wo Wettbewerb herrscht, eine hohe Anpassungsbereitschaft, eine hohe Anpassungsgeschwindigkeit und gewaltiger Fortschritt zu finden sein. Jeder hat eine klare und überwiegend positive Einstellung zum Wettbewerb, ohne sich genauer mit dem Phänomen aus wirtschaftlicher und sozialer Hinsicht auseinanderzusetzen.

Die philosophischen Überlegungen haben deutlich gemacht, dass eine Sache immer auch das Gegenteil in sich vereint. Dort wo starke Kräfte den Fortschritt vorantreiben wollen, sind sicher ebenso starke Kräfte am Werk, die das Bestehende erhalten wollen. Dort wo auf der einen Seite der große Wurf gefordert wird, finden wir auf der anderen Seite die Betonung der Risiken bei allzu großen Veränderungen. Wie ist also unsere Gesellschaft aufgestellt und welche Entwicklung können wir prognostizieren?

Der Wettbewerb als Motor des Geschehens verbindet sich immer mit einem Kampf des Neuen gegen das Alte. Ohne die Bereitschaft zu einer Auseinandersetzung gibt es kein Vorankommen. Das Bestehende soll zugunsten des Neuen verändert oder gar überwunden werden. Bei der Entwicklung des Fortschritts sind viele verschiedene Lösungen zu diskutieren, und auch hier muss man sich gegenüber den Alternativen durchsetzen. Doch obwohl der Fortschritt als unabdingbar für die Zukunft unserer Gesellschaft angesehen wird, fehlt es zumindest politisch an Kampfgeist. Unser Zeitgeist beschwört noch die umfangreiche politische Auseinandersetzung und den Konsens. Wir suchen Harmonie und geben dem gesellschaftlichen Konsens einen hohen Stellenwert. Das Ringen gesellschaftlicher Gruppen um die beste Lösung für die Zukunft wird nicht mit besonderer Härte geführt. Wir nehmen in besonderem Maße Rücksicht und wollen nicht, dass die eine Alternative die anderen tatsächlich dominiert. Politisch wird Fortschritt gesucht, ohne das Bestehende aufgeben zu wollen. So kommt der Eindruck auf, dass wir gesellschaftlich und politisch im Klein-Klein stecken bleiben.

Die negativen Folgen des Konsensprinzips sind offensichtlich. Der Konsens ist der kleinste gemeinsame Nenner einer Vielzahl von Meinungen. Daher sind auf der Basis solcher Entscheidungsfindungsprozesse radikale Verbesserungen nicht zu erwarten. Es werden ja nicht nur inhaltlich andere Ansätze zur Belebung der Wettbewerbsposition in Einklang gebracht, sondern es treffen sehr viele unterschiedliche Risikoeinschätzungen aufeinander. Mutige und weniger mutige Gruppen suchen einen gemeinsamen Mittelweg. Die Chancen des Fortschritts werden unterschiedlich wahrgenommen. Während die Einen von unglaublichen Risiken der vorgeschlagenen Veränderungen ausgehen, sehen Andere praktisch keine schwerwiegenden Nachteile und allenfalls große Erfolge in der Zukunft.

Ein zweiter erheblicher Nachteil besteht in der Dauer der notwendigen Abstimmungsprozesse. Wir verstehen eigentlich Fortschritt als dynamisch. Kaum hat man einen Fortschritt erzielt, werden vonseiten der globalen Konkurrenz viele Anstrengungen unternommen, die Vorteile zu egalisieren. Wer nicht schnell genug agiert, gerät schon nach kurzer Zeit wieder ins Hintertreffen. Wer sich nicht schnell genug bewegt, kann Vorteilspositionen nicht erhalten oder neu aufbauen.

Ein positives Argument für den Konsens wird in der erreichten Übereinkunft gesehen, die die Kräfte in die entschiedene Veränderungsrichtung bündeln soll. Es ist allerdings festzustellen, dass der Konsens gar nicht mehr zu einem gemeinsamen Vorgehen führt. Das Konsensprinzip schafft häufig genug nur scheinbare Übereinstimmung. Denn tatsächlich müssen so viele an der Entscheidung Beteiligte in einem solchen Ausmaß Abstriche machen, dass praktisch niemand mehr glücklich ist. Öffentliche Aussagen und offizielle Stellungnahmen mit dem Ziel der Betonung des „gemeinsamen Vorankommens" können darüber schon lange nicht mehr hinwegtäuschen. Und was ist die Folge? Der inhaltliche und persönliche Frust sucht sich andere Wege. Mit der offiziellen Entscheidung sind die Diskussionen noch lange nicht tot. Im Hintergrund wird weiter debattiert.

Es besteht kein Zweifel: Das Konsensprinzip steht dem Neuen und Überlegenen ein gutes Stück im Wege. Die Einigung auf den kleinsten gemeinsamen Nenner und lange Entscheidungswege dienen allenfalls dem Erhalt des Erreichten.

Es zeigen sich zunehmend Indizien, dass das gesellschaftliche Konsensprinzip ins Wanken gerät. Nach der „Ungerechtigkeit der Zeit" wird nach einem exzessiven Konsensprinzip der Wettkampf verschiedener Alternativen wieder zunehmen. Erkennen kann man die neue Richtung an einer starken Ermüdung über das gesellschaftliche Klein-Klein. In nahezu keinem politischen Feld sind grundsätzliche Verbesserungen und Weichenstellungen für den Fortschritt zu erkennen. Es herrscht Stillstand in wichtigen Fragen. Damit wird denjenigen der Boden bereitet, die mit klaren Botschaften gegen das „Einfach weiter so" antreten. Es sind gar nicht die inhaltlichen Botschaften, die überzeugen, sondern es wird der Sehnsucht nach einem durchsetzungsstarken Typus entsprochen.

Der Wettbewerb wird uns auch aufgezwungen. In vielen Fällen haben branchenfremde und nicht die etablierten Player mit innovativen Ideen die Märkte komplett umgedreht. Das ist bei digitalen Angeboten, Automobilen, Umwelttechnologie, Energieversorgung und anderen der Fall. Die gewaltigen Veränderungen durch neuartige Geschäftsmodelle zwingen die etablierten Anbieter in diesen Branchen zu Reaktionen. Die Politik kann sich den Weichenstellungen in einer globalisierten Welt auch nicht entziehen und muss ebenfalls auf den importierten Fortschritt reagieren.

So kommt es dann zu einer Zeitenwende, die nicht den Erhalt des Erreichten, sondern die Veränderung in den Vordergrund stellt. Es beginnt eine neue Phase in der das Pendel der Gegensätze in die andere Richtung umschlägt. Der Fortschritt setzt wie der Wettbewerb die Auseinandersetzung voraus und stellt sich gegen das ausgeuferte Konsensprinzip. Es wächst gesellschaftlich offensichtlich die Bereitschaft, nicht alle Akteure gleichermaßen zu berücksichtigen oder gar gleichzubehandeln. Die Notwendigkeiten geben den Anpassungsbedarf vor und die Gesellschaft möchte sich den Herausforderungen stellen und sie als Chance verstehen. Von der politischen Führung wird immer lauter mehr Mut gefordert. Die Entwicklung in kleinen Schritten scheint für niemanden mehr ausreichend.

Gerechtigkeit: Von der Gleichmacherei zur Differenzierung

Unsere Gesellschaft ist durchdrungen von dem Gedanken der Gerechtigkeit. Es gibt zwar keine einheitliche Definition von Gerechtigkeit, aber jeder einzelne hat sofort ein klares Bild von dieser Tugend in seinem Kopf. Doch was ist eigentlich Gerechtigkeit und ist nicht auch eine solche Tugend vom mehrfach zitierten Zeitgeist abhängig? Wir müssen wohl auch diesen Begriff hinterfragen, um daraus Aspekte für unsere neue Führung abzuleiten.

Der Begriff der Gerechtigkeit bezeichnet seit der Antike eine individuelle menschliche Tugend. Nach der Einschätzung der damaligen Philosophen sollte sich jeder tugendhaft und damit gerecht verhalten. Gerechtigkeit wird als eine Grundnorm menschlichen Zusammenlebens verstanden und ist damit wesentlicher Bestandteil der Sozial- und Rechts-Philosophie und findet ihren Niederschlag in den Grundrechten und gesetzlichen Regelungen. In unserer Gesellschaft hat sich die ursprünglich individuelle Tugend zu einem wesentlichen Konzept des Staates gewandelt. Dieser Werteanspruch wird gemeinhin als „Soziale Gerechtigkeit" bezeichnet.

Die wesentliche Grundthese der Gerechtigkeit ist seit jeher, dass Gleiches gleich und Ungleiches ungleich behandelt wird. Es sind also zwei Bedingungen miteinander verknüpft. Die Differenzierung und die Gleichheit. Aus diesen beiden wahrnehmbaren Phänomenen sollen Verhaltensweisen abgeleitet werden, die zum Wohle der Gesellschaft führen.

Nun ist in der letzten Zeit deutlich zu beobachten, dass die Differenzierung gegenüber der Gleichheit stark zurückgedrängt wurde. Wir betonen in unserem heutigen Umfeld die Gleichheit verschiedener wahrnehmbarer Phänomene und leiten daraus Handlungsnotwendigkeiten für die Gesellschaft ab. Es handelt sich dabei durchaus auch um Ansprüche verschiedener gesellschaftlicher Gruppen, die eine Gleichstellung fordern. Die Führung will jeglichen elitären Anstrich vermeiden und sich nicht vom Volke absetzen, sondern sich selbst als Bürger zeigen. Männer und Frauen werden in Bezug auf die Aufgaben in Haushalt und Familie weitgehend gleichgestellt, weil antiquierte Rollenmodelle überwunden werden sollen.

Verschiedene Schul- und Hochschulen-Formen kämpfen um gleiche Bezeichnungen von Abschlüssen, weil in der Differenzierung eine Benachteiligung gesehen wird. In der Führung werden zahlreiche hierarchielose Modelle propagiert, weil die Mitarbeiter mit ihrem hohen Ausbildungsgrad und ihren Fähigkeiten mit den Vorgesetzten in Bezug auf die Gestaltung von Fortschritt einen wesentlichen oder gleichen Beitrag leisten. Schon Platon kannte das Phänomen der Gleichheit oder – negativ ausgedrückt – der Gleichmacherei. Er beschrieb die gesellschaftliche Situation seiner Zeit: „So etwas wie Gleichheit gleichmäßig an Gleiche und Ungleiche zu verteilen" (Hirschberger 1981, S. 135). Nun ist es so, dass, wenn man das Argument der Gleichheit bei der Gerechtigkeit überbetont, die Differenzierung als wesensgleiches und antipodisches Element zu kurz kommt. Es ist sicher nicht vermessen zu behaupten, dass die Aussage Platons sehr gut auch in unsere Zeit passt.

Woher kommt nun diese einseitige Ausprägung des Gerechtigkeitsbegriffes in unserer Gesellschaft. Eine Erklärung liefert der Rückgriff auf verschiedene Theorien der Gerechtigkeit. Neben einer Vielzahl von Gerechtigkeitsbegriffen lassen sich 4 Modelle von Gerechtigkeit unterschieden. Die Leistungsgerechtigkeit, die Chancengleichheit, die Bedarfsgerechtigkeit und die Verteilungsgerechtigkeit. Es wird gemeinhin als gerecht empfunden, wenn unterschiedliche Leistungen unterschiedlich honoriert werden. Das bedeutet umgekehrt, gleicher Lohn für gleiche Leistung. Eine Gesellschaft hat dann Chancengleichheit realisiert, wenn unabhängig von den differenzierten Merkmalen von Gruppen oder Individuen alle die gleichen Möglichkeiten haben, gesellschaftliches Ansehen oder Einkommen zu erzielen, und ein sozialer Aufstieg grundsätzlich möglich ist. Der Staat hat zur Sicherung des sozialen Friedens die Aufgabe, denjenigen, die unter Leistungsgesichtspunkten keine auskömmliche gesellschaftliche Anerkennung erzielen können, die minimalen Mittel zur Teilnahme am gesellschaftlichen Leben zur Verfügung zu stellen. Die sozial Schwachen sollen zur Erhaltung des sozialen Friedens durch den Staat aufgefangen werden. Bei der Verteilungsgerechtigkeit sollen weit auseinanderklaffende gesellschaftliche Bezüge oder soziale Unterschiede zugunsten der Schwächeren umgeschichtet werden. Dies ist zum Beispiel die Grundlage für die Diskussion über unmoralisch hohe Managervergütungen aber auch bei der Kritik von der Bündelung von enormen Vermögen bei wenigen Leuten. Hier ist für viele eine Disbalance entstanden, die durch die eigentlich anerkannte Leistungsgerechtigkeit nicht mehr abgedeckt ist.

Das Problem der heutigen Ausprägung von Sozialer Gerechtigkeit besteht nun darin, dass die von der Politik vorgeschlagenen Maßnahmen keine der Gerechtigkeitstheorien eindeutig befolgen. Wir wissen nicht mehr, ob sich Leistung lohnt, oder ob eine Umverteilung unausweichlich ist. Es werden viele Beispiele diskutiert, die die Chancengleichheit in unserer Gesellschaft in Abrede stellen. Und auch die Bedarfsgerechtigkeit der Sozialsysteme wird immer wieder infrage gestellt. Das Schlimme ist, dass mit immer mehr Eingriffen des Staates die von den Bürgern wahrgenommene Ungerechtigkeit zunimmt. Warum werden Staaten, Banken oder große Unternehmen gerettet, während es solche Auffangmechanismen für den „kleinen Mann" nicht oder nur eingeschränkt gibt? Die Vielzahl der Regelungen und damit die entstandene Komplexität bei der Gestaltung von Gerechtigkeit führen zu einem tiefen Empfinden von Ungerechtigkeit. Wir müssen also die Komplexität der Gerechtigkeit auf verständliche Grundsätze reduzieren, damit man den Kern der Tugend erkennen kann und Gerechtigkeit überhaupt wieder sichtbar wird.

Hier können uns wissenschaftliche Untersuchungen helfen (Liebig und May 2009). Die Bürger haben ein klares Empfinden für die Theorien der Gerechtigkeit. Die Leistungsgerechtigkeit hat die höchsten Zustimmungswerte in unserer Gesellschaft, dicht gefolgt von der Chancengleichheit. Die Bedarfsgerechtigkeit wird schon von deutlich weniger Bürgern akzeptiert und die Verteilungsgerechtigkeit wird von den meisten Leuten nicht positiv beurteilt. Gleichwohl verteilt unsere Politik bei jeder Wahl immer neue Geschenke. Das mag ja im Einzelfall richtig sein, es hilft aber bei der klaren Werteskala unsere Gesellschaft nicht, um das Gefühl der Gerechtigkeit zu stärken. Die Politik arbeitet am Gerechtigkeitsempfinden der Leute vorbei.

Insofern wird sich auch die gesellschaftliche Tendenz der Gleichmacherei und der Verteilungsgerechtigkeit umkehren. Die Leistungs- und Chancengleichheit als theoretisches Konstrukt der Gerechtigkeit werden sich gegenüber dem heutigen Zeitgeist durchsetzen. Damit ist aber nicht gemeint, dass die Gesetze und gesellschaftlichen Normen so ausgelegt werden, dass sie zum Instrument der Starken werden. Diese Tendenz ist zwar in einigen der uns umgebenden Länder durchaus sichtbar, aber da scheinen wir dann doch anders kultiviert. Es bleibt dabei, dass die Gesetze die Schwachen schützen sollen. Aber die Chancengleichheit und die gezeigte Leistung soll wieder ein wichtiger Maßstab für die gesellschaftliche Rolle werden. Dieser Wandel ist bei der Definition einer neuen Führung zu berücksichtigen. Es kann auch nicht anders sein, wenn wir Fortschritt und Dynamik wollen. Wettbewerb und Fortschritt entstehen ja nicht durch Gleichmacherei, sondern durch ein „Vorpreschen" der Innovatoren. Die Akzeptanz des Neuen und damit eine Form der Differenzierung von anderen ist doch der Kern des Fortschritts.

Eine notwendige Differenzierung bezieht sich nicht nur auf strukturelle und damit fixe Merkmale, sondern auch auf Rollenmodelle. Auch bei den Rollen sind in der jüngeren Vergangenheit klare Profile im Sinne einer Gleichmacherei verloren gegangen. Die Rollen der Mutter, des Vaters, der Lehrer, der Schüler, der Politiker, des Managers und der Führungskraft unterliegen einem ständigen Wandel. So wird auch die Führung, also die Rolle des Führenden und des Geführten, ständig neu interpretiert. Und dabei herrscht auch Gleichmacherei. Die moderne Führungskraft soll Teamplayer sein und durch Kompetenz akzeptiertes Mitglied der zu führenden Gemeinschaft oder Gruppe sein.

Damit sind wir bei einem Punkt angekommen, bei dem der Gedanke der gleichmachenden Gerechtigkeit ein Paradoxon hervorgebracht hat. Es kann definitionsgemäß keine Führung geben, wenn alle gleich oder gleichberechtigt sind. Führen heißt leiten. Wie will man ohne die Kompetenz, einer Gruppe vorzustehen, leiten? Führen heißt eben nicht Konsens und Gleichmacherei. Einer muss die Aufgabe übernehmen. Das Vorstehen und Leiten von anderen ist auch überhaupt nicht negativ zu beurteilen, wenn es auf der Basis von tugendhaftem Verhalten erfolgt. Wir erwarten von der Führung einen Wissensvorsprung, den Mut, wichtige Entscheidungen zu treffen, und im besten Fall noch Mäßigung und nicht Selbstdarstellung. Eine Gleichmacherei innerhalb der gesamten Gruppe ist keine Führung. Es ist die Differenzierung, die den Einzelnen aus der Gruppe heraushebt und ihm die Kompetenz zur Führung gibt. Das ist auch gerecht, solange es auf dem anerkannten Wertmaßstab der Leistung beruht. Führung wird ad absurdum geführt, wenn der Bessere durch Umverteilung von Kompetenzen in die Gruppe geschwächt wird. Die Rolle des Führenden muss eindeutig sein.

Platon hat die Definition klarer Rollen als Basis für seine ganze Staats-und- Führungs-Lehre in einem einzigen Ausspruch verdichtet: „Das Seinige tun!" (Helferich 2000, S. 35 ff.). Die wenigen Worte wirken sofort; man bekommt unmittelbar einen Eindruck davon, was gemeint ist. Das Seinige tun kann das Leitmotiv für eine neue Führung sein. Ein solches grundsätzliches Prinzip anzuwenden, bedeutet für jede Führungskraft, eine klar definierte Rolle einzunehmen. Der Grundsatz „Jedem das Seine" gibt uns eine klare Zielrichtung für die Gerechtigkeit in unserer Gesellschaft. Es ist Platons Beitrag zur Gerechtigkeit des Staates. Denn nach seiner Auffassung ist ein übertriebener Gleichheitsgedanke überhaupt nicht gerecht. Wenn die Menschen nicht alle gleich sind, dann ist in der Negierung von Verschiedenartigkeit keine Gerechtigkeit zu erkennen. Es ist nach seiner Theorie für die Gesellschaft besser, faktische Differenzierungen anzuerkennen und nicht zu egalisieren.

Werte: Vom Geld zur Tugend

Das Leistungsprinzip und die Chancengleichheit können als grundlegende theoretische Konstrukte von Gerechtigkeit angesehen werden. Damit stellt sich die Frage, welche Leitungen der Gesellschaft dienlich sind und welche nicht wirklich zu Gerechtigkeit führen. Welche Leistungen erkennt unsere Gesellschaft in unserer heutigen Zeit an und honoriert sie als dem Gemeinwohl zugänglich?

In einer Welt der Wirtschaft sind wirtschaftliche Erfolge und vorhandenes oder erworbenes Vermögen wesentliche, anerkannte Leistungen. Reichtum ist sexy. In einer Welt ohne nennenswerte soziale Spannungen füllen sportliche Wettbewerbe den Drang zum Kampfe und können den Gewinnern hohe Ehre zuteilwerden lassen. Doch wenn wir genau hinschauen, stellen wir fest, dass auch sportliche Leistungen dann besonders hoch bewertet werden, wenn der Sieger auch eine Menge Geld verdient. Es geht um die Topsportler, und die sind alle durch den Sport reich geworden. Kaum jemand spricht von herausragenden Leistungen in den Sportarten, die nicht mit dem großen Geld verbunden sind. Dabei sind im Einzelfall die Leistungen rein sportlich höher einzuschätzen als bei den Großverdienern. Die Gesellschaft erkennt also Leistungen und Ehre sehr stark an, solange damit auch finanzieller Erfolg verbunden ist. Leistung und Ehre führen zu gesellschaftlichem Ansehen und werden auch mit politischen Fähigkeiten verknüpft. So kommt es denn, dass den sogenannten Celebrities bei Umfragen beste Chancen eingeräumt werden, auch in hohe politische Ämter gewählt zu werden.

Um uns herum zeigen sich ganz deutlich politische Entwicklungen, die den Einfluss der „Reichen und Ehrbaren" in der Gesellschaft stärken. Entsprechend dem Leistungsprinzip werden diejenigen bessergestellt, die über höhere Einkommen oder hohes Ansehen verfügen. Wir sehen Länder mit einer kleinen Gruppe von unfassbar reichen Oligarchen, die die Gesellschaft wirtschaftlich und politisch dominieren. Nach nahezu jeder kriegerischen Auseinandersetzung nehmen die „Kriegshelden" die wichtigen politischen Funktionen ein und bauen ebenso elitäre wie korrupte Systeme auf. In direkter Nachbarschaft korreliert der gesellschaftliche Einfluss immer stärker mit dem Vermögen. So haben viele Länder private Ausbildungsinstitute, die einen direkten Zustieg zu den Eliten des Landes garantieren. Oder umgekehrt: Ohne eine teure private Ausbildung kann man in einigen Staaten wenig werden. Die Chancengleichheit ist eingeschränkt und die Durchlässigkeit der gesellschaftlichen Schichten nimmt ab. Es bildet sich eine Art Geldadel heraus, der durch politische Einflussnahme versucht, Gesetze nicht zum Schutz der Schwachen zu erlassen, sondern zur Absicherung des eigenen privilegierten Status. Es gibt den offenen Versuch, die politische Einflussnahme von Vermögensgesichtspunkten und damit finanzieller Leistungsfähigkeit abhängig zu machen. So können wir beobachten, dass in vielen Ländern nicht mehr mit verdeckter Einflussnahme durch Lobbyismus in die Politik eingegriffen wird, sondern die „Superreichen" direkt in politische Ämter drängen.

Eine Gesellschaft, in der die politischen Rechte nach dem Einkommen und Ansehen differenziert werden, ist die Timokratie. Diese Staatsform, die von Solon (640–560 vor Christus) entwickelt wurde, war eine Antwort auf die Wirklichkeitsverweigerung der Aristokraten, bei denen Habgier und Eigennutz deutlich vor dem Gemeinwohl rangierten (Bleicken 1999, S. 24 ff.). Solon hatte zur Lösung der sozialen Konflikte die staatliche Führung der Aristokraten um die staatliche Einflussnahme der reichen und ehrenvollen Bürger erweitert. Die Übernahme staatlicher Rechte wurde also nicht mehr allein von der Geburt bestimmt, sondern auch von Leistungen wie Einkommen und der Fähigkeit zur ehrenvollen Wehrhaftigkeit. In unserer heutigen Zeit wäre eine Timokratie mit einer Eingrenzung der breiten Beteiligung der Bürger am gesellschaftlichen Leben verbunden und damit negativ zu beurteilen. Damals war die Entwicklung genau umgekehrt und die Herrschaft von wenigen wurde zugunsten einer breiteren Beteiligung der Bürger deutlich eingeschränkt. Insofern wird die Timokratie im alten Griechenland als erster Schritt in Richtung der Demokratie und als eine gute Staatsform angesehen.

Unsere Gesellschaft ist weit davon entfernt, die politischen Rechte vom Geld abhängig zu machen. Aber die Bedeutung des großen Geldes ist trotzdem enorm hoch. Die Wirtschaft ist der zentrale Wertemaßstab unserer Zeit. Die Wirtschaftsgrößen haben im politischen Lobbyismus einen hohen Stellenwert. Politische Vorschläge werden selbst bei Vollbeschäftigung direkt mit dem Einfluss auf Arbeitsplätze bewertet. Das Bild der modernen Familie geht von Doppelverdienern aus, die eine hohe Befriedigung im engagierten Job sehen. Die Erziehung der Kinder wird in hohem Maße dem Staat übergeben, damit die Eltern ihre gesellschaftliche Aufgabe in der Wirtschaft wahrnehmen können. Bei sozialen Fragen wird sehr schnell von Kosten und ökonomischem Nutzen gesprochen. In unserer Zeit muss sich alles rechnen.

Die Welt der Wirtschaft kann man als sachlich aufklärerischen Kosmos verstehen. Religion, Ethik, Moral und Tugend sind andere, nämlich mythische und psychologisch-soziologische Denkmuster. Der Zeitgeist verbindet diese Ebene einer Gesellschaft nicht mit Leistung, Ehre und Anerkennung. Es herrscht eine deutlich spürbare Wertung vor, dass die sozial Aktiven die Schwachen sind, die weder leistungsstark noch leistungsbereit sind. Wer kulturelle Aufgaben übernimmt, entscheidet sich gegen wirtschaftlichen Erfolg und findet damit nur eingeschränkte Anerkennung. Wer vielleicht sogar noch Halt in der Religion sucht, ist so weit von der sachlich-wirtschaftlichen Sicht auf die Dinge entfernt, dass ihm keine positive Wertung entgegengebracht wird. Die Bürger folgen dem Zeitgeist und gehen ihrer individuellen oder auch egoistischen Tätigkeit zur Geldvermehrung nach, weil dort eine hohe Anerkennung möglich ist.

Doch auch in Bezug auf die in einer Gesellschaft anerkannten Werte gibt es einen Gegenpol zur Geldorientierung. Themen der Religion, Ethik und Moral finden langsam wieder ihren Weg an die Oberfläche der gesellschaftlichen Werteskala. Gesellschaftliche wie persönliche Tugenden werden gesucht. Hohe Managergehälter werden zunehmend als unmoralisch angesehen. Das Auftreten von Hedgefonds und Private Equity wird als maßlos und habgierig empfunden. Ein unvorstellbarer Reichtum erfolgreicher Unternehmer lässt den unausgesprochenen und latenten Eindruck aufkommen, dass da vielleicht nicht alles mit rechten Dingen zugegangen ist. Schließlich hatte schon Balzac festgestellt: „Jeder große Reichtum basiert auf einem Verbrechen". Und es gibt tatsächlich international zumindest einen sehr lauten Politiker, der noch damit prahlt, auf welcher moralisch degenerierten Basis man zum Erfolg kommt, und dass alle gesellschaftlichen Regeln aus seiner Sicht nicht gelten, wenn man viel Geld hat. Die gesellschaftliche Anerkennung des großen Geldes wird zumindest mal hinterfragt.

Neben der Ablehnung von Reichtum gibt es noch einen anderen Grund, dass die Werte des Einzelnen und der Gesellschaft wieder diskutiert werden. Dadurch, dass Tugenden lange mehr oder weniger ausgeblendet wurden, ist eine gewisse Leere in Bezug auf diese wichtigen Dimensionen des Menschen und der Gesellschaft entstanden. Und dieser Raum beginnt sich zu füllen. Wirtschaft und Einkommen als eindimensionaler Wertmaßstab blendet den Facettenreichtum einer Gesellschaft nahezu aus. Das Eindimensionale verliert an Strahlkraft. Und außerdem gibt es für die junge Generation gar keinen Grund, dem Geld hinterherzulaufen. Es ist ja schon da! Die Elterngeneration stellt einen solchen Wohlstandslevel zur Verfügung, dass für die Jüngeren mehr Geld keinen Mehrwert hat. Also werden andere Maßstäbe für den Erfolg definiert. Für den Einen ist der Sixpack das Lebensprinzip und damit die individuelle Optimierung. Andere wollen im Team Erfolg und Anerkennung durch spannende Aufgaben und die Gestaltung des Fortschritts erreichen. Beiden Gruppen ist gemein, dass sie sich nicht am Geld orientieren. Der dominante Wertmaßstab der Wirtschaft und des Geldes verliert sichtbar an Bedeutung. Anerkennung und Erfolg sehen heute anders aus und basieren auf der Wiederentdeckung von Tugenden.

Wir bekommen den neuen Stellenwert der Tugenden geradezu importiert. Timokratische Strukturen, die auf dem großen Geld basieren, verbinden sich nicht mit der Tugend der Gerechtigkeit. Die einfachen Lösungen der nationalistischen Populisten, die um uns herum an Bedeutung gewonnen haben, verbinden sich nicht mit der Tugend der Weisheit. Das prahlerische Auftreten von Oligarchen und Milliardären passt nicht zur Tugend der Mäßigung. Und die wenig fortschrittliche Politik in Europa und in unserem Lande hat ihren Ursprung sowohl in fehlenden Visionen als auch im fehlenden Mut, große Dinge anzugehen. Eine neue Führung sollte die Zeichen der Zeit verstehen und einer modernen Interpretation von Tugenden Raum geben, und zwar als persönlichen Maßstab für die Führungskraft selbst und als Antwort auf die neuen Werte in der Gesellschaft.

Wirtschaft: Von der Globalisierung zu neuen Allianzen

Globalisierung ist der am häufigsten verwendete Begriff in der sozialwissenschaftlichen Literatur. Im Schwerpunkt wird die Globalisierung als ein wirtschaftliches Dogma angesehen, obwohl sie auch viel facettenreicher interpretiert werden kann. Wie bei jedem Mythos gibt es keine genaue Erklärung der Herkunft und auch die wesentlichen Elemente werden unterschiedlich interpretiert. Allerdings gibt es durchaus Erklärungsansätze zur Entstehung der Globalisierung (Menzel 2002):

- Das Wort „Globalisierung" wird erst seit den 90er-Jahren verwendet. So ist es ein Ansatz, diesen Zeitraum als den Ursprung der Globalisierung zu verstehen.
- Bei einer Betrachtung des wesentlichen Inhaltes, nämlich des freien und liberalen Handels, kann die Entstehung der Globalisierung schon in die 80er-Jahre zurückverfolgt werden. Für einige ist das symbolische Auftaktdatum das New Yorker Plaza-Abkommen mit einer Neufestsetzung von Wechselkursen im Jahre 1985. Als dessen Folge wurden riesige weltweite Finanztransaktionen ausgelöst. Es war die Geburtsstunde der Bildschirmökonomie und des Kasino-Kapitalismus.
- Andere Wissenschaftler sehen den Beginn der Globalisierung in der massenhaften Verlagerung von Produktionsstätten in Niedriglohnländer in den 70er-Jahren.
- Man kann den Anfang der Globalisierung durchaus auch in die 50er-Jahre verlegen. Damals wurde die Zerstörungsmacht von Atombomben mit ihren globalen Auswirkungen diskutiert. Diese Argumentation fällt mit einer aus Westeuropa und Ostasien zunehmenden Ausbreitung des „American Way of Life" zusammen.
- Im 19. Jahrhundert verbreiteten sich Eisenbahnen und Motorschiffe und ermöglichten technisch den Handel über große Strecken.
- Vielleicht beginnt die Globalisierung aber auch mit der Entdeckung der „Neuen Welt" durch Kolumbus.

Alle diese Erklärungsversuche der Globalisierung haben einen europäisch-amerikanischen Blickwinkel. Eine durchaus einseitige Sicht der Dinge. Entsprechend unserer hintergründigen Betrachtung realer Phänomene können wir den Anfang der Globalisierung auch ausgehend von Asien interpretieren. So kann man eine erste Form der Globalisierung in der Ausbreitung der langen Handelswege aus Asien schon vor gut 2500 Jahren sehen. Diese Handelsströme, vor allen Dingen aber auch das Zusammentreffen der verschiedenen religiösen und kulturellen Strömungen, sind ein wesentlicher Rahmenfaktor für die Entstehung der griechischen Philosophie. Es ist sicher zu rechtfertigen, diese Einflüsse als erste Form der Globalisierung anzusehen.

Mit der Globalisierung in der heutigen Form verbindet sich eine weitgehende „Entgrenzung" des Handels, der Finanzströme und des Wissens. Die nationalen Grenzen werden immer durchlässiger. Internationale und vor allen Dingen multinationale Verträge ersetzen individuelle staatliche Regelungen und ermöglichen den Transfer über viele Grenzen hinweg. Es wird von einer hohen und zunehmenden „Faktormobilität" gesprochen. Mit dem Abschluss internationaler und multinationaler Verträge geben die Nationalstaaten ein Stück ihrer Souveränität auf, was zu einer „Legitimationserosion" führt. Die Kompetenzen und Verantwortung für weltweite Effekte werden auf immer mehr Schultern verteilt und jede Staatsführung ist von einer globalen Ebene des Rechts und der Rechtfertigung umgeben. Vor diesem Hintergrund entsteht eine „Heterarchie", also eine Abkehr von klassischen hierarchischen Modellen zugunsten von kooperativen Strukturen. Die Führung in einer globalen Welt hat sich massiv verändert. Diese nationalen Einschränkungen können mit dem Effekt der Ausweitung von wirtschaftlichen und gesellschaftlichen Optionen gerechtfertigt werden. Die „Optionsvielfalt" nimmt ein immer größeres Ausmaß für jeden Einzelnen an. Ganz am Ende werden mit der Globalisierung eine besonders starke Dynamik und vor allem auch ein besonderer „Fortschritt" verbunden. Die Vergangenheit und das Erreichte werden weniger positiv bewertet als die Chancen und Herausforderungen der neuen Diskontinuitäten. Die Globalisierung erklärt viele Aspekte, die wir als Grundlage einer neuen Philosophie der Führung ansehen.

Bei einer hintergründigen Betrachtung der Globalisierung ist die eindimensionale Beurteilung als wirtschaftliches Phänomen nicht ausreichend. Mit der Ausweitung der Handelsströme bei Waren und Finanzen geht auch eine Konvergenz wesentlicher gesellschaftlicher Werte einher. Durch den intensiven Austausch der Institutionen und der Menschen lernen wir andere Sichtweisen kennen und gewöhnen uns an sie oder nehmen die Einstellungen in unseren Wertekanon auf. Da ausgehend von Europa und Amerika der Gedanke der modernen und freien Wirtschaft in die gesamte Welt exportiert wurde, wurden eben auch die dahinter liegenden Einstellungen und Normen weitergegeben: Kapitalismus und Demokratie. Und solange bei dieser Entwicklung die wirtschaftlich starken Regionen einen Vorsprung gegenüber den damals noch schwachen Teilen der Welt hatten, haben sich natürlich die Starken durchgesetzt. So wurde und wird unter dem Schleier wirtschaftlicher Vorteile auch der Grundgedanke der freien Wirtschaft und der demokratischen Ordnung in die Welt getragen und dort in vielen Teilen auch aufgenommen. Die Globalisierung hat tatsächlich die Dominanz der Wirtschaft als Grundwert der Gesellschaft exportiert oder versucht zu exportieren. Eine neue Form des aufgeklärten Missionarstums. Die Mission der Globalisierung ist nicht mehr, die Vorzüge einer Religion in die Welt zu tragen, sondern Kapitalismus und Demokratie. Der Nutzen sollte dann auch für sich sprechen. Die Erlösung findet nicht mehr nach dem Tode statt, sondern besteht in einer irdischen Überwindung von Armut und Unterdrückung durch Wohlstand für alle. Wer am wirtschaftlichen Erfolg teilhaben will, muss das akzeptieren und in Richtung der wirtschaftlichen Dominanz als Wertgerüst assimilieren. Die Diversität der Kulturen ist in Gefahr geraten. Globalisierung ist eine Form der Angleichung, und nicht des Erhalts von Vielfalt. Die Weltwirtschaft rückt unter gleichen Einstellungen zusammen. Liberaler Handel, kooperative Zusammenarbeit und Wohlstand sind eine Kultur für sich, die neben den weiteren kulturellen Dimensionen der vielen Nationen steht. Und sie ist tatsächlich mancherorts dominant geworden und erdrückt die alten Kulturen nahezu.

Während in der einschlägigen Literatur zur Führung die Globalisierung noch weiter auf dem Vormarsch ist, gehen wir davon aus, dass wir einen Wendepunkt erreicht haben. Die Indizien sind einfach zu deutlich, sie liegen seit kurzer Zeit auch nicht mehr im Verborgenen. Mit einer My-Country-First-Kampagne wird dem freien und globalen Handel ganz offen die Stirn geboten. Die globalen Kapitalströme sind nahezu unkontrolliert und lassen die Forderung nach Regulierung erstarken. Dabei haben die Nationalstaaten steuerliche Aspekte im Fokus, was deren Entschlossenheit unbedingt verstärkt. Der Begriff der Steuergerechtigkeit wird ins Spiel gebracht und stellt sich gegen den Wettbewerb der Staaten als Wirtschaftsstandorte. Dazu kommt, dass die früheren Empfängerländer des wirtschaftlichen Wohlstandes ihr Selbstverständnis als verlängerte Werkbank zu Recht aufgeben und neue Kräfteverhältnisse anstreben. Die technologischen Möglichkeiten des kostengünstigen Transportes von Waren über lange Strecken treffen auf ein zunehmendes ökologisches Bewusstsein. Nicht alles, was geht, ist auch sinnvoll oder ökologisch vertretbar. Das stärkste Argument aber, um den bereits begonnen Wechsel von der Globalisierung zur Regionalisierung zu belegen, ist das Wiederaufkommen des Begriffes „Heimat". Dieses Wort war lange Zeit aus dem Sprachgebrauch unserer Gesellschaft nahezu verschwunden. Nun macht es deutlich, dass die kulturelle Vielfalt ihren Siegeszug gegen die Globalisierung mit ihrer eindimensionalen wirtschaftlichen Orientierung antritt. Entsprechend der These vom Kampf als Motor des Geschehens wird die Globalisierung mit aller Wahrscheinlichkeit einer regionalen und kulturellen Ausrichtung unterliegen. Bis zum nächsten Zyklus der Veränderungen in Richtung liberale und vernetzte Welt.

Die Folgen für die neue Führung sind offensichtlich. Die kooperative Führung der Welt, wie sie durch multilaterale Verträge abgesichert war, wird zugunsten neuer Ordnungsprinzipien zurückgedrängt. Die Heterarchie als ein Element der Globalisierung wird durch hierarchische Prinzipien angegriffen. Die Führungsprinzipien werden sich insgesamt regionalspezifisch oder sogar länderspezifisch differenzieren.

Die Vielfalt der Kulturen und ein Nebeneinander unterschiedlicher Staatsformen werden die noch dominanten Werte des Kapitalismus und der Demokratie aus der Zeit der Globalisierung ablösen. Die Führungsgrundsätze, -Methoden und -Stile werden sich regional differenziert ausprägen. Diese Entwicklungen sind bei der Definition einer neuen Philosophie der Führung zu berücksichtigen. Es war schon immer falsch, das historische und kulturelle Umfeld, aus dem neue Vorschläge zur Führung entstanden sind, nicht in die Betrachtung einzubeziehen. Es ist eben ein Unterschied, ob man aus einer hierarchischen Welt ohne rechtliche Absicherung heraus partizipative Führungsmodelle entwickelt, oder ob man aus einem kulturellen Umfeld stammt, bei dem Machtgehabe und Hire-and-fire-Mentalität noch nie ausgeprägt gewesen sind. Die kulturelle Entwicklung und der Zeitgeist in einem Land oder einer Region sind als wesentliche Aspekte einer neuen Führung zu berücksichtigen.

Staatsform: Von der Hyperdemokratisierung zurück zu Mehrheiten

Die Demokratie ist nach unserer Auffassung die überlegene Staatsform. Unsere Gesellschaft kann auf diese nach langem Kampf gewonnene Errungenschaft der modernen Welt nicht verzichten. Auch in der Wirtschaft, in der Wettbewerbsvorteile und Profite wichtige Ziele und notwendige Voraussetzungen für ein Überleben sind, dürfen demokratische Prinzipien niemals unterlaufen werden. Es gibt zur breiten Beteiligung verschiedener Interessengruppen keine Alternative. Mit aller Macht müssen wir uns – jeder Einzelne – gesellschaftlichen Entwicklungen entgegenstellen, die sich nicht mit unserer demokratischen Grundeinstellung vereinbaren lassen. Es gibt keine andere akzeptable Staatsform, die anders als auf den Idealen der Demokratie aufbaut.

Es wäre nun aber falsch, Demokratie als statisches Konstrukt zu verstehen. Auch Staatsformen unterliegen dem Wandel. Solon und Kleisthenes hatten im 6. Jahrhundert vor Christus damit begonnen, die archaische Führungsform der edlen Herkunft zurückzudrängen. Die Herrschaft der Adeligen ging über in eine Timokratie, mit einer politischen Beteiligung der Reichen und Ehrbaren.

Es entstehen die Frühformen der Demokratie (Bleicken 1999, S. 25 ff.). In der späteren Entwicklung der Demokratie wurden ganz neue Staatsorgane definiert, die die Vertretung der staatlichen Ordnung immer weiter verbreitern. Neben das ursprünglich höchste Organ des Staates, den Rat der Archonten bzw. der sieben höchsten Beamten, tritt ein Rat der Fünfhundert. Außerdem wird die Politik jetzt nachdrücklich durch die Diskussionen aller (Voll-)Bürger auf dem Marktplatz der Akropolis, der Agora, beeinflusst. In der weiteren Entwicklung übernimmt die Volksversammlung, die Ekklesia, wesentliche politische Entscheidungen. Im Laufe der Geschichte gewinnt der Gleichheitsgrundsatz immer stärker an Bedeutung. Daher werden immer neue demokratische Institutionen geschaffen, die immer mehr Bürgern Einflussmöglichkeiten auf die politischen Geschicke des Stadtstaates geben. Einen negativen Höhepunkt erreichen die demokratischen Verfahren im klassischen Griechenland mit der Durchsetzung von Losentscheiden für Führungsämter (Bleicken 1999, S. 274 f.). Nicht mehr Wissen und Eignung waren die Voraussetzungen, um politische Ämter wahrzunehmen. Zur Vermeidung von Ungerechtigkeiten entschied das Los über die Amtsinhaber. Es entstand eine hyperdemokratische Gesellschaft, bei der die Machtverhältnisse vollkommen unklar waren.

Aus unserer heutigen Sicht sind die griechischen demokratischen Organisationsformen kaum nachzuvollziehen, und der Losentscheid führt bei uns sicher zu einem Kopfschütteln. Das Schlimme aber ist, dass wir heute in einer durchaus ähnlichen Situation leben. Was früher die Agora, der öffentliche Treffpunkt für die Demokraten war, ist in unserer modernen Gesellschaft der Sitzungssaal. Die Funktion der Ekklesia, nämlich möglichst viele Bürger an Entscheidungen zu beteiligen, ist in unserer repräsentativen Demokratie ein ausschweifender Lobbyismus. Die Nutzung der Medien als Kommunikationsmittel ermöglicht den Institutionen, Bürgern und den Spezialisten immer schneller und breiter ihre Meinung in die gesellschaftlichen Diskussionen einzubringen. Die globale Vernetzung, aber auch ein Eigenleben des Staates führen auch bei uns zu immer neuen politischen oder administrativen Institutionen. Immer mehr gewinnt das Auftreten in der Öffentlichkeit an Gewicht. Der geschickte Umgang mit den Medien ist ein wesentlicher Erfolgsfaktor, um Vorschläge in die Breite zu tragen und Veränderungen durchzusetzen. Der Sachverstand und die tatsächliche Eignung für Führungsaufgaben verlieren mancherorts schon mal an Bedeutung. Schon lange hat das sogenannte politische Geschick die Geradlinigkeit als Erfolgsfaktor für Führungskräfte überholt. Und an vielen Stellen kann man sich des Eindrucks nicht erwehren, dass der Gleichbehandlungsgrundsatz in der Führung Aspekte der Qualifikation für Führungsaufgaben zurückdrängt. Es besteht kein Zweifel: Es bestehen deutliche Parallelen zwischen der Hyperdemokratisierung im klassischen

Griechenland und der Situation in unserer Gesellschaft. In der heutigen Zeit fehlt nur noch der Losentscheid darüber, wer aus der unüberschaubaren Masse an Spezialisten mit Führungsanspruch tatsächlich eine Führungsrolle wahrnehmen soll. Dazu kommt eine zweite, sehr bedeutsame Entwicklung. Demokratie heißt nach unserem ursprünglichen Verständnis, dass wir die Rechte des Einzelnen absichern und bei politischen Fragen wechselnde Mehrheiten akzeptieren. Nun wird das mit den Mehrheiten bei einer Fragmentierung der gesellschaftlich relevanten Gruppen immer schwieriger. Man kann sich zwar vielleicht im politischen Prozess durchsetzen, aber eine Mehrheit der Bevölkerung hat man damit eigentlich kaum noch sicher. Es ist die kritische Entwicklung festzustellen, dass sich die schwindende Zahl breit anerkannter gesellschaftlicher Koalitionen zu einem hochgradigen Individualismus ausprägt. In einer hyperdemokratischen Gesellschaft machen nicht mehr relevante Gruppen ihren Einfluss geltend, sondern der einzelne Bürger zieht gleich selbst und gerne auch alleine in den Kampf. Der politische Meinungsprozess zersplittert vollkommen und führt nicht mehr zu fortschrittlichen Ergebnissen. Diese bedenkliche Entwicklung ist die Ursache für das flächendeckende Scheitern von fortschrittlichen Großprojekten. Der Fortschritt wird durch einen hyperdemokratischen Staat be- und verhindert.

Wenn wir den Begriff der Hyperdemokratisierung verwenden, geht es nicht um einen Angriff auf eine Beteiligung mehrerer oder gar vieler in der Gesellschaft. Um es noch einmal klarzustellen: Wir sind Demokraten, aus Überzeugung, und wir sind es bedingungslos. Wer aus der Beschreibung einer Hyperdemokratisierung den Vorwurf erhebt, wir seien nicht demokratisch, der hat unsere philosophische Betrachtung nicht verstanden. Es steht zwar jedem frei, diese Meinung zu haben, es ist aber, wie schon Parmenides feststellte, sehr weit weg von der Wahrheit.

In diesem Buch wird überhaupt gar keine Position zur „optimalen Staatsform" eingenommen. Unser Spielfeld ist ausschließlich die Philosophie zur guten und klaren Führung. Dazu betrachten wir das gesellschaftliche Umfeld als wesentlichen Einflussfaktor auf die Einstellungen der Führungskräfte und Mitarbeiter in Unternehmen. Was von uns unter dem Terminus Hyperdemokratisierung gefasst wird, sind grundsätzliche Fehlentwicklungen in unserer gesellschaftlichen Ordnung, die zu extremer Komplexität führen und echtem Fortschritt und jeder Dynamik entgegenstehen. Es sind dies Aspekte wie: Zu viele Führungsansprüche, eine ausufernde Meinungsvielfalt und ein nahezu unbegrenzter Anstieg an staatlichen und halbstaatlichen Institutionen sowie einer Explosion an Experten. Es geht um eine kritische Auseinandersetzung mit einem Übermaß an Verantwortlichen, mit nicht immer fundierten Ansichten zu den Aspekten des Fortschritts. Nur die gefährlichen Spitzen, die man als Übertreibung und Fehlentwicklung identifizieren kann, werden mit dem Begriff Hyperdemokratisierung belegt. Sie sind aber noch Bestandteil des gesellschaftlichen Verständnisses von Führung.

Doch die Hyperdemokratisierung scheint ein Maximum erreicht zu haben. Der Wunsch nach geordneten politischen Strukturen und schnelleren und weitreichenden Entscheidungen zur Sicherung des Fortschritts wird immer deutlicher. Ohne dass das Phänomen der Hyperdemokratisierung vielen bewusst ist, wird doch immer häufiger der Wunsch nach klarer Führung artikuliert. Das vage Gefühl, dass sich etwas ändern muss, um wieder voranzukommen, wird allerdings häufig mit falschen Forderungen verknüpft. Die Forderung nach dem „starken Mann" löst das Problem nicht. Jeder talentierte und fachlich versierte Politiker muss in einem hyperdemokratischen Umfeld scheitern. Auch erfolgreiche Geschäftsleute können in der Politik nicht punkten. Es fehlt an Machtmitteln, um sich durchzusetzen. Die sachlich richtigen Wege, um eine Hyperdemokratisierung zu überwinden wären, erstens, eine Bündelung von Kompetenzen durch Reduktion der fragmentierten politischen Institutionen. Demokratie wird nicht durch den einfachen Anbau immer neuer politischer Einheiten besser. Viel hilft nicht immer viel. Zweitens muss die Ausprägung von Demokratie als dynamisches Phänomen verstanden werden. Demokratie ist nicht ein statisches Sein, sondern besteht aus dem Kampf gegensätzlicher Ansichten. Das Verständnis von Demokratie befindet sich ebenso im ständigen Wandel wie alle anderen Phänomene der wahrnehmbaren Welt. Es ist notwendig, die politische Kultur von einem exzessiven Individualismus zu befreien und wieder in Richtung von größeren Koalitionen zu bewegen. Die Gemeinschaft fordert ebenso ihr Recht wie der einzelne Bürger. Die politischen Diskussionen sollten nicht länger in der Komplexität des Klein-Kleins ersticken. Dazu ist das Thema Fortschritt als politische Zielrichtung hervorzuheben, und es sind wichtige Weichenstellungen mit großem Veränderungspotenzial zu definieren. Fortschritt sollte zu einem herausragenden Zielpunkt der Gesellschaft werden.

Mit den erhofften sowie schon teilweise sichtbaren Veränderungen ergibt sich auch ein neues Bild der Führung. Neue Führung sollte nicht bedeuten, individuellen Wünschen in übertriebener Weise nachzukommen. Es gilt, Koalitionen oder Teams mit einer gemeinsamen Ausrichtung zu bilden, die miteinander am Fortschritt arbeiten. Die Überwindung der Hyperdemokratisierung zeigt wirklichen Mehrwert, denn die Nachteile dieser Situation, wie eine unüberschaubare Komplexität, inkrementelle, aber nicht grundlegende Verbesserungen, zu langsame und damit häufig unwirksame Entscheidungen und ein Verlust von Wettbewerbsvorteilen, werden zugunsten der Zukunft und des Fortschritts überwunden.

Management: Von der Ohnmacht zur Kompetenz

In einer hyperdemokratischen Gesellschaft herrscht zu viel Komplexität und wenig Fortschritt. Die Vielzahl der staatlichen Institutionen und die zunehmende Anzahl nicht-staatlicher Beeinflusser erschweren das Zusammenfügen von wirklichen Mehrheiten. Die sind aber in einer demokratischen Gesellschaft für wichtige gesellschaftliche Themen unerlässlich. Der notwendige Konsens zwischen den unendlich vielen Meinungsbildnern und Meinungsführern verhindert jeglichen grundlegenden Fortschritt. Der Konsens manifestiert das Klein-Klein.

Aus den vermeintlich Mächtigen in unserem Staat sind bei genauerem Hinsehen eigentlich „Ohnmächtige" geworden. Ohnmacht ist das Gegenteil von Macht und daher ein inhärenter Bestandteil der Macht. Macht und Ohnmacht sind bei allen philosophischen Betrachtungen wesentliche Aspekte der Führung. Dort wo Ohnmacht herrscht, ist Führung nicht zu erkennen. Sie ist der Ausdruck mangelnder Einflussmöglichkeiten auf das objektiv wie auch subjektiv Notwendige. Es ist das Bild unserer Zeit, dass die Ohnmacht die Macht für Veränderungen deutlich dominiert. Die Folgen in der Gesellschaft sind durchaus fatal. Dort, wo Dinge nicht in Richtung eines permanenten oder tief greifenden Fortschritt bewegt werden können, zeigen sich die negativen Auswirkungen der Ohnmacht: Angst, Wut und Frustration (Wikipedia 2018b).

Tatsächlich können wir diese Aspekte in unserer Gesellschaft durchaus wahrnehmen. Es herrscht eine sichtbare Angst, die Zukunft nicht zu gestalten, sondern von den aufkommenden globalen Veränderungen einfach überrollt zu werden. Die Unzufriedenheit über die politische Führung – oder besser: Nicht-Führung – kann sehr schnell in eine Wut gegen die Politiker-Kaste umschlagen. Die gesamte Gemengelage führt zu einer Frustration der Bürger, die sich in der Folge von der Politik abwenden und das gesellschaftliche Engagement zugunsten individueller Ziele zurückfahren.

Die Ohnmacht basiert dabei durchaus auf einem breiten gesellschaftlichen Konsens. Ein vermeintlich positiver Ausbau der Demokratie durch mehr Beteiligung und das Streben nach einem breiten gesellschaftlichen Konsens sollte zu einer noch besseren Form der Demokratie führen. Unser Zeitgeist hat die einfache Formel „Mehr Beteiligung gleich bessere Demokratie" als Grundlage des Staatswesens fest verankert. Breitere Führung soll eine bessere Führung sein. Die Ohnmacht des einzelnen Würdenträgers ist nach Führern mit Allmachtsfantasien ein gewünschtes Zielszenario und stellt sich gegen die Tyrannei. Um die Gefahr des Faschismus endgültig zu besiegen, hatte vor einem halben Jahrhundert eine außerparlamentarische Opposition die gesamte Staatsmacht infrage gestellt.

Die Gefährdung durch einen mächtigen Staat sollte mit allen Mitteln verhindert werden. Die pauschale Ablehnung von unkontrollierter Staatsmacht ist zwar im wahrsten Sinne des Wortes eine Anarchie, aber sie wurde vor dem Hintergrund der Geschichte deutlich positiver gewertet als die schrecklichen Folgen eines starken Staates. So hat sich in den letzten Jahrzehnten das Bild der idealen Gesellschaft und der richtigen Form der Demokratie grundlegend gewandelt. Und tatsächlich können wir heute konstatieren, dass der Staat und seine Organe immer schwächer geworden sind. Wir sehen uns der Situation gegenüber, dass das Gewaltmonopol des Staates nicht mehr von allen akzeptiert ist. Rechtsfreie Räume haben sich aufgetan und die Justiz hat zu lange Wege und vielleicht auch zu stumpfe Waffen, um der Unordnung Herr zu werden.

Die Gefahr dieser Situation besteht in einem Maximum der Entmachtung von staatlichen und gesellschaftlichen Institutionen. Wo aber keine Ordnung ist, kommen die negativen Auswirkungen der Ohnmacht deutlich zum Vorschein. Angst, Wut und Frustration haben durchaus das Zeug dazu, neue gesellschaftliche Konflikte heraufzubeschwören. Der gesellschaftliche Konsens der „Entmachtung" fängt an zu bröckeln. So artikulieren immer mehr Bürger den Wunsch nach Mächtigen, die Fortschrittsthemen entscheiden und auch durchsetzen können. Doch an dieser Stelle ist sicher Vorsicht geboten. Viel besser wäre es doch, wenn der Staat insgesamt wieder mehr Macht gewönne, und nicht einzelne Personen einen nicht zu rechtfertigenden Machtanspruch artikulierten. Zum Glück wird individuelle Macht und unkontrollierte Staatsmacht immer noch von der Mehrheit in unserer Gesellschaft abgelehnt.

Das Problem der Macht und der vernünftigen Machtverteilung wird tatsächlich seit der Zeit des klassischen Griechenlands intensiv diskutiert. Es waren die sogenannten Sophisten, die eine Auseinandersetzung mit diesem Themenkomplex notwendig gemacht haben (Hirschberger 1981, S. 54 f.). Machtpositionen in der damaligen Zeit waren von den Göttern eingeräumt worden. Macht war durch eine höhere und mystische Gewalt legitimiert. Staatliche Macht und religiöse Themen waren nicht getrennt. Der Staat verkörperte religiöse und göttliche Ansichten über das Gute und das Schlechte. Die Sophisten hatten damals die These aufgestellt, dass das Leben des Menschen nicht von den Göttern bestimmt ist. Das Wesen der Götter war nach ihrer Auffassung nicht zu erkennen. Das, was geschieht, ist nicht von den Erzeugern der Menschen und der Welt abhängig, sondern von den Sichtweisen und Einstellungen des Individuums. Damit stellten sie den Menschen selbst in den Mittelpunkt der Lebensführung. Die Mystik der Existenz von Göttern und deren Verhalten sollten im Sinne einer philosophischen Aufklärung aufgegeben werden. Damit war die damals gültige Legitimation von Macht für den Herrscher oder den Staat verloren (Kunzmann et al. 2001, S. 35). Mit dem Verlust der göttlichen und damit übergeordneten Legitimation der Macht ist natürlich die Frage verbunden, worauf sich Macht und Machtanspruch denn dann stützen können.

Bis heute ist die philosophische wie praktische Auseinandersetzung mit Macht sehr kontrovers. Da man viele, aber keine wirklich zufriedenstellenden Antworten auf die Kernfrage des Entstehens und der ethisch-moralischen Wertung von Macht gefunden hat, wurde Macht insgesamt tabuisiert. Die Verschleierung von Macht wird bis heute als eines ihrer Wesensmerkmale angesehen (Wikipedia 2018a). Eine offene Reflexion und Darstellung von Machtaspekten wird nach wie vor vermieden, weil die Offenlegung von Abhängigkeiten die bestehenden Machtkonstellationen sichtbar und damit angreifbar macht. Mit dem Anspruch, mächtig zu sein oder sein zu wollen, verbindet sich ein erheblicher Legitimationsdruck. Die Inhaber von Macht werden von allen Seiten diffamiert, da sie als Störenfriede in Bezug auf ein friedliches Einvernehmen von Gruppen oder einer Gesellschaft angesehen werden. So ist denn Macht bis heute etwas Verborgenes. Solange die wahren Machtverhältnisse nicht bekannt werden, sind alle faktischen Beziehungen und Abhängigkeiten sehr stabil. Nur die Ohnmächtigen haben Interesse an der Offenlegung von faktischer Macht. Natürlich mit dem klaren Bestreben, die Machtbasen anzugreifen und selbst Macht zu gewinnen. Macht ist also da und ist doch nicht leicht zu erkennen.

Macht ist tatsächlich immer da. Sie ist ein Ordnungsprinzip zwischen Menschen und auch des Menschen über die Natur. Wir haben die Macht, die Natur zu stören oder sogar zu zerstören. Ebenso haben wir die Macht, anderen Menschen Gutes zu tun. In jeder Gruppe bilden sich unweigerlich Rollen heraus, die eben auch den Aspekt umfassen, dass einige die Ansichten und Einstellungen der anderen beeinflussen können. Haben die Beeinflussenden zusätzlich die Fähigkeit sich durchzusetzen, werden aus dem Einfluss als geringe Machtausprägung stärkere Formen der Macht. Wenn also Macht, wie die Philosophen sagen, eine natürliche Erscheinung ist, dann kann man sie nicht wegdiskutieren. Man kann höchstens die Augen vor dem Phänomen verschließen. Und das genau geschieht. Damit ist sie aber noch da. Wir tabuisieren die Macht, um sie zu beherrschen und erreichen genau das Gegenteil, wir stabilisieren die unsichtbaren Verhältnisse. Das alles geschieht im Untergrund und bedarf einer tiefgründigen und philosophischen Betrachtung, um es zu verstehen und damit umgehen zu können.

Da Macht uns jederzeit unsichtbar umgibt, haben wir zu Recht kein gutes Gefühl, wenn wir auf Macht treffen. Auch wenn es durchaus positive Aspekte der Macht gibt, nämlich wenn wir gesellschaftlich wichtige und richtige Dinge nur mit Macht erreichen können. So ist der Fortschrittsglaube ein durchaus mächtiger Gedanke, der ja zunehmend an Bedeutung gewinnt. Für eine neue Führung erheben wir den Anspruch, verborgene und gleichwohl wirksame Mechanismen zu vermeiden und Verantwortlichkeiten sichtbar zu machen. Gute und starke Führung heißt, keine „Machtspielchen" im Verborgenen zu spielen. Wir müssen offen zeigen, wer was zu welchem Thema beitragen kann und wer eine legitimierte Entscheidungsgewalt hat. Lassen Sie uns für den hier behandelten Gegenstand der Führung den Begriff Kompetenz verwenden. Kompetenz umfasst nach dieser Definition alle sichtbaren Aspekte von Macht. Das Unwohlsein gegenüber der Macht wird bei der Forderung nach Kompetenz durch Transparenz überwunden. Die Offenlegung von Abhängigkeiten bedarf nämlich der Legitimation. Wir können die offen erkennbaren Kompetenzen legitimieren oder ablehnen. Damit ist einer Ausnutzung von verdeckter Macht in jedem Fall Einhalt geboten. Ein Machtmissbrauch wird verhindert, wenn sichtbare Kompetenzverteilungen von freien Menschen zwischen freien Menschen organisiert werden.

Eine Analyse des Kompetenzbegriffes zeigt uns die beiden wesentlichen Äste, die wir für eine neue und starke Führung brauchen. In der Organisationslehre versteht man unter Kompetenz die zugewiesenen Rechte und Pflichten. Rechte und Pflichten legitimieren den Funktionsträger, seine Aufgaben zu erfüllen, und stellen neben die Verantwortung die Notwendigkeit einer Rechtfertigung von Entscheidungen und Handeln. In der Organisation sind Freiheiten und Kontrollen wesensgleiche Merkmale der Kompetenz. Der zweite Ast des Kompetenzbegriffes ist die fachliche und persönliche Eignung. Kompetent als Person ist derjenige, der gute Entscheidungen trifft und angemessen unter anerkannten Wertmaßstäben handelt. Ist die sichtbare Kompetenz mit Macht verbunden, erwarten wir von einer modernen Führungskraft, dass diese Macht nicht missbraucht, sondern gebraucht wird. Im Grunde fordern wir von den Funktionsträgern mit Positionen, die einen hohen Einfluss haben, tugendhaftes Verhalten. Die anerkannten Tugenden sind schon seit der Antike bekannt. Sie lauten: Weisheit, Gerechtigkeit, Mut und Mäßigung. Dort wo alte Tugenden befolgt werden, sind auch weitreichende Kompetenzen positiv zu beurteilen. Gut organisierte und offen dargelegte Kompetenzen sollen sich bei einer neuen Führung mit wichtigen persönlichen Merkmalen ergänzen. Es gilt, die hohe Komplexität der heute unsichtbaren Machtstrukturen zu überwinden und wichtige Weichenstellungen für die Zukunft zu stellen. Das gilt für eine neue Führung in unserer Gesellschaft genauso wie für eine zukunftsgerichtete Führung in Unternehmen.

Literatur

Bleicken J (1999) Die athenische Demokratie. Schöningh, Paderborn
Helferich C (2000) Geschichte der Philosophie. Dtv, München

Hirschberger J (1981) Geschichte der Philosophie. Teil 1 Altertum und Mittelalter. Herder, Freiburg im Breisgau

Kunzmann P, Burkard F-P, Wiedmann F (2001) DTV-Atlas Philosophie. Dtv, München

Liebig S, May M (2009) Dimensionen sozialer Gerechtigkeit. Bundeszentrale für politische Bildung, Berlin

Menzel U (2002): Globalisierung. Geschichte und Dimensionen eines Begriffs. Bundeszentrale für politische Bildung. http://www.bpb.de/veranstaltungen/dokumentation/130248/globalisierung-geschichte-und-dimensionen-eines-begriffs. Zugegriffen: 14. November 2018

Wikipedia (2018a) Macht. Wikipedia. https://de.wikipedia.org/wiki/Macht. Zugegriffen: 14. November 2018

Wikipedia (2018b) Ohnmacht (Psychologie). Wikipedia. https://de.wikipedia.org/wiki/Ohnmacht_(Psychologie). Zugegriffen: 14. November 2018

Persönliche Aspekte der neuen Führung

Der Mensch im Mittelpunkt der Führung

Die aus einer philosophischen Betrachtung abgeleiteten Megatrends sind allgemeine Entwicklungen, die die Gesellschaft, die Wirtschaft und die Unternehmen stark beeinflussen. Sie zeigen uns, welche Herausforderungen die Unternehmen und die Menschen in den Unternehmen im Sinne einer neuen und klaren Führung bewältigen müssen. Die Megatrends zeigen uns die Ansprüche, die an Führung insgesamt gestellt werden. Und zwar sowohl materiell im Sinne einer Bewegungsrichtung als auch methodisch im Sinne einer Herangehensweise an Komplexität und Fortschritt. Es stellt sich nun die Frage, welchen direkten Einfluss diese philosophischen Überlegungen auf die Ausgestaltung einer neuen Führung in der Praxis haben. Wir wollen zu einer praktischen Philosophie übergehen, aus der wir direkte Lehren für Unternehmen und deren Führung ziehen können. Wir verlassen also die gesellschaftliche Ebene und die Welt der Wirtschaft und widmen uns den Unternehmen und den Menschen in den Unternehmen. Führung wird von Menschen für Menschen gemacht. Der Mensch steht im Mittelpunkt der Führung.

Bei einer Auseinandersetzung mit den Menschen, die führen und die geführt werden, haben die Megatrends erhebliche Ausstrahlungseffekte auf die handelnden Personen. Die Leute leben ja nicht in einem Vakuum. Die von außen beeinflusste Unternehmenskultur, Unternehmensorganisation und Aufgabenwelt des einzelnen Mitarbeiters prägen ihn nicht unerheblich. Schließlich findet immer eine Art der gegenseitigen Assimilation statt. Die Gesellschaft und die Welt der Wirtschaft beeinflussen die Unternehmen. Die Unternehmen, so wie sie sind, formen die Manager und die Manager formen das Unternehmen. Dieser Zusammenhang muss immer gesehen werden.

Im Rahmen der praktischen Philosophie wollen wir klären, wie denn die Menschen aussehen, die eine neue Führung darstellen. In der Geschichte der Philosophie hat es diese neue Perspektive, die über eine Erkenntnis der wahrnehmbaren physikalischen Welt hinausgeht, auch gegeben. Nach der Erkenntnistheorie der Eleaten und des grundlegenden Prinzips des Wandels durch Heraklit sind es die sogenannten Sophisten, die den Beginn der praktischen Philosophie einläuten. Sie haben den Erkenntnisgegenstand der Philosophie von der Beschreibung der Welt und ihres Entstehens, also der Metaphysik, zu den menschlichen Aspekten der Gesellschaft geführt (Hirschberger 1981, S. 53 ff.). In einer Welt des zunehmenden Wohlstandes und eines ausgeprägten Pluralismus haben sie das Konzept der Ausbildung zur guten politischen Führung aufgenommen. Es sind also ganz praktische Fragen, die hier behandelt wurden. Ihr Erkenntnisgegenstand sind die Wahrheiten, die es im Zusammenspiel von vielen Menschen gibt. Und ihre philosophische Antwort auf die menschlichen Aspekte der Führung sind ein ausgeprägter Skeptizismus bzw. ein grundlegender Relativismus. Die Sophisten kamen zu der Erkenntnis, dass die individuellen Einschätzungen von Situationen und Themen alle wahr sind. Wenn also jemand eine Situation als ungerecht ansieht, ist das für ihn wahr und richtig. Schätzt ein anderer die Situation anders ein, ist auch das eine individuelle Wahrheit. Es gibt keine allgemeine und durch den Logos zu erkennende Wahrheit, die sich quasi hinter den individuellen Wahrheiten verbirgt.

Protagoras von Abdera (480–410 vor Christus) hat die gesamte philosophische Welt mit seinem „homo mensura-Satz" auf eine andere gedankliche Basis gestellt. Sein Credo lautet: „Der Mensch ist das Maß aller Dinge, der seienden, dass sie sind und der nichtseienden, dass sie nicht sind" (Hirschberger 1981, S. 54). Dieser Satz ist von erheblicher Tragweite. Die Wahrheit liegt nicht mehr im Objekt selbst! Es ist eben auch das wahr, was durch die menschliche Wahrnehmung erfahren wird. „Wie alles einzelne mir erscheint, so ist es für mich, wie dir, so ist es für dich." (Hirschberger 1981, S. 54). Wahrheit ist relativ. Es ist die ganz bewusste Abkehr einer physikalischen Sachlichkeit, die nur im Objekt liegt. Die Sophisten stellen fest, dass es wohl zu jedem Thema zwei sich widersprechende Ansichten gibt. Subjektive Wahrnehmung wird nicht mehr als Unwissenheit abgestraft, sondern ist etablierter Bestandteil der Realität. Was uns in der Physik vielleicht befremdlich anmutet, nämlich die Verneinung eines objektiven Sachverhaltes oder die objektive Erkenntnis über Sachverhalte, ist aber für die Beziehung zwischen Menschen sicher ein richtiger Ansatz. Wenn wir eine Person achten oder gar lieben, so gibt es keine weitere oder objektive Wahrheit hinter dieser persönlichen Empfindung. Wo sollte diese abstrakte Wahrheit auch liegen, oder wie wollen wir sie durch die Beschränkungen der menschlichen Wahrnehmung erkennen? Wenn wir Dinge nicht unmittelbar erkennen, sondern immer nur durch Reize, und wenn nicht alle Menschen auf dieselben Reize in gleicher Weise reagieren, dann ist doch ein relativistischer Ansatz nicht von der Hand zu weisen. Wie die Dinge für uns erscheinen, so sind sie auch. Oder – um es noch einmal mit den Worten von Gorgias (485–380 vor Christus) zu sagen –: „Nichts existiert, selbst wenn es existiert, ist es doch nicht erkennbar und wenn es erkennbar ist, so ist es doch nicht mitteilbar" (Helferich 2000, S. 17).

So ist denn der Mensch als Individuum der Ausgangspunkt der Überlegungen zur neuen und guten Führung. Gute Führung ist das, was von den Führungskräften und den Geführten als gute Führung angesehen wird. Es ist zunächst der einzelne Mensch, der über die Qualität von Führung entscheidet. Das Thema Führung bzw. die Entwicklung einer neuen Philosophie der Führung ist aber mit einem Skeptizismus und einer rein individuellen Betrachtung nicht beendet. Natürlich gibt es auch allgemein anerkannte Aspekte der Führung, die eine breite Zustimmung erfahren. Doch wie dieser Funktionsträger aussieht, ist nicht rein abstrakt und für alle verbindlich beschreibbar. Die qualitative Wertung basiert auf den Einstellungen der einzelnen Menschen oder von bestimmten Gruppen. Erfolgreiche Führung schafft es, hohe Zustimmungswerte bei größeren Gruppen von Menschen zu erreichen. Eine neue und gute Führung baut nicht auf einer rein individuellen Bewertung auf, sondern bestimmt die Faktoren, die ganze Gruppen als positiv ansehen. Das Zauberwort in diesem Zusammenhang heißt: Überzeugen. Die starke Führungskraft schafft es, mit ihren Vorschlägen und mit ihrem Verhalten andere vom eigenen Weg zu überzeugen. Die Einstellungen von Menschen können und müssen von einer Führungskraft gelenkt werden, um zu einer hohen Zustimmung zu gelangen. Überzeugen fängt bei den direkt betroffenen Individuen an und muss sich dann aber schnell auf ganze Gruppen erstrecken. Die klare Führung schafft es, die verschiedenen Wahrheiten der Individuen zu kanalisieren und auf einen gemeinsamen Nenner zu bringen. Im Ergebnis der guten Führung entsteht eine breite Zustimmung und Anerkennung des Weges, auf den geführt wird, und der Art, wie der Weg beschritten wird. Das macht den Erfolg aus.

Wer allein Macht einsetzt, um Widerstände zu überwinden, der überzeugt nicht. Dort, wo Leute nur überredet werden, aber eben nicht für die Sache gewonnen werden können, finden wir keine starke Führung. Die gute Führungskraft kann die Einstellungen von Individuen und Gruppen so beeinflussen, dass etwas Gemeinsames entsteht. Am Ende ist der Erfolg der Führung immer ein Erfolg von mehreren.

Idole und Vorbilder

Es gibt unzählige Erfolgsgeschichten über Unternehmen, Unternehmer und Manager und täglich kommen neue Episoden dazu. Nicht selten werden ganze Firmen über herausragende Führungskräfte personifiziert. Gute wie schlechte Nachrichten werden direkt den Inhabern oder den Topmanagern zugeordnet, auch wenn der Einfluss des Einzelnen gar nicht wirklich bekannt ist. Die Unternehmen erhalten so ein Gesicht und die Interessierten erhalten einen direkten Bezugspunkt. So wird Management persönlich und verlässt die Anonymität morphoser Unternehmen. Aus einer Verklärung bestimmter Lichtfiguren entsteht der Mythos „Manager".

Die Auseinandersetzung mit Personen war schon immer von besonderem Interesse. Schließlich wollen doch die meisten Mitarbeiter in den Unternehmen selbst Karriere machen. Da kann ein Blick nach außen auf die Idole der Wirtschaft doch nicht schaden. Und wer schon oben steht, vergleicht sich gerne mit anderen. So kommt es, dass bestimmte Leute zu sogenannten „Ikonen der Wirtschaft" werden. Um die Erfolgreichen sammeln sich sehr schnell zahlreiche Geschichten. Das Interesse an deren herausragenden Eigenschaften und erfolgreichen Verhaltensweisen wird immer größer.

Eigentlich ist die Anlehnung an Vorbilder gar keine echte Auseinandersetzung mit den Personen. Es sind Geschichten um Erfolg, Macht und Geld! Diese Zutaten sichern die hohe Spannung. Das lebhafte Interesse an den Führungskräften richtet sich nur bedingt auf die vielschichtigen Dimensionen der Persönlichkeit. Die eigentliche Faszination ist der wirtschaftliche Erfolg. Hinter den zahlreichen Beschreibungen steht immer eine Erfolgsgeschichte. Wenn das aber der gemeinsame Nenner ist, erfolgt die Auseinandersetzung mit den Menschen nur vordergründig. Nicht die Person ist wichtig, sondern das Erkennen der richtigen Erfolgsfaktoren. Jede Beschreibung und jede Analyse gleicht einem Geheimrezept. Das unglaubliche Interesse an den Managern entspricht dem Versuch der frühen Alchimisten, mit aller Macht die Formel für Gold zu finden. Nur, dass hier die Frage nach den Zutaten für den wirtschaftlichen Erfolg in Unternehmen gestellt wird. Ganz intensiv setzt man sich damit auseinander, wie man sein muss, um erfolgreiche Führungskraft zu werden oder zu sein. Oder anders ausgedrückt: Welche objektiven Eigenschaften kennzeichnen die Erfolgreichen? So wird aus der einfachen Beschreibung eine bedeutende Frage abgeleitet: Was sind die wahren Erfolgsfaktoren? Man ist auf der Suche nach den persönlichen Ausprägungen, die erfolgreich machen. Die intensive Auseinandersetzung mit den Idolen und ihren Merkmalen basiert auf der weitverbreiteten Überzeugung, dass es so etwas wie eine objektive nachweisbare Formel für Erfolg gibt. Die einfache These lautet: Wer die richtigen persönlichen Merkmale in sich vereint, wird sich immer durchsetzen!

Entsprechend dem Relativismus der Sophisten kann man objektive Erfolgsfaktoren bei den Idolen wohl nicht finden. In der heutigen Situation mit großen Unternehmen und Konzernen gibt es so viele Manager, dass dort alle nur denkbaren Persönlichkeitsprofile vorzufinden sind. Die Eigenschaften der Männer und Frauen auf den Topführungsetagen sind in Bezug auf die Grundgesamtheit aller Manager normal verteilt. Mit jeder Charakterausprägung kann man nach oben kommen! Ein gemeinsamer Nenner kann praktisch nicht identifiziert werden. Es besteht ein ernsthafter Zweifel daran, dass es überhaupt solche objektiven Charakter- und Verhaltensmerkmale gibt. In vielen Fällen scheint der große Erfolg auch immer ein gutes Stück zufällig. Diese Einschätzung wird auch von den Managern selbst geteilt. Trotz einer geradezu ausufernden Quellenlage ist die Frage nach dem Soll-Profil von Führungskräften immer noch nicht eindeutig beantwortet. Auf den oberen Etagen ist in Bezug auf die persönlichen Eigenschaften der Manager alles möglich. Insofern ist es gar nicht hilfreich, sich an Idolen auszurichten. Was den Einen erfolgreich gemacht hat, kann beim Anderen gerade nicht gewirkt haben. Merkmale, von denen man gemeinhin annimmt, dass sie auf dem Weg zum Erfolg hilfreich sind, lassen sich nicht wirklich als Erfolgsfaktoren nachweisen. Andere, weitgehend abgelehnte Eigenschaften können in einigen Fällen genau ausschlaggebend gewesen sein, um das Tor zum Erfolg aufzustoßen. Der Blick auf die Ikonen der Wirtschaft ist uns kein Ratgeber auf der Suche nach der guten Führungskraft. Es fehlt meistens schon an einer Beschreibung der relevanten Umweltfaktoren bzw. des Zeitgeistes, der für den Erfolg eine wichtige Voraussetzung ist. Wenn wir über die Idole sprechen, reden wir doch nicht über die Einstellungen der Menschen, die geführt werden. Wenn aber gute Führung die Einstellungen und Werte ganzer Gruppen beeinflussen kann, dann müsste man diese Aspekte doch auf jeden Fall kennen. Inwieweit haben die Idole also den Zeitgeist erkannt und mit welchen Mitteln haben sie ganze Gruppen dazu gebracht, sich dem Zeitgeist anzuschließen und ihre Werte und Einstellungen im Sinne der neuen Ausrichtung anzupassen?

Die anerkannten Idole finden sich in aller Regel nicht im eigenen Unternehmen. Um jemanden als Ikone der Wirtschaft anzuerkennen, benötigt man wohl eine gewisse Distanz. So werden aus der Ferne effektiv aufgetretene Probleme nicht erkannt oder unterbewertet. Rückschläge werden nicht kommuniziert und damit auch nicht wahrgenommen. Dem Mythos „Manager" wird so der Weg geebnet. Verringert sich die Entfernung und sind die Kenntnisse über die Personen größer, werden die Vorbilder weniger. Die Betrachtung als Vorbild ist in vielen Fällen ein Ergebnis der Unwissenheit. Je weniger man wirklich über die behandelte Person weiß, umso eher eignet sie sich als Vorbild. Ist der oben dargestellte Zusammenhang richtig, sind jedoch Idole als Maßstab für gute Führung gänzlich ungeeignet. Die Suche nach den Kriterien guter Führung muss sich mit einem tiefen Verständnis verbinden und darf nicht auf einer Verklärung bestimmter Figuren beruhen. Es besteht kein Zweifel: Idole haben bei der Suche nach den Kriterien guter Führung einen eingeschränkten Erkenntniswert.

Die Anlehnung an Ikonen bringt für eine umfassende Behandlung des Themas Führung einige Nachteile mit sich. Das Problem ist die häufig zu einseitige Ausrichtung am wirtschaftlichen Erfolg. Bei den Superreichen und besonders schillernden Idolen der Wirtschaft steht der Erfolg an erster Stelle. Doch damit verbinden sich sicher auch einige negative Begleiterscheinungen. Muss man nicht besonders ehrgeizig, zielstrebig und vielleicht auch skrupellos sein, um so weit zu kommen? Zumindest der Verdacht kommt auf. Der einen oder anderen Führungskraft wird zugetraut, dass sie für den persönlichen Erfolg geradezu „über Leichen geht". Wir können gerade in den timokratischen Gesellschaften um uns herum feststellen, dass die Manager oder Unternehmer auch sehr zweifelhafte Erfolgsmodelle auf die Führung ganzer Gesellschaften übertragen wollen. Ein Erfolg um jeden Preis ist aber keine Basis für eine breite Auseinandersetzung mit dem Thema Führung. Bei guter Führung erwarten wir neben dem wirtschaftlichen Erfolg einen definierten Wertekanon, der auf eine breite Zustimmung trifft. Damit ist die Frage der Moral in der Führung aufgeworfen.

Was die Rolle der Vorbilder angeht, gibt es eine schöne Parallele zum griechischen Mythos. Im Laufe der Jahrhunderte ist die Anzahl der griechischen Götter enorm angestiegen. Die Theogonie des Hesiod, die einen Überblick über die Sagengestalten gibt, macht das sehr deutlich. In der historischen Darstellung wird ein kaum mehr zu überblickendes Heer an göttlichen Gestalten beschrieben. Und als wenn das nicht schon verwirrend genug gewesen wäre, hat man noch die Halbgötter eingefügt. In der modernen Sprache der Organisation könnte man sagen: Es wurde eine neue hierarchische Führungsschicht eingezogen. Die Anzahl der zu verehrenden Götter war durch die Ausbreitung des Mythos unübersichtlich groß geworden. Damit ging im Volke auch der Überblick über die Rolle und Wichtigkeit der einzelnen Sagengestalten verloren. Das war für die Vorbildfunktion der Anfang vom Ende. Außerdem hatten die beschriebenen Götter eben alle unterschiedliche Eigenschaften und Fähigkeiten. Wir würden heute sagen: Die Führung zeigte alle nur denkbaren Persönlichkeitsprofile. Dementsprechend schwierig war die Bewertung der richtigen und positiven Attribute.

Schließlich war Zeus anerkannter Ehebrecher, Eros ein hinterlistiger Verführer und Prometheus ein Verbrecher, der göttliche Gesetze gebrochen hatte.

Es gibt in der Mythologie keine anerkannten Wertmaßstäbe, die für eine gute Führung stehen, außer dass die Verhaltensweisen unantastbar weil göttlich sind. Die Vielfalt macht die Sache interessant. Es ist eine historische Wahrheit, dass das Übermaß an Gottheiten der rationalen Philosophie den Weg geebnet hat. Die Vorbildfunktion des Olymps wurde durch Überbevölkerung auf dem Berg mit einem unüberschaubaren Wertegerüst deutlich geschwächt. Die Philosophie ihrerseits hat mit der Hinwendung zum Logos und der rationalen Erklärung göttlicher Phänomene die Vorbilder weiter zurückgedrängt. Das Ende der Geschichte ist, dass die Philosophie weitgehend zeitlos ist und immer noch ihre Faszination ausstrahlt. Der Einfluss der Götter – zumindest der griechischen ist nicht mehr sichtbar. Das ist doch ein schöner Hinweis auf die Wirkung, die eine neue Führungsphilosophie entfalten kann.

Die moralische und unmoralische Führung

Es gibt keine objektiven Merkmale, die die gute Führungskraft eindeutig beschreiben; so bleibt nur die subjektive Einschätzung. Die Suche nach den charakterlichen Merkmalen guter Führungskräfte kann nur aus dem Blickwinkel persönlicher Einstellungen oder der Werte von relevanten Gruppen erfolgen. Damit ist die Frage verbunden, wie solche Maßstäbe entstehen und welche Werte eine breite Anerkennung verdienen. Wir reden über die Moral in der Gesellschaft, der Wirtschaft und in den Unternehmen.

Die Moraldiskussion hat als Folge einiger Skandale ihren Einzug in die gesellschaftliche und wirtschaftliche Diskussion gefunden. In den Banken wurden hohe Boni ausgeschüttet, während gleichzeitig öffentliche Gelder für die Bankenrettung notwendig wurden. Schienenkartelle haben die Kosten für die Bahn ungerechtfertigt nach oben getrieben. Schwarze Kassen zur Zahlung von Schmiergeldern im internationalen Geschäft wurden aufgedeckt. Die Panama Papers haben rechtlich zulässige und unzulässige Steuermodelle offengelegt. Beim Diesel-Skandal stehen massive Betrugsvorwürfe im Raume. Und immer wieder werden unmoralisch hohe Managervergütungen angeprangert. Der Umgang mit der Moral ist also ein sehr aktuelles Thema für die Unternehmen. Es ist nicht möglich, eine neue Führung zu diskutieren, ohne auf die Moral in der Führung einzugehen.

Aber was ist denn nun eigentlich Moral und welche Ausprägungen gibt es? Die schon zitierten Sophisten haben das Konstrukt der Moral eigentlich erst erfunden oder besser: gefunden. Sie haben die vielen frevelhaften Taten der griechischen Götter mit der Frage verknüpft, warum den Göttern kritiklos Verhalten zugesprochen wird, das in der Gesellschaft auf Erden als verwerflich gilt. Eine Auseinandersetzung mit dem Guten und Tugendhaften und dessen Umfeld hatte begonnen. Offensichtlich galten auf dem Olymp andere Gesetze als auf Erden. Etwas abstrakter betrachtet gibt es Einstellungen und Werte, die abhängig vom Ort und der Zeit sind und zusätzlich einem Wandel unterliegen. Das ist die Moral. Moral ist eine Übereinkunft von Werten und Einstellungen, die auf Vereinbarungen von Menschen beruhen. Moral bezeichnet faktische Verhaltensmuster, Konventionen, Prinzipien und Regeln von Gruppen oder Kulturen. Die Einstellungen und Verhaltensweisen sind nicht nur abhängig vom Ort, sondern wandeln sich auch mit der Zeit. Moral unterliegt eindeutig dem Zeitgeist (Suchanek und Lin-Hi 2018).

Entsprechend ihres faktischen Charakters ist die Moral durch eine besondere Vielfalt und durch Veränderungen entsprechend dem Zeitgeist geprägt. Es ist dazu folgendes philosophisches Fragment belegt:

> Ich glaube, wenn jemand alle Menschen auffordern würde, das Unschickliche an einem Punkt zusammen zu tragen und wiederum aus dieser Gesamtmasse das Schickliche herauszunehmen, so würde wohl nicht ein Stück übrig bleiben, sondern alle würden alles unter Sicht aufteilen (Hirschberger 1981, S. 55).

Die Definition der Moral als relatives Phänomen hat einen bedeutenden Einfluss auf die Unternehmensführung. Wenn eine Handlung als moralisch angesehen wird, dann ist sie das eben auf der Basis der Werte einer Gruppe von Mitarbeitern oder Teilen der Gesellschaft.

Diese Zusammenschlüsse von Menschen mit gleichen Wertvorstellungen können das gesamte Unternehmen umfassen oder nur bestimmte Koalitionen innerhalb der Organisation repräsentieren. Ein Unternehmen hat damit nicht zwingend eine singuläre gemeinsame moralische Basis. Es können viele verschiedene Koalitionen mit ganz unterschiedlichen Wertgrundlagen friedlich oder im Kampf nebeneinander bestehen. Definitorisches Merkmal der Moral ist allein die Übereinkunft einer Mehrzahl oder Vielzahl von Menschen.

Tatsächlich ist es so, dass wir in den Unternehmen einige fest etablierte moralische Gruppen identifizieren können. Die Aufsichtsräte haben sich mit dem Corporate Governance Codex eine moralische, aber eben ganz bewusst nicht rechtliche Ordnung gegeben. Das Verhalten entsprechend des Codex kann verschieden interpretiert werden und führt tatsächlich zu sehr unterschiedlichen Auslegungen der Aufgaben des Kontrollgremiums. Das Topmanagement, das selbst einen langen Weg bis zur Spitzenposition gehen musste, vertritt das Leistungsprinzip als wesentliche Grundlage des wirtschaftlichen Erfolges. Dem gegenüber stehen in den Unternehmen die Gemeinschaften, die eine Begrenzung des Leistungsprinzips als unbedingt notwendig erachten. Die Gewerkschaften, die sich historisch auf die kleinen Leute im Unternehmen beziehen, setzen dem Leistungsprinzip alle erdenklichen Mittel und insbesondere ein Gleichheitsprinzip entgegen. Gleicher Lohn für gleiche Arbeit und bei Gewinnsteigerungen möglichst gleich hohe Verbesserungen für die Belegschaft. Bei Leistungsdifferenzen an einem Arbeitsplatz soll zudem der schlechtere Mitarbeiter geschützt werden und der Bessere wird allein auf seine intrinsische Motivation zur Leistung zurückgeworfen. Das mittlere und gehobene Management vertritt oder gestaltet durch ihr Führungsverhalten „die Moral der Truppe". Da man in dieser Position wenige Chancen für einen weiteren Aufstieg hat und andererseits viel verlieren kann, steht der Erhalt des Erreichten vor dem unbedingten Willen zur Veränderung. Veränderungen bergen die Gefahr, trotz hohem Aufwand am Ende keinen persönlichen Gewinn zu bringen. So kommt es, dass das mittlere Management in vielen Fällen als Betonschicht angesehen wird. Die häufig mit sozialwissenschaftlichem und psychologischem Hintergrund besetzten Personalabteilungen vertreten gerne die sozialen Aspekte im Unternehmen. Sie beschäftigen sich mit allen sozialpsychologischen Themen und empfinden sich als Garanten einer guten Führung. Der Einfluss auf die gute Führung kann aber durchaus kritisch gesehen werden, weil die Personalabteilungen nicht mit dem operativen Geschäft verbunden sind und auch keine Führungsaufgaben wahrnehmen. Trotzdem verstehen sie sich als die moralische Instanz im Unternehmen. Die Liste der faktischen moralischen Koalitionen in einem Unternehmen ließe sich unendlich fortschreiben.

Die Einschätzung eines moralischen Verhaltes basiert allein auf einer faktischen Übereinkunft über Wertefragen, egal ob als bewusste oder unbewusste Ordnung. Dieser Zusammenhalt wird aber immer nur von einem Ausschnitt einer Gesamtheit als positiv angesehen. Wie schon die Sophisten feststellten, gibt es zu Werten immer eine genau entgegengesetzte Meinung. Dementsprechend ist unmoralisches Verhalten die Einstellung einer jeweils anderen Gruppe, die andere oder konträre Wertmaßstäbe vertritt. Es stehen sich bei unmoralischen Verhalten mindestens zwei Gruppen mit nicht kompatiblen Wertemustern gegenüber. Sowohl die vermeintlich unmoralisch Handelnden als auch deren Gegenüber haben aber keinen ethisch berechtigten Herrschaftsanspruch. Es sind nur gegensätzliche Meinungen und Ansichten, die aufeinandertreffen. Mit der Betonung einer moralischen Verantwortung soll der eigenen Meinung besonders viel Gewicht gegeben werden. Wer aber das Prinzip der als Moral definierten Meinung durchschaut, kann seine eigene Moral dagegenstellen. Und genau das geschieht in der Gesellschaft, der Wirtschaft und in den Unternehmen jeden Tag.

Trotz der Relativität der Moral, die sowohl vom gesellschaftlichen und unternehmerischen Umfeld als auch vom Zeitgeist abhängig ist, erscheint es notwendig, eine gemeinsame moralische Basis für die Unternehmen zu definieren. Für das Gesamtunternehmen oder wesentliche Geschäftsbereiche fließen die Werteinstellungen in die Unternehmenskultur ein. So wie sich Werte und Einstellungen von einer klaren Führung beeinflussen lassen, so kann auch die Unternehmenskultur in verschiedene Richtungen bewegt werden. Es entsteht das Handlungsfeld der kulturellen Prägung von Unternehmen. Wenn im Rahmen einer neuen Führung Fortschritt und Innovationen gefördert werden sollen, dann sind auch die damit verbundenen moralischen Aspekte zu behandeln. Innovatoren vertreten ja in besonderem Maße Werte wie Zukunftsorientierung, Technikgläubigkeit und Digitalisierung, also gemeinhin Aspekte der Veränderungsbereitschaft. Damit ist vorgezeichnet, dass andere Koalitionen in den Unternehmen genau diesen Wertekanon kritisch beurteilen oder die notwendigen Veränderungen als unmoralisch ansehen. Führung muss die Widersprüche moralischer Aspekte erkennen und aktiv behandeln. Den Bereich der Werte und Einstellungen von Gruppen in den Unternehmen nicht zu gestalten, sondern dem freien Spiel der Kräfte zu überlassen, erfüllt nicht den Anspruch an Führung. Führung ist auch in Bezug auf die Moral kein laissez faire.

Die Grenzen der Moral

Die Moral ist eine Werteposition, die sich zwischen zwei Polen bewegt. Auf einem sehr abstrakten Niveau geht die Moral über in die Ethik. Die Ethik ist das Gute an sich. Es handelt sich um alle Werte und Einstellungen, die unverrückbar und unabhängig von Zeit und Raum als gut und tugendhaft angesehen werden (Wikipedia 2018b). Ethik ist das objektiv Gute und damit ein philosophisch ideales Konstrukt, das über der Moral liegt. Moralische Einstellungen und Handlungen können durchaus einen ethischen Charakter haben, was ihnen einen besonderen Wert gibt. Auf der anderen Seite wird die Moral durch eine weitere Konkretisierung von Werten und Normen begrenzt. Das ist das Recht. Das Recht konkretisiert die Moralvorstellungen, die in einer Gesellschaft auf keinen Fall durchbrochen werden sollten und daher mit Sanktionen belegt sind. Jede Form des Verstoßes gegen das Gesetz ist also auch ein Verstoß gegen die Moral und damit definitionsgemäß unmoralisch.

Im Falle des Betruges oder eines anderen Verstoßes gegen Gesetze liegt rechtlich zu sanktionierendes Fehlverhalten vor, das definitionsgemäß unmoralisch ist. Wenn es sich aber nicht um einen aus persönlichen Motiven handelnden

Einzeltäter handelt, liegt doch die Vermutung nahe, dass es eine Gruppe von Leuten gab oder gibt, die das Verhalten entwickelt und auf einer eigenen Wertebasis sanktioniert haben. In einer arbeitsteiligen Großorganisation ist es ja kaum möglich, alleine und unentdeckt Entscheidungen zu treffen und zu handeln. Kommt es zu unrechten Handlungen, die nicht auf einen Einzeltäter zurückzuführen sind, liegt zumindest eine Unterlassungssünde in der Führung vor. Wie kann es passieren, dass sich Gruppen so stark ausprägen, dass sie quasi ein eigenes Wertemodell entwickeln und verfestigen? Das offensichtliche Problem der Führung besteht darin, dass sich moralische Gruppen durch eine Verselbstständigung von anderen Gruppen bilden. Aus einem „Großen Ganzen" der Moral des Unternehmens oder der Unternehmenskultur werden einzelne Koalitionen mit mehr oder weniger eigenen Wertvorstellungen. Die Verfechter bestimmter Moralvorstellungen sind als Gruppe in sich weitgehend homogen, grenzen sich aber meistens deutlich von Verfechtern anderer Moralvorstellungen ab. Gibt es Gruppen mit solchen Werten und Handlungsweisen im Unternehmen, die sich an der Grenze zum Rechtsbruch bewegen, oder diese Linie sogar übertreten, dann fehlt es an notwendiger Führung. Die Führung hat die zweifelhafte Moral der Gruppe entweder nicht erkannt oder nicht beachtet oder sogar gutgeheißen. Alle Möglichkeiten werfen kein gutes Licht auf die Führung, selbst dann nicht, wenn die Überschreitung des Rechts gar nicht gewollt war, sondern eine nicht erwartete Konsequenz des gemeinsamen Handelns ist. Das Ausdehnen moralischer Prinzipien bis zur Grenze des Erlaubten bleibt immer mehr als kritisch.

Eine weitere Begrenzung der Moral findet sich in der Notwendigkeit gemeinsamer Werte. Der Einzelne, der individuelle oder eigennützige Ziele verfolgt, hat keine moralische Basis. Hier ist eine moralische Grenze zum Selbstnutz gezogen, der grundsätzlich abgelehnt wird. Das einseitige Verfolgen rein persönlicher Motive ist immer unmoralisch. Das ist der Grund, warum die Unternehmen bei unmoralischen Auswüchsen den einzelnen Täter suchen, der sich falsch verhalten hat. Handelt es sich bei dem gemeinhin als unmoralisch eingestuften Handeln um das Vorgehen eines Einzelgängers, hat das Unternehmen grundsätzlich kein moralisches Problem. Es fehlt an der Übereinkunft einer ganzen Gruppe.

Aus den grundsätzlichen Überlegungen zur Moral ergeben sich zwei wesentliche Handlungsfelder für die Unternehmen. Erstens ist zu klären, welche Gruppen im Unternehmen welche Werte und Einstellungen vereinbart haben. Hier geht es um die Transparenz des Wertekanons in Unternehmen. Der ein oder andere Skandal hätte sicher vermieden werden können, wenn man sich mit „der Moral der Truppe" auseinandergesetzt hätte. Zweitens ist in Abwägung verschiedener Aspekte zu klären, welches nicht rechtlich sanktionierte Verhalten für das Unternehmen noch angemessen ist.

Bei einer inhaltlichen Diskussion moralischer Aspekte in oder über Unternehmen geht es eigentlich immer um die Frage, wo das sogenannte Profitstreben oder der wirtschaftliche Erfolg als moralischer Maßstab enden sollen. Beide Ziele sind gesellschaftlich weitgehend akzeptiert, die Gesellschaft erwartet aber neben der Erfolgsorientierung immer auch eine Berücksichtigung weiterer sozialer oder umweltpolitischer Faktoren. Moral verbindet sich nach landläufiger Meinung nicht allein mit einer eingeschränkten wirtschaftlichen Sichtweise. Es handelt sich um einen Wertekanon, also ein Set an Einstellungen und Werten, die als Begrenzungsfaktoren für die Wirtschaft verstanden werden. Die in Deutschland fest etablierte Soziale Marktwirtschaft bringt das zum Ausdruck und ist fester Bestandteil unserer Kultur.

Eine neue Führung, vor allen Dingen auch wenn sie einen philosophischen Hintergrund hat, muss das Thema der Moral im Unternehmen aktiv angehen. Es ist unstrittig, dass Moral aktiv beeinflusst werden kann. Es handelt sich um die Einstellungen der Mitarbeiter und der Führungskräfte, die auch durch das Unternehmen stark geprägt werden. Wenn die verschiedenen Funktionsträger dort wegschauen, lassen sie einen wesentlichen Teil der Führung außer Acht. Die Moral ist aber immer auch eine Frage von Werten, die auf einer persönlichen Disposition beruhen. Insofern ist jede Führungskraft aufgerufen, sich nicht nur mit wirtschaftlichen und sachlichen Aspekten auseinanderzusetzen.

In Bezug auf die persönlichen Aspekte der Führung sollte sich jeder Mitarbeiter aktiv mit seinen eigenen Moralvorstellungen und denen seines direkten Umfeldes auseinandersetzen. Nur wer sein eigenes Wertegerüst klar vor Augen hat, kann seine Komplementarität mit den Werten des nahen beruflichen Umfeldes oder des gesamten Unternehmens prüfen. Eine Person, die über eine kritisch durchdachte und gut begründete moralische Einstellung verfügt, die sich in einer inneren Haltung und ihrem Verhalten manifestiert, handelt nicht nur moralisch richtig, sondern gewinnt zusätzlich auch eine ethische Rechtfertigung. Voraussetzung dazu ist es, selbstbestimmt und ohne den Druck des moralisierenden Umfeldes rational und argumentativ eine eigene Position zu beziehen. Der richtige Mann am richtigen Ort oder die richtige Führungskraft am richtigen Ort ist auch eine Frage der persönlichen Werte und denen der Gruppe um sie herum. Wenn die Führungskraft ihre Rolle in der Beherrschung von Komplexität und der Durchsetzung von innovativen Ideen sieht, dann muss man entweder in einem solchen Umfeld arbeiten oder aber die Kompetenz haben, die geführte Gruppe in diese Richtung effektiv zu beeinflussen. Vielleicht passt es aber manchmal auch einfach nicht. Wer an dieser Stelle klar ist, gewinnt seine persönliche Freiheit und assimiliert nicht sozusagen aus Versehen zu moralischen Werten, die der eigenen Persönlichkeit entgegenstehen.

Die Moral der Generationen X und Y

Seit den 50er-Jahren werden, beginnend mit der Generation X, ganzen Generationen bestimmte moralische Aspekte zugeordnet (Wikipedia 2018c). Auf die Generation X, die die sogenannten Babyboomer von 1960 bis 1980 umfasst, folgt die Generation Y mit den Jahrgängen 1980 bis 2000. Letztere drängt jetzt in die Unternehmen und wird in vielen Fällen als Ausgangspunkt für Überlegungen zur modernen Führung genutzt. Auch wenn die Generalisierung von ganzen Generationen durchaus kritisch gesehen werden kann, ist es im Rahmen einer neuen Führung notwendig, sich mit den allgemein anerkannten Phänomenen solcher in den Arbeitsmarkt kommenden gesellschaftlichen Gruppen zu beschäftigen.

Für die jüngere Generation Y ist die in Deutschland als „Generation Golf" bezeichnete ältere Schicht mit ihren Werten und Vorstellungen der bestimmende Umweltfaktor zur Ausbildung eigener Werte. Wesentliches Merkmal der heute 40- bis 60-Jährigen ist das Genießen des von deren Eltern und selbst erworbenen Wohlstandes. Das politische und soziale Engagement ist nicht besonders ausgeprägt und individuelle Sichtweisen haben einen zunehmenden Stellenwert eingenommen. Im Rahmen der Megatrends hatten wir aufgezeigt, dass sich dieser Individualismus auch in der gesellschaftlich-politischen Ordnung unseres Landes niedergeschlagen hat. Größere Gruppen mit gemeinsamen Moralvorstellungen sind einer zunehmenden Differenzierung von Werten und Einstellungen gewichen. Heute erkennen wir eine hyperdemokratische politische Ordnung, die geradezu zersplittert ist. Und individuelle Ansprüche ersetzen das gemeinsame Wirken größerer, identifizierbarer Gruppen.

Gemeinhin wird den Babyboomern eine besondere Konsumneigung zugesprochen, die sich in einem ausgeprägten Markenbewusstsein ausdrückt. Es ist eben so, dass diese Generation auf dem Wohlstand der Eltern aufbauen kann. Für die Führung bedeutend ist, dass die Generation Golf die Früchte einer zunehmenden Bildung genießen konnte. Seit den 80er-Jahren ist die Anzahl der Abiturienten und Hochschulabgänger stark angestiegen. Und wer nicht den direkten Weg einer höherwertigen Ausbildung gegangen ist, konnte aus einer Vielzahl neuer Bildungsangebote auswählen, die eine Bildungslücke schließen. So ist eine Generation entstanden, in der jeder immer besser seinen eigenen Weg gehen kann. Auch wenn die klassischen Karrieren noch nicht grundsätzlich an Bedeutung verloren haben, sind sukzessive mehr Freiheiten für jeden einzelnen entstanden. Die individuellen Möglichkeiten, gepaart mit einem anhaltenden wirtschaftlichen Aufschwung und einer zunehmenden Globalisierungen, haben der Generation Golf das Attribut der „Ego-Gesellschaft" eingebracht. Der Generation Golf wird häufig ein ausgeprägter Hedonismus attestiert.

Der Hedonismus ist eine philosophische Strömung, die ihren Anfang mit Aristippos (435–355 vor Christus) genommen hat (Wikipedia 2018d). Mit einer wachsenden Kritik an den Göttern wurde auch der Segen eines Lebens nach dem Tod zunehmend kritisch beurteilt. Das Diesseits wurde in den Mittelpunkt der philosophischen Diskussionen gerückt. Damit verbunden war die Frage, wie denn eine gute und tugendhafte Lebensführung aussieht und auf welcher Basis eine solche Lebensweise überhaupt zustande kommt. Die Auseinandersetzung mit den intrinsischen Antrieben der Menschen wurde aufgenommen. Aristippos hat als Antwort auf die Frage, was den Menschen antreibt, die Lust definiert. Die Lust, Dinge zu tun und die Vermeidung seelischer Schmerzen sind nach seiner Ansicht der Ursprung für das Handeln des Menschen.

Tatsächlich ist die Lust etwas zu tun, ein starker Antrieb. Und die Generation X und Y haben alle Möglichkeiten, sich so zu verhalten. Auf einer sicheren wirtschaftlichen Grundlage kann man es sich im wahrsten Sinne des Wortes erlauben, nur das zu tun, worauf man Lust hat.

Und natürlich hat die jüngere Generation Y nicht nur die Werte der Eltern übernommen, sondern auch zu neuen Höhen geführt. Für die Jungen erschließen sich in einer Multioptionsgesellschaft nahezu unbegrenzte individuelle Möglichkeiten. Die eigene gute bis hervorragende Ausbildung lässt keinen Zweifel daran, dass auch außerhalb der vorgeschriebenen Wege herausragende Chancen für jeden einzelnen gegeben sind. Der Maßstab ist allein der hedonistische Gedanke, im Rückblick auf das eigene Leben sicher zu sein, alle gegebenen Möglichkeiten ausgenutzt zu haben. Es gilt, keines seiner Talente zu verschwenden.

Schon zu Zeiten des Aristippos wurde die Lust als Antrieb durchaus kritisch gesehen. Insbesondere die körperlichen Lüste scheinen den moralischen Ansprüchen gegenläufig. So betrachten auch heute noch viele den Hedonismus eher skeptisch und in Teilen als unmoralisch. Diese Beurteilung basiert aber auf einer Fehleinschätzung. In der klassischen Definition des Hedonismus war das durch Lust erfüllte Leben ein Leben nach anerkannten moralischen Regeln. Außerdem ist die Lust als Antrieb ein Lebensprinzip und damit ein Abstraktum. Natürlich führt nicht jede einzelne von der körperlichen Lust geprägte Situation zu einer positiven Beurteilung. Das ändert aber nichts an dem Prinzip. Irgendetwas muss uns Menschen ja antreiben und da ist im positiven Sinne Lust erst einmal ein guter Ansatz.

Die junge Generation Y hat durchaus positive Lust: Lust am Neuen, Lust an Herausforderungen, Lust am Reisen, Lust am Lernen, Lust auf Erfolg und vielleicht auch Lust am Ausprobieren. Die positiven Lüste sind genau die wertvollen Fähigkeiten, die die neue Generation für die Gesellschaft und die Unternehmen so wichtig machen. Aber selbst aus einigen körperlichen Lüsten lassen sich positive Aspekte herauslesen. Die Lust am Sport und die Lust, an seine körperlichen Grenzen zu gehen, sind deutlich erkennbare gesellschaftliche Phänomene unserer Fitness-Gesellschaft. Hinter allen den modernen Lüsten steht deutlich erkennbar ein Leistungsprinzip; und das ist das Positive. Wir können also festhalten, dass Neugier, Lust auf Neues und Lust auf Erfolg die wesentlichen Merkmale der hedonistischen Generation Y sind. Eine neue Führung muss das erkennen und entsprechende Angebote machen (Zukunftsinstitut 2018).

Da die intrinsische Motivation der jungen Generation ja per se schon besonders hoch ist, muss Führung keine zusätzlich motivierenden Anreize setzen. Die althergebrachten Anreizsysteme und Motivationstechniken sind nicht mehr vonnöten. Die Aufgabenstellung dreht sich nicht um die Frage „Wie schaffe ich motivierte Mitarbeiter?", sondern um die Frage „Wie kann Führung die gegebene Motivation aufrechterhalten?" Eigentlich aus Sicht der Führung eine herausragende Ausgangsposition.

Führung muss ein Umfeld schaffen, dass Lust auf die Arbeit macht. Die wirtschaftliche Absicherung durch den Beruf verbreitet keine positiven Impulse und ist für die Generation Y kein erstrebenswertes Ziel. Zwar wollen auch die Jungen einmal einen gewissen Wohlstand erreichen, doch das ist kein ausreichender Antrieb. Anscheinend besteht zumindest für die gut ausgebildeten jungen Arbeitnehmer gar kein Zweifel daran, dass sich der erhoffte Wohlstand im Rahmen der beruflichen Entwicklung einstellen wird. So werden also andere Ziele neben dem Gelderwerb verfolgt. Die klassischen Statussymbole eines erfolgreichen Managers haben dramatisch an Bedeutung verloren. Sie stehen nach empirischen Untersuchungen auf dem letzten Platz der Motivationsfaktoren. Zusätzliche immaterielle Werte haben dagegen eine besonders hohe Bedeutung.

An erster Stelle wird eine gute Arbeitsatmosphäre erwartet. Ein solches positives Umfeld wird vor allen Dingen in einer Kultur des Wandels gesehen. In einer Welt, die sich ständig verändert und ausgestattet ist mit der Bereitschaft zum andauernden Lernen, werden immer neue Impulse gesucht. Verfestigte Strukturen und der Rückblick auf die Erfolge aus der Vergangenheit sind keine Attribute, die zu einer Sinnstiftung der Arbeit führen. Es sind vielmehr das Entdecken von Neuem, die Bewältigung von Herausforderungen und die Erreichung selbst gesetzter und gemeinschaftlicher Ziele. Nur so wird die gegebene starke intrinsische Motivation erhalten oder weiter gefördert. Eine neue Führung muss ein solches Umfeld schaffen. Es sind die kulturellen Faktoren, die einen Anreiz zum Mitmachen bilden oder eben auf Ablehnung stoßen.

Im Sinne einer hintergründigen philosophischen Betrachtung lassen sich zwei Faktoren herausarbeiten, die eine positive Kultur ausmachen: Kommunikation und soziale Bindungen.

Die Mitglieder der Generation Y werden ja auch als Digital Natives bezeichnet. Die Jungen sind mit moderner Technik aufgewachsen. Sie hatten und haben die Möglichkeit, zu jeder Zeit mit fast Jedem und unabhängig vom Ort zu kommunizieren. Das ist das gelernte Verhalten, und diesem Wunsch nach Kommunikation müssen die Unternehmen Rechnung tragen. Verschlossene Türen und eingeschränkte oder verschleppte Kommunikation stoßen auf sofortige Ablehnung und werden als negatives Arbeitsumfeld empfunden. Wir wissen ja, dass die Jungen auf eine Nachricht eine sofortige Antwort erwarten. Im privaten Umfeld ist der Blick ständig auf das Handy gerichtet und jede Notiz wird sofort und ohne Verzögerung beantwortet. So ergibt sich die gleiche Erwartung im beruflichen Umfeld. Ein Sammeln von Meldungen im „Eingangskorb" und ein sukzessives Abarbeiten von Vorgängen passen nicht mehr in die moderne Zeit. Jede Verzögerung wird als Missachtung empfunden. Die Ergebnisse von Sitzungen und wesentliche Entscheidungen sind mitzuteilen und nicht als „Herrschaftswissen" zurückzuhalten. Eine gute Arbeitsatmosphäre verlangt eine offene und schnelle Kommunikation.

Selbstbewusste junge Leute wollen wissen, wo sie persönlich stehen. So ist es von besonderer Bedeutung, einen klaren Rahmen zu definieren und zu kommunizieren. Die gemeinsamen Werte und die strategische Ausrichtung eines Unternehmens oder seiner Bereiche müssen jedem bekannt und verständlich sein. Nur so weiß man doch, welche Erwartung bestehen; und nur so können die motivierten Mitarbeiter die gestellten Anforderungen erfüllen. Die Leistungsbereitschaft muss auf einen Leistungsmaßstab treffen. Ein klarer Rahmen ist nicht nur für die Mitarbeiter wichtig, sondern auch für das Unternehmen selbst. Wenn wir von viel Kommunikation reden, dann geht es eben nicht um endlose Diskussionen und Verschwendung wichtiger Ressourcen. Das Ziel ist es, gleichermaßen offen und effizient zu kommunizieren. Der Weg dahin ist eine klare Strategie und nachvollziehbare Wege zum Ziel. Ein solches, offen dargelegtes Gerüst macht die zahllosen Diskussionen um Einzelheiten entbehrlich. Die häufig viel zu hohe Komplexität in der Kommunikation wird durch klare Ansagen besiegt. Eine Klarheit und Offenheit sollte übrigens auch bei negativen Botschaften gelten. Wenn was nicht läuft, muss das angesprochen werden. Die motivierten Mitarbeiter können nur dann ihren Weg korrigieren und besser werden. Sie sind leistungsbereit und wollen den Erfolg, dazu muss man Irrwege erkennen, verlassen und sich im Sinne des Erfolges neu ausrichten. Ein „hintenrum" bei schlechten Ergebnissen widerspricht der Erwartung einer offenen Kommunikation und tötet die vorhandene Motivation.

Eine philosophische Erkenntnis ist es, dass nichts ohne sein Gegenteil denkbar ist. Die Ausdifferenzierung der Individualgesellschaft und der damit verbundene

Abbau normativer Vorschriften sind an einem Wendepunkt angelangt. Indem wir der Generation Y einen besonderen Individualismus attestieren, rückt das Gegenteil, die soziale Bindung, in das Blickfeld. Der reine Einzelkämpfer wird in einer fragmentierten Wertewelt nicht bestehen können, und das wird auch erkannt. Um in einer Multioptionsgesellschaft mit endlosen Freiheitsgraden nicht verloren zu gehen, benötigt man einen Halt. Im gleichen Maße, in dem sich individualistische Ausprägungen auftun, besteht die Sehnsucht nach Stabilität.

Netzwerke und Beziehungszirkel sind die neuen Erfolgsgaranten. Das hat die junge Generation Y gelernt. Die sozialen Netzwerke, die Business-Netzwerke und Online-Interessengruppen haben den Wert von Vernetzung deutlich gemacht. In der Welt der neuen Kommunikation findet man sehr leicht Gleichgesinnte, Verbündete und Wissensträger. Zum Anreichen von Wissen und zur Erfüllung von Aufgaben kann man sich schnell und umfassend über Grenzen hinweg informieren. Temporäre Koalitionen zu bestimmten Fragestellungen helfen, Probleme zu überwinden und erfolgreich seine Arbeit zu tun. Neben den sachlichen Vorteilen von Netzwerken übernehmen diese aber auch eine wichtige soziale Funktion. Im offenen Meer der Möglichkeiten findet man durch Netzwerke Leute mit gleichen Interessen oder auch gleichen Werten. Die Individualisten finden über Netzwerke zusammen. Die sozialen Bezugsgruppen unserer Zeit sind nicht mehr nur regional oder gar örtlich verfügbar, sondern auch viral.

Die positiven Erfahrungen mit Netzwerken und Gruppen werden natürlich in das Berufsleben übernommen. Die junge Generation ist daher auf der einen Seite individualisiert und auf der anderen Seite auf der Suche nach Gruppen, die gemeinsam an einer Aufgabe arbeiten, gleiche Interessen haben oder wertvolles Wissen zu einem Thema beisteuern können. Im Businessjargon sind die jungen Mitarbeiter Teamplayer. Die Erwartungen an die Berufswelt sind klar. Mit dem Eintritt in ein Unternehmen werden sofort Verbündete und Unterstützer gesucht, die am gemeinsamen Erfolg arbeiten. Die Arbeit findet nicht mehr im stillen Kämmerlein statt, sondern in der Zusammenarbeit mit Kollegen, die alle gemeinsam an einem Strang ziehen. Das ist das Umfeld, das eine neue Führung schaffen muss.

Anders als bei der Generation Golf gibt es nicht mehr die Gegensätze, die mit einer Work-Life-Balance zum Ausdruck gebracht werden. Arbeit als sinnentleerte Aufgabenerfüllung oder gar Stress durch Arbeit soll es nicht geben. Die hohe intrinsische Motivation und der hedonistische Gedanke, sein Leben lustvoll und leistungsorientiert zu gestalten, sind wesentliche Aspekte der beruflichen Ausgestaltung. Das gute Leben findet nicht neben der Arbeit, sondern während der Arbeit statt. Alles andere wäre ja Zeitverschwendung und würde dem hedonistischen Bild widersprechen, seine Talente nicht zu vergeuden. Man kann nur dann positiv auf seine Arbeit blicken, wenn die Arbeit einen hohen

Grad von persönlicher Erfüllung mit sich bringt. Eine Sinnstiftung bei der Arbeit besteht dann aber nicht nur auf der sachlogischen Ebene, sondern eben auch in den sozialen Beziehungen. Wenn der Kontakt und die Zusammenarbeit mit Kollegen und Teams schwierig sind, macht die Arbeit keinen Spaß und ist eine Zeitverschwendung. Nur wenn man sich in dem beruflichen Umfeld wohlfühlt, ist die Arbeitszeit eine gute Zeit. Das bedeutet dann auch, dass gute Beziehungen untereinander die Leistungsbereitschaft weiter erhöhen. Man muss nicht mehr nach Hause gehen, um im privaten Umfeld die notwendigen sozialen Beziehungen zu pflegen, die jeder Mensch braucht. Wenn man mit netten Leuten gemeinsam etwas erreichen kann, ist man auch gerne an seinem Arbeitsplatz. Auf die eine oder andere Stunde mehr kommt es dann gar nicht an. So funktionieren z. B. Start-ups, in denen unwahrscheinlich viel und hart gearbeitet wird. Das klar definierte Ziel, etwas Besonderes schaffen zu wollen, und gemeinsame Anstrengungen, um erfolgreich zu sein, machen Spaß und führen jeden Einzelnen zu starken Leistungen und einem hohen Einsatz.

Die Angst als intrinsischer Antrieb

Der Hedonismus hat die Lust als intrinsischen Antrieb erkannt. Ebenso soll aber nach diesem Konzept ein Schmerz der Seele vermieden werden. Dieser zweite Aspekt findet in der Diskussion deutlich weniger Beachtung. Es lässt sich vielleicht nicht so gut darüber streiten wie über die Moral der körperlichen Lustbefriedigung. Dennoch ist die Vermeidung von Schmerzen von besonderer Bedeutung. Ein besonderer Schmerz oder Schatten auf der Seele ist die Angst. Auch die Angst kann uns antreiben, denn nicht nur dem Sprichwort nach gilt: „Angst verleiht Flügel". Man kann die intrinsische Motivation als Oberbegriff in die beiden Gegensätze Lust und Angst differenzieren. Wie wir schon bei Heraklit gelernt haben, bedarf jedes Ding zu seinem Sein seines Gegenteils. Also sind Angst und Lust eine gemeinsame Ausprägung der Motivation. Es ist das Eine nicht ohne das Andere denkbar.

Die Angst ist ein körperlicher Schutzmechanismus, der zu erhöhter Aufmerksamkeit führt und Gefahren abwehren soll. In einer leichten Form kann man Angst als eine positive Anspannung beschreiben, die die Konzentration auf eine Sache erhöht. Daher bewirkt eine leichte Aufgeregtheit bei Prüfungen, Präsentationen oder wichtigen Gesprächen eine höhere Leistungsfähigkeit als ohne jegliche emotionale Anteilnahme. Als Schutzmechanismus und als Verstärkung von kognitiven und körperlichen Fähigkeiten ist Angst sogar positiv zu werten.

Es gibt durchaus Führungsansätze, die Angst als Mittel zur Förderung der Motivation verstehen. Dies ist z. B. bei sehr strengen Trainern oder strengen Vorgesetzten der Fall. Tatsächlich hört man immer wieder von solchen Konstellationen, bei denen durch Drill Höchstleistungen erzwungen werden sollen. Eine stark ausgeprägte Angst, die über die notwenige Anspannung in wichtigen Situationen hinausgeht, kann aber grundsätzlich nicht positiv beurteilt werden. Darüber können auch einzelne Erfolge eines solchen Verhaltens nicht hinwegtäuschen. Es bleibt ja bei der Feststellung von Aristippos, dass ein gelungenes Leben mit der Vermeidung von Angst oder von Störungen des seelischen Gleichgewichtes einhergeht. Das Führen durch Angst ist, wenn Angst über eine Anspannung und hohe Konzentration hinausgeht, schlichtweg nicht zeitgemäß.

Von besonderer Bedeutung für die Führung ist eine vertiefte Auseinandersetzung mit der Entstehung von Angst. Angst ist ein gelerntes Verhalten. Wir kommen wohl alle ohne besondere Ängste auf die Welt, und lernen erst im Lauf der Zeit in besonderen Situationen vorsichtig oder gar ängstlich zu sein. Dieser Lernprozess besteht grundsätzlich aus zwei gleichzeitig auftretenden Ereignissen: Eine irgendwie geartete, unsere Sinne ansprechende Situation und eine damit in inhaltlichem oder zeitlichem Zusammenhang stehende negative Folge. Das Ereignis selbst muss gar nicht negativ oder von großer Bedeutung sein. So hat doch jeder von uns im privaten wie beruflichen Umfeld schon einmal erlebt, dass auf Kleinigkeiten eine deutlich negative oder stark übertriebene Reaktion erfolgt. Wenn im Geschäftsleben ein nicht erwünschtes Ereignis eintritt, so kann das doch schlicht und ergreifend integraler Bestandteil der aufgetragenen Tätigkeiten sein. So wird der Vertrieb nicht jeden Kunden gewinnen können, das Marketing schon mal falsche Botschaften senden, die Produktion ins Stocken geraten, der Jahresabschluss sich verzögern, das Controlling ungenaue Auswertungen vorlegen, die Entwicklung auf das falsche Pferd setzen oder die Führung falsche Entscheidungen treffen. Alles das ist in Unternehmen normal und gehört zu der wirtschaftlichen Betätigung einfach dazu. Entscheidend für die Auslösung von Angst sind also nicht solche unerwünschten, aber mehr oder weniger normalen Ereignisse. Es ist die Reaktion im Unternehmen, der Führungskräfte und der Mitarbeiter, auf solche Ereignisse. Folgen auf negative Erscheinungen starke emotionale Reaktionen, Bestrafungen oder soziale Ausgrenzungen, oder entsteht auch nur eine vage Furcht von Nachteilen in der Zukunft, erst dann und erst dadurch werden Ängste bei den Beteiligten ausgelöst. Also sind Ängste in einem Unternehmen eine direkte Folge der Art von Führung.

Dort, wo die Vermeidung von Angst als intrinsischer Motivation im Vordergrund steht, werden die Betroffenen irgendwelche Mechanismen entwickeln, die Angst einzudämmen. Jeder wird nach Möglichkeiten suchen, negative

Erfahrungen oder schwierige Situationen zu vermeiden. Wenn das funktioniert, wird sich der Vermeidungsmechanismus sogar von selbst verstärken. Auf jede reale oder potenzielle Gefahr wird zur Vermeidung von Angst mit einer Vermeidung reagiert. Das Vermeiden breitet sich aus und beginnt, das Entscheiden oder das Handeln zu dominieren. Die Kultur des Stillstandes durch Vermeidung beginnt ihren Siegeszug.

Ein besonders wirkungsvoller Mechanismus zur Beseitigung von Gefahren ist die Einhaltung von Gewohnheiten und Einschränkungen auf bekannte Terrains. Dort, wo immer alles wie immer ist, sind weniger Störungen zu erwarten. Bekannte Situationen lassen sich leichter beherrschen. Damit verbunden ist eine Fokussierung auf das Bestehende und die Gegenwart.

Zukunft ist definitionsbedingt unsicher, weil sie noch nicht eingetreten ist. In der Zukunft können sich Dinge positiv oder negativ entwickeln, das ist die Unsicherheit, die bleibt. Die Ängstlichen in einem Unternehmen würden also am liebsten die Zukunft ausschalten; das geht nun aber nicht. Man kann aber den Fokus auf die Gegenwart legen und sich mit aller gegebenen Macht gegen weitreichende Veränderungen stellen. Und das genau passiert in vielen Unternehmen.

Ausgangspunkt des Stillstandes ist die Angst vor Veränderungen oder – genauer gesagt – die Angst vor negativen Konsequenzen von Veränderungen. Angst ist sicher nicht motivierend und treibt zumindest dauerhaft niemanden zu neuen Höhen an. Neben einer persönlichen charakterlichen Ausprägung ist Angst ein gelerntes Verhalten der Mitarbeiter in einem Unternehmen. Nur, wenn auf eine unerwartete Situation oder schlechte Entwicklung eine besonders harsche Kritik folgt oder persönliche Konsequenzen drohen, bildet sich Angst in Unternehmen überhaupt aus. Wenn Angst und Vermeidung in einem Unternehmen gelernt werden, dann werden diejenigen mit der größten Lernerfahrung auch die ängstlicheren Typen sein. Es sind also die erfahrenen Mitarbeiter, die die Reaktionen auf Bedrohungen kennen und daher versuchen, solche Situationen zu vermeiden. Das gilt auf allen Ebenen und natürlich auch für die Führung. Man kann eine moralische Disposition der Angst unter den Führungskräften an bestimmten Formulierungen sofort erkennen. Beispiele sind: „Da müssen wir ganz vorsichtig vorgehen", „Das machen wir hier nicht so", „Der Vorschlag wird sicher nicht durchgehen", „Wir müssen an unsere Kunden denken" und so weiter.

In allen den oben beschrieben Fällen kommt es durch Bedrohungen nicht zu einer positiven Anspannung und damit einer besseren Leistung. Die Ängstlichkeit der Führungskräfte lässt nur dringend notwendige Veränderungen zu. Es handelt sich in der Regel um Anpassungen des Status quo, ohne dass sich grundlegende Verbesserungen ergeben. Das Risiko von Veränderungen wird regelmäßig höher eingeschätzt als der potenzielle Nutzen, der ja in der Zukunft liegt und auch ausbleiben kann. Außerdem konkurrieren hier zwei Sichtweisen. Der Nutzen von echten Innovationen und einer Gestaltung der Zukunft mag sich ja für das Unternehmen durchaus ergeben, aber das muss noch lange keine Vorteile für die einzelnen Mitarbeiter mit sich bringen. Viele Führungskräfte sind doch in einer Position, bei der sich mit Veränderungen nicht wirklich neue Chancen auftun. Da ist dann der Blick schon mal auf die eigene Person gerichtet. Die schon abstrakt beschriebene Ego-Gesellschaft findet in den Unternehmen ihren Niederschlag, wenn die Sicherung des eigenen Status quo vor sinnhafte Veränderungen gestellt wird. Die Generation Golf ist ja als konsumorientiert und markenbewusst beschrieben worden, das sind ja nichts anderes als Statussymbole.

Wer einen gewissen Level erreicht hat, wird diesen nicht zwangsläufig durch ständige Anpassungen oder gar grundsätzliche Neuausrichtungen verbessern. Die Chancen auf Anerkennung sind häufig gar nicht hoch, die Risiken können aber enorm hoch sein. So ist es rational wie emotional nachvollziehbar, dass gerade die erfahrenen und gesetzten Führungskräfte nicht die Motoren bei der Gestaltung der Zukunft sind. Die Führung verkommt zu einer Verwaltung des Status quo und die Entscheidung als Wesensmerkmal der Führung verkümmert. Die Diskussion ersetzt die Handlung und der Kompromiss die richtungsweisende Weichenstellung. Dies alles sind moralische Dispositionen, da es sich um die wesentlichen Werte und Einstellungen im beruflichen Umfeld handelt. Die Gruppe der Führungskräfte hat in Bezug auf Bedrohungen und den Umgang mit einer komplexen und dynamischen Umwelt gemeinsame Werte: die Betonung der Gegenwart und die Minimierung von Risiken.

Die Attribute der Generation Y sind nun ganz andere als der Erhalt des Bewährten. So treffen in unserer Zeit zwei wirklich gegensätzliche Sichtweisen aufeinander. Die Jungen haben ja noch keine negativen Erfahrungen mit angestrebten radikalen Umbrüchen gemacht. Insofern sind sie nicht ängstlich. Sie sind motiviert und veränderungsbereit. Die Erfahrenen wissen, dass Umbrüche mit persönlichen Risiken verbunden sind und in einer den Erhalt fördernden Unternehmenskultur scheitern können. Sie wirken häufig als Blockierer und haben mit so einem Verhalten gute Chancen, die Motivation der Neuen deutlich einzudämmen.

Die Handlungsfelder einer guten Führung liegen auf beiden Seiten. Einerseits muss der drängenden Jugend klargemacht werden, dass nicht alles, was möglich ist, auch sinnvoll ist. Diese Eingrenzung durchzusetzen, ohne die Motivation zu zerstören, ist sicher eine große Herausforderung. Andererseits muss eine neue Führung die Ängste im Unternehmen sukzessive abbauen. Das sollte nun keine besondere Fehlerkultur sein, denn wir wollen gar keine Fehler machen. Es geht darum, dass die Bedeutung der einen oder anderen negativen Situation nicht überbetont wird. Wenn Wirtschaft mit Wettbewerb und Kampf in Verbindung gebracht wird, dann gehört die eine oder andere kleine Niederlage eben auch dazu. Außerdem muss die neue Führung sich klar machen, welche Reaktionen auf Situationen geduldet werden sollen. Alle Verhaltensweisen, die Angst auslösen, sind nicht zu akzeptieren. Egal, was auch passiert ist.

Eine letzte Forderung an eine neue Führung besteht darin, den Mechanismus der Vermeidung zu erkennen und zu durchbrechen. Es geht nicht darum, ständig Unruhe zu verbreiten, aber die grundsätzliche Bereitschaft, sich anzupassen und auch einmal eine echte Neuausrichtung anzustreben, muss integraler Bestandteil der klaren Führung werden. Jedes Unternehmen muss sich darüber klar werden, welches Bild der Führungskraft es entwickeln will. Natürlich sind nicht alle gleich. Doch es gibt grundsätzliche Wertemuster, die eine gute von einer schlechten Führungskraft unterscheiden. Es geht um die Bestimmung der wesentlichen Führungstugenden.

Die neue Autorität in der Führung

Die neue Generation ist in vielen Bereichen ohne anerkannte Autoritäten groß geworden. In den Schulen sind die Lehrer teilweise in verzweifelten Situationen und können und konnten sich nicht gegen die Jungen durchsetzen. In der Gesellschaft finden sich keine breit anerkannten moralischen Institutionen mehr. Kirchen und soziale Organisationen haben in der Öffentlichkeit deutlich an Einfluss verloren. Die Politik und Staatsführung ist hyperdemokratisch und deshalb fehlen auch hier anerkannte inhaltliche wie moralische Autoritäten. Bei einem Wertepluralismus mit immer kleinteiligeren moralischen Gruppierungen ist die Auswahl an Werten, denen man sich anschließen kann, riesengroß. Bei den gesellschaftlichen Werten können Sie für die Umwelt, aber gegen Stromtrassen sein. Sie können Fortschritt fordern und lokal gegen wichtige Infrastrukturprojekte protestieren. Sie können die Globalisierung als Leitbild definieren und gleichzeitig regionale Besonderheiten feiern. Wie schon die Sophisten festgestellt hatten: Es gibt wohl keine Sichtweise, zu der sich nicht genau das Gegenteil finden ließe. Die modernen Medien zeigen uns diese Vielfalt der Ansichten jederzeit und an jedem Ort auf. So kommt es denn zu der Notwendigkeit einen eigenen und hoffentlich bewussten Weg gehen zu müssen. Unser gesellschaftliches und berufliches Umfeld zwingt uns jeden Tag, zwischen verschiedenen Meinungen einen eigenen Standpunkt auszuwählen.

Für das Thema Führung ist das Fehlen anerkannter Autoritäten natürlich essenziell. Das gesellschaftliche Phänomen bildet eine bedeutende Rahmenbedingung für die Unternehmen und die Menschen in der Berufswelt. Führung heißt doch

Zielbilder zu entwickeln und andere auf einen gemeinsamen Weg mitzunehmen. Wie soll das gehen ohne Autorität? Oder werden sich die neuen und jungen Mitarbeiter mit dem Eintritt in den Beruf sofort der Autorität der erfahrenen Kollegen oder Vorgesetzten unterordnen? Die junge Generation Y glaubt nicht mehr an Autoritäten. Sie kennt ja auch keine. Weder im politischen noch im sozialen oder volkswirtschaftlichen Bereich. Deshalb ist es nicht wahrscheinlich, dass nun ausgerechnet im Beruf die Autorität von anderen kommentarlos angenommen wird.

Es gibt mehrere Möglichkeiten, als Autorität wahrgenommen zu werden (Wikipedia 2018a). Vielfach wird auf eine gesellschaftliche oder wirtschaftliche Rolle im Sinne einer Über- oder Unterordnung abgestellt. Faktische Rollen wie Eltern, Lehrer, Polizisten, Richter und auch Vorgesetzte führen zu einer Weisungsbefugnis, die mit Autorität gleichgesetzt wird. Da Autorität immer auch mit Wissen und fachlichen Aspekten in Zusammenhang gebracht wird, gibt es noch die Autorität des Wissenden. In unserer Zeit sind die rollenbezogenen Autoritäten weitgehend verloren gegangen. Sie sind ja auch Positionen, die ohne weiteres Zutun, ohne Beweis der Überlegenheit anerkannt werden sollen. Außerdem haftet ihnen etwas Statisches an. Wer einmal eine übergeordnete Rolle einnehmen konnte, möchte diesen Status natürlich absichern und erwartet die dauerhafte Anerkennung der eigenen Autorität.

Autorität über Wissen zu erlangen, ist in unserer Zeit durchaus von Bedeutung. Die neuen Taktgeber zur Beeinflussung von jungen Menschen sind die „Influencer", die über besondere Kenntnisse, egal, auf welchem Gebiet, verfügen. Die Influencer müssen sich ihre Autorität quasi erarbeiten und sie auch ständig beweisen. Wer nicht mehr „in" ist, hat auch keine Autorität mehr. In einer Multioptionsgesellschaft können die Follower ja jederzeit zu einer anderen Koryphäe wechseln. Autorität wird dadurch dynamisch. Die Anerkennung und die Bereitschaft, sich beeinflussen zu lassen, basiert auf einer eigenen Disposition. Autorität ist so ein Ausdruck einer freiwilligen Bewunderung. Es liegt also eine zweiseitige Beziehung vor, die auf einer Übereinkunft desjenigen beruht, der die Führung des anderen anerkennt. Autorität entsteht ohne Zwang und ohne eine vorgegebene Rolle durch andere.

Die in unserer Zeit angestellten Überlegungen sind übrigens auch der Ausgangspunkt der schon erwähnten Sophisten. „Sophist" heißt „Sachkundiger". Der Aufstieg der Sophisten fällt in eine Zeit, in der mit aufkommenden demokratischen Strukturen und einem hohen Wohlstand ein starkes Bedürfnis nach Bildung entsteht. Die Sophisten hatten eine hohe fachliche Kompetenz in Fragen der Staatsführung und haben dieses Wissen an ihre Schüler weitergegeben. Ihr Bestreben war es, in den öffentlichen und gesellschaftlichen Diskussionen andere zu überzeugen und damit zum guten Anführer zu werden. Außerdem hatten sie eine agnostische Haltung gegenüber den Göttern und haben deren bis dahin als natürlich angesehene Autorität angezweifelt (Kunzmann et al. 2001, S. 35 f.).

In zahlreichen neuen Beiträgen zur Führung wird Autorität ganz grundsätzlich abgelehnt bzw. als nicht mehr zeitgemäß abgewertet. Als Schlagwort taucht dann die hierarchielose Organisation auf. Hierarchie steht hier wohl für einen übertriebenen Führungsanspruch auf der Basis einer formalen Rolle und damit verbundenen Weisungsbefugnissen. Man will nicht per se und ex ante eine Autorität anerkennen, und wirft gleich das gesamte System von Über- und Unterstellung über Bord. Dass es auch ein freiwilliges Anerkennen von Autorität gibt, wird dabei vollkommen übersehen. Die junge Generation hat durchaus Erfahrungen mit freiwilligen Unterordnungen und lehnt Überordnung nicht grundsätzlich ab. Aber eben nicht vorbehaltlos und dauerhaft, sondern auf der Basis von Leistungen und dynamisch. Es zeigt sich als gesellschaftlicher Trend sogar eine gewisse Sehnsucht nach klarer Führung.

Aufgrund der häufig negativen Assoziation im Zusammenhang mit Autoritäten werden wir in der Folge lieber von persönlicher Kompetenz bzw. Persönlichkeit sprechen. Kompetenz basiert auf den gleichen Prinzipien und kann ebenfalls formal oder inhaltlich erworben werden. Wir wollen Kompetenz so verstehen, dass man etwas besonders gut kann und diese Fähigkeit von anderen anerkannt wird. Dann ergibt sich in Bezug auf diese Sache automatisch eine Über- und Unterordnung und eine Beeinflussung der Sichtweisen und Einstellungen der sich Unterordnenden. Wenn durch solche bilateralen Beziehungen eine Hierarchie entsteht, reicht eine Betrachtung des Wissensvorsprungs der Vorgesetzten allein nicht aus. Es geht um die Persönlichkeit, die es schafft, Leute hinter bestimmten Einstellungen zu versammeln und ein gemeinsames Handeln auf den Weg zu bringen.

Ebenso sind Fragen des Umgangs miteinander und der grundsätzlichen Werte und Einstellungen zu diskutieren. Es gilt die Tugenden der guten Führung zu erkennen.

Persönlichkeit als Leitbild

Ohne formale Autorität kann man Leute nur dann hinter sich bringen, wenn man überzeugt. Abstrahiert man von den unendlich vielen Ausprägungen, die ein Wertepluralismus mit sich bringt, gibt es ein eindeutiges Merkmal guter Führung: Starke Führungskräfte sollen und müssen Persönlichkeiten sein! Die Sophisten haben uns die subjektive Wahrnehmung als Wertmaßstab gelehrt. Die Beziehungsqualität steht in unmittelbarem Zusammenhang mit den beteiligten Persönlichkeiten. Wer als Typ akzeptiert wird, kann auch andere hinter sich bringen.

Persönlichkeit als Leitbild

Wem es aber an Ausstrahlung fehlt, der kann auch keine intensive Beziehung aufbauen. Die Formel ist ganz einfach: Bei guter Führung treffen das richtige Handeln und eine gestandene Persönlichkeit zusammen. Mit dem Begriff der Persönlichkeit ist ein Schlüsselbegriff der Führung beschrieben.

Der Begriff der Persönlichkeit entkoppelt von einer hierarchischen Einordnung und einem sachlich gegebenen Aktionsradius. Es ist die Anziehungskraft des Menschen an sich. Jeder kennt bestimmte Typen, die durch ihre Erscheinung eine ungemeine Anziehungskraft entfalten. Manche Leute strahlen Persönlichkeit aus. Eine echte Persönlichkeit muss nichts dafür tun. Sie ist einfach da und wird entsprechend wahrgenommen. Die starke Ausstrahlung von Persönlichkeiten wirkt unmittelbar und bedarf keines intellektuellen Prozesses. Die Einschätzung, ob jemand eine Persönlichkeit ist oder nicht, erfolgt in hohem Maße intuitiv.

Im zwanzigsten Jahrhundert hat sich eine bedeutende Wandlung in der Interpretation von Persönlichkcit vollzogen, die noch immer ihre Ausstrahlungseffekte zeigt. Persönlichkeit ist von der individuellen Interpretation zunehmend abgerückt und mit Gemeinschaft und Sozialisation in Zusammenhang gebracht worden. Eine Persönlichkeit wäre demnach jemand, der sich besonders gut einfügt und neben der Selbstverwirklichung auf das Gemeinwohl bezogene Werte verkörpert. Das Zusammengehörigkeitsgefühl und der Konsensgedanke werden als wesentliche Merkmale einer Persönlichkeit betont. Nicht die Einzigartigkeit formt den sozialwissenschaftlichen Persönlichkeitsbegriff des 20. Jahrhunderts, sondern der Bewertungsmaßstab der Gruppe. Der gesellschaftliche Konsens zur Interpretation der wertvollen sozialen Merkmale der Persönlichkeit ist ein wesentlicher Rahmenfaktor für die Wirtschaft und die Unternehmen. Es ist eben schwer, sich gegen den schon mehrfach aufgezeigten Zeitgeist zu stellen.

Als Folge der Sozialisierung des Persönlichkeitsbegriffes werden immer weniger echte Persönlichkeiten, also solche Menschen, die aus der Menge herausragen, erkannt. Unternehmer werden eigentlich immer als Persönlichkeiten wahrgenommen. Sie haben eine exponierte Stellung durch die Verantwortung und das wirtschaftliche Risiko, das sie tragen. Innerhalb des Unternehmens ist niemand in vergleichbarer Position und damit auf Augenhöhe. Bei sehr erfolgreichen Unternehmern kommt noch ein besonders hohes Einkommen dazu, das zu einer entsprechenden gesellschaftlichen Stellung führt.

In der Welt der Konzerne und der angestellten Manager werden schon deutlich seltener echte Persönlichkeiten wahrgenommen. Zwar gelingt es dem einen oder anderen CEO, als Gesicht seiner Firma angesehen zu werden, aber es gibt ebenso viele eher blasse Typen. Den heutigen Managern werden zwar alle möglichen Attribute zugesprochen; als Persönlichkeiten gelten aber nur die Wenigsten. Hier tritt das sozialisierte Bild der Persönlichkeit deutlich zutage. In den Unternehmen sind die Manager, anders als die Unternehmer, nicht autark. Sie arbeiten ganz überwiegend im Kollektiv. Situationen sind gemeinsam und aus verschiedenen Perspektiven zu interpretieren, und wichtige Entscheidungen sind zwischen verschiedenen Bereichen und Abteilungen abzustimmen. So bilden sich im Laufe der Zeit mehr oder weniger homogene Gruppen von Managern. Eine echte Persönlichkeit würde aber definitionsgemäß aus der Gemeinschaft herausragen oder die Gruppe durcheinanderbringen. Das ist unbequem und steht dem Gruppeninteresse entgegen. In großen und komplexen Unternehmen gibt es den stillschweigenden Konsens, immer möglichst viele Manager an Entscheidungen zu beteiligen. Es gibt weiterhin die nicht ausgesprochene Übereinkunft, dass Manager auf einer Ebene den gleichen Stellenwert haben. Jeder Manager empfindet sich und seine Meinung als besonders wichtig und keiner will einem anderen eine besondere Rolle zubilligen.

Im Gegensatz zur angestrebten Homogenisierung von Gruppen ist bei der ursprünglichen Interpretation des Persönlichkeitsbegriff eines sicher: Persönlichkeit ist Einzigartigkeit. Persönlichkeit ist anders als Verantwortung nicht teilbar. Sie ist einfach da, und gilt immer nur in Bezug auf eine konkrete Person. Echte Persönlichkeiten grenzen sich trotz der Einzigartigkeit nicht einmal aus. Man wird nicht dadurch eine echte Persönlichkeit, dass man sich gegen die Anderen stellt. Persönlichkeiten wollen nicht zwanghaft anders sein als der Rest. Sie sind es aber! Das kann nicht wirklich unterdrückt werden. Persönlichkeiten entstehen nicht durch einen unberechtigten Anspruch, sondern durch ihre Wirkung. Man kann die Anziehungskraft, die manche Menschen auf andere ausüben nicht oder nur teilweise beeinflussen. Der intuitive Prozess findet auf der Emotionsebene statt und läuft vollkommen unabhängig von äußeren Faktoren. Wenn aber Persönlichkeiten sich nicht nahtlos in eine homogene Gruppe einfügen oder die Gruppe stören, dann sind Persönlichkeiten im Unternehmen auch nicht gefördert worden. Es ist eher wahrscheinlich, dass Persönlichkeiten unterdrückt wurden. Aus der Sicht vieler Führungskräfte ist es ja gar nicht notwendig, einzelne Personen herauszuheben. Warum soll man überhaupt bestimmten Typen eine besondere Rolle zuweisen? Solange der Glaube an die Tauglichkeit des Kollektivs vorhanden ist, gibt es keinen Bedarf an Persönlichkeiten. Wenn aber sachlich keine Notwendigkeit gesehen wird und andererseits Gefahren für das etablierte Zusammenspiel der Kräfte entstehen können, werden Persönlichkeiten regelmäßig unterdrückt. Das ist die schlimme Konsequenz einer stillschweigenden Übereinkunft der arrivierten Führungskräfte.

Eine gute Führung will Fortschritt fördern, Innovationen anschieben und Komplexität besiegen. Nachahmung und Anpassung an bestehende Verhältnisse stehen der Notwendigkeit eines Vorteilserwerbs diametral entgegen. Deshalb erfordert unsere Zeit, dass Führungskräfte wieder echte Persönlichkeiten sind. Dass sie sich mit Mut und Entschlossenheit gegen die Fesseln starrer Strukturen stellen. Gute Konzepte reichen alleine nicht aus, um einen Ruck durch die Führungsetagen gehen zu lassen. Es bedarf auch des Mutes und – was vielleicht noch viel schwieriger ist – des Durchhaltevermögens. Eine gute Idee wird nicht schlechter, nur weil sie auf Widerstände stößt. Nur mit der Entschlossenheit einen einmal eingeschlagenen Weg zu Ende zu gehen, lassen sich gravierende Veränderungen durchsetzen.

Wenn also heute Persönlichkeiten auf den Führungsetagen vermisst werden, ist das eine Trendwende, die die Sozialisierung des Begriffes langsam wieder verlässt. Es ist der Ausdruck einer Veränderung, die schon begonnen hat. Es gibt nämlich erhebliche Ermüdungserscheinungen in Bezug auf verfestigte Strukturen und mangelnder Veränderungsbereitschaft. So sucht man heute Leute, die die z. T. verfahrenen Situationen auflösen können. Es herrscht ein großer Wunsch nach eigenständigen und teilweise konfliktbereiten Menschen, die die zahlreichen gordischen Knoten zerschlagen können. Es werden Führungskräfte gewünscht, die bereit sind, Reibungspunkten nicht aus dem Wege zu gehen. Es werden Manager gesucht, die einer übertriebenen Beteiligung anderer Kollegen entgegenwirken können. Der Begriff der Persönlichkeit wird wieder klarer in Richtung individueller Ausprägungen interpretiert. Die Integrationsfähigkeit verliert an Bedeutung, und Durchsetzungskraft wird wieder stärker eingefordert. Nicht Konformismus ist das Gebot der Stunde, sondern auch gegen erbitterten Widerstand Wege zu gehen, von denen man wirklich selbst überzeugt ist. Denn die Mitarbeiter in den Unternehmen erkennen, dass dort, wo Reibungspunkte fehlen, auch der Antrieb für große und herausragende Dinge nicht vorhanden ist. Es keimt der Gedanke wieder auf, dass der Konsens den Quantensprung erstickt. Es soll nicht mehr sein, dass die Gemeinschaft einen Schatten auf die Persönlichkeit des Erneuerers legt.

Es besteht die klar erkennbare gesellschaftliche Tendenz, den Persönlichkeitsbegriff von seiner aktuellen kollektiven Interpretation abzurücken. Es entsteht ein Druck, der aus der Gesellschaft in die Unternehmen hineinwirkt. Ganz langsam aber sicher beginnt ein Erkenntnisprozess, dass die Unterdrückung von Persönlichkeiten dem Erfolg im Wege steht. Die gesellschaftliche Richtung steht nun aber in genauem Gegensatz zu den teamorientierten und hierarchielosen Organisationen, die im Zusammenhang mit Innovation und agilen Strukturen diskutiert werden. Wobei als Beispiele der besonders innovativen und erfolgreichen Unternehmen immer Google, Facebook, Apple und andere technisch orientierte Unternehmen genannt werden. Doch alle diese Unternehmen sind zu Beginn und bis zur weiten Verbreitung ihrer Leistungen von Unternehmern bzw. besonders starken Persönlichkeiten geführt worden. Man muss schon lange nachdenken, um einen etablierten Konzern zu finden, der disruptive Geschäftsmodelle und die damit verbundene hohe Dynamik in den Märkten initiiert hat. Die Verfechter der agilen Organisationen setzen ihre Modelle auf dem leicht erkennbaren Zeitgeist auf. Sie sehen nicht die Entwicklungen bestimmter Phänomene und hinterfragen die sichtbare Welt nur unzureichend. Wichtige Begriffe wie Autorität, Kompetenz und Persönlichkeit werden nicht in ihrem Facettenreichtum erkannt, sondern entsprechend einer weitverbreiteten gesellschaftlichen Interpretation unbekümmert übernommen. Starke Persönlichkeiten und effektive Teamarbeit müssen gar kein Widerspruch sein. Wenn die Teammitglieder den Persönlichkeiten eine besondere Rolle zubilligen, dann geschieht das im Konsens und nicht durch institutionelle Gegebenheiten. Es entsteht eine neue und vor allem zukunftsfähige Form der Über- und Unterordnung in Unternehmen. Der Spaß am Arbeiten im Team kommt zusammen mit starken Führungskräften, die die Weichen für Veränderungen stellen und die Teams im Gesamtkontext des Unternehmens stärken. Kritisch können Persönlichkeiten nur dann gesehen werden, wenn Sie eigene Interessen verfolgen oder die erworbene Position in bestimmter Art und Weise ausnutzen. Damit das nicht geschieht, muss die neue Führung einen anerkannten Wertekanon definieren. Wir kommen damit zu den Tugenden, die eine gute Führung ausmachen.

Literatur

Helferich C (2000) Geschichte der Philosophie. Dtv, München
Hirschberger J (1981) Geschichte der Philosophie. Teil 1 Altertum und Mittelalter. Herder, Freiburg im Breisgau
Kunzmann P, Burkard F-P, Wiedmann F (2001) DTV-Atlas Philosophie. Dtv, München
Suchanek A, Lin-Hi N (2018) Moral. Gabler Wirtschaftslexikon. https://wirtschaftslexikon.gabler.de/definition/moral-38236/version-261661. Zugegriffen am: 14. November 2018
Wikipedia (2018a) Autorität. Wikipedia. https://de.wikipedia.org/wiki/Autorität. Zugegriffen: 14. November 2018
Wikipedia (2018b) Ethik. Wikipedia. https://de.wikipedia.org/wiki/Ethik. Zugegriffen: 14. November 2018
Wikipedia (2018c) Generation X (Soziologie). Wikipedia. https://de.wikipedia.org/wiki/Generation_X_(Soziologie). Zugegriffen: 14. November 2018
Wikipedia (2018d) Hedonismus. Wikipedia. https://de.wikipedia.org/wiki/Hedonismus. Zugegriffen: 14. November 2018
Zukunftsinstitut (2018) Generation Y: Das Selbstverständnis der Manager von morgen. Zukunftsinstitut. https://www.zukunftsinstitut.de/fileadmin/user_upload/Publikationen/Auftragsstudien/studie_generation_y_signium.pdf. Zugegriffen: 14. November 2018

Die Tugenden der klaren Führung 6

Die Sophisten hatten die Götter und die mit ihnen verbundenen moralischen Werte grundsätzlich infrage gestellt. So gesehen wurden die moralischen Autoritäten der damaligen Zeit in eine kritische Auseinandersetzung verwickelt und haben dadurch deutlich an Autorität verloren. Wenn nun aber die Götter nicht mehr vorbehaltlos Träger der positiv zu beurteilenden moralischen Werte sind, dann muss man sich wohl auf die Suche danach auf der Erde machen. Sokrates (470–399 vor Christus) war der Begründer einer eigenständigen autonomen philosophischen Ethik (Kunzmann et al. 2001, S. 37 ff.). Er begann die Suche nach dem Guten (Agathon), das unabhängig von räumlichen und subjektiven Gegebenheiten an sich gut ist. Um das an sich Gute zu finden, trat er in einen kritischen Diskurs mit den Menschen und diskutierte mit ihnen die verschiedenen Aspekte der Tugend (Arete). Die Gespräche mit den ehrenhaften Bürgern führten zu der Erkenntnis, dass die Gesprächspartner zwar zahlreiche Beispiele für tugendhaftes Verhalten nennen konnten. Eine abstrakte Beschreibung des an sich Guten konnten sie aber nur bedingt gewinnen. So kam es zu dem Credo: Erkenne Dich selbst! Es ist die Aufforderung, das eigene Wissen um die Maßstäbe tugendhaften Verhaltens zu verstehen. Er selbst stellte an sich den Anspruch, eine Ethik zu finden, die oberhalb der moralischen Wertmaßstäbe allgemeine Gültigkeit besitzt.

Der Wertepluralismus unserer Zeit im Zusammenhang mit einer ausgeprägten Individualisierung in der Gesellschaft haben klare und von großen Gruppen anerkannte Werte und Einstellungen zurückgedrängt. So bleibt für eine Definition der klaren Führung zunächst einmal nur der persönliche Maßstab. Aus der Vielzahl der Dimensionen und der faktischen Facetten kann jeder Einzelne die für ihn wichtigen Attribute auswählen. Will man selbst als Führungskraft gut sein und in schwierigen Verhältnissen bestehen, dann geht es um einen selbst. Insofern muss man sich auch mit sich selbst beschäftigen. Wenn man wirklich gut sein will, oder sich verbessern will, muss man eigene Wertmaßstäbe haben und sie auch erfüllen! Auch hier ist das Credo des Sokrates, „Erkenne Dich selbst", nach wie vor als relevante Aufforderung zu verstehen.

Nun wird man keinen Zuspruch finden und als Persönlichkeit nicht anerkannt werden, wenn die Werte allein auf einen selbst bezogen sind. Es bedarf also anerkannter Wertmaßstäbe. Wir verwenden dafür das Wort Tugend. Dieses archaische Wort mag ja aus der Mode gekommen sein. Die definitorischen Merkmale der Tugend sind aber zeitlos und richtig. Allgemein versteht man unter Tugend eine herausragende Eigenschaft oder eine vorbildliche Haltung. Die Tugend ist die Tauglichkeit oder Tüchtigkeit einer Person, die sie dazu befähigt, das sittlich Gute zu tun (Hirschberger 1981, S. 64 ff.). Tugend ist ein Korrelativ, das starke Persönlichkeiten oder Personen mit Macht oder Kompetenz dazu anhält, sich richtig zu verhalten.

Wir hatten herausgearbeitet, dass es eine gewisse Sehnsucht nach starken Persönlichkeiten gibt. Ebenso haben wir erklärt, warum unsere Gesellschaft hyperdemokratische Strukturen überwinden will. Wir haben gesagt, dass die Zukunft nur positiv gestaltet werden kann, im Gegensatz zur reinen Anpassung an sich ändernde Verhältnisse, wenn wir aus einem zu viel an Führungsanspruch zurückkehren zu einer klaren Führung mit mehr Verantwortung.

Wenn also die Führung und die Führungspersönlichkeiten gestärkt werden sollen, dann wird es notwendig, die neue Stärke auch zu kontrollieren. Hier sind wir nun an einem besonders heiklen Punkt der neuen Führung. Die Kontrolle von Führung kann auf Dauer nicht dadurch erfolgen, dass man Führung und Verantwortung durch nicht durchschaubare Komplexität quasi wegorganisiert. So ist das leider heute geregelt. Kontrolle von Stärke liegt immer zunächst einmal in einem selbst. Es ist sozusagen die Frage, mit welcher Kraft man eine Hand drückt, ein Kind anfasst oder wie man mit Widersachern umgeht. Die Tugenden sind eine Aufforderung, bewusst mit Stärke umzugehen. Sie sind persönliche Maßstäbe! Aber wir werden sehen, dass mit dem Rückgriff auf die klassischen Tugenden die Werte auch von der Gesellschaft mitgetragen werden. Vielleicht beschreiben die Tugenden die abstrakte Ethik nicht vollumfänglich, aber sie führen auf jeden Fall in die richtige Richtung. Wer sich tugendhaft verhält, kommt einer ethischen Führung schon sehr nahe.

Auch das hatten wir schon festgestellt: Der wirtschaftliche Erfolg wird als alleiniger Maßstab für gute Führung immer weniger akzeptiert. Es gilt, weitere Werte in die Führung aufzunehmen. Das genau tun wir mit einer Auseinandersetzung mit den Tugenden der neuen Führung. Dabei sind wir von dem Erfolg der philosophischen Auseinandersetzung mit dem Thema vollends überzeugt. Sokrates hat behauptet, dass ein positives Verhalten eine Funktion des Wissens ist.

Jemand macht nur dann etwas nicht gut oder falsch, wenn er es nicht besser weiß. Sokrates dreht diesen Zusammenhang um:

> Niemand tut absichtlich Schlechtes, wenn er die richtige Handlung wüsste, dann würde man es auch so tun (Hirschberger 1981, S. 66).

Die Verbesserung kommt über die Erkenntnis oder das Wissen. Deshalb ist es wichtig, grundlegende Erkenntnisse einer neuen Führung zu diskutieren. Derjenige, der sich für die hintergründige Auseinandersetzung mit dem Thema öffnet, wird sich verbessern, weil er weiß, was die wesentlichen Faktoren guter Führung sind.

Weisheit als Anspruch an die Führungskraft

Das Wort „Weisheit" wirkt in unserer Zeit und bei einer Auseinandersetzung mit moderner Führung zunächst einmal befremdlich. Zu selten wird das Wort benutzt. Eigentlich taucht es immer nur als Bewertung vergangener Persönlichkeiten auf, die durch ihre Einstellungen und ihr Handeln besonders Positives hervorgebracht haben. Heute sprechen wir nicht mehr von Weisheit, sondern von Wissen. Der Ausdruck „Wissensgesellschaft" macht das sehr gut deutlich. Und tatsächlich ist es so, dass das Wissen in der Welt dramatisch ansteigt.

Der Begriff Weisheit wird in der weiteren Auseinandersetzung mit Führung nicht nur verwendet, weil wir immer wieder Anleihen bei den alten Philosophen nehmen. Tatsächlich hat der Ausdruck eine ganz andere Bedeutung als Wissen, das verstehen wir gefühlsmäßig sofort. Wissen als Tugend zu beschreiben, wirkt irgendwie komisch. Anders bei der Weisheit, die als ein tiefgründiges Verständnis eines Themas definiert ist. Weisheit ist insofern tugendhaft, als dass das Verstehen im Idealfall unabhängig von eigenen Ansichten, einer Beeinflussung von Gruppen oder von äußeren Umständen wie dem Zeitgeist entsteht. Es geht nicht um die Ansammlung von Fakten oder eine oberflächliche Auseinandersetzung mit Themen. Im Zentrum der Weisheit steht ein tiefgründiges Verständnis der Dinge. Dazu ist auch nicht allein der Logos heranzuziehen. Weisheit bewegt sich im Spannungsfeld von Rationalität und Intuition.

Sie lebt zwischen den Extremen des Wissens und des Glaubens und bezieht auch Erfahrungen und sogar einen bestimmten Instinkt mit ein (Wikipedia 2018g). Weisheit ist ein besonderer Umgang mit Wissen und folgt dem Ziel, bei Problemen und Herausforderungen die jeweils schlüssigste und sinnvollste Handlungsweise zu identifizieren. Dabei kann sich der Erfolg des Tuns durchaus erst mit zeitlicher Verzögerung oder aus einem anderen Blickwinkel als dem Zeitgeist ergeben. Übrigens kann gerade auch der Umgang mit Nichtwissen, wie bei der Unsicherheit über die Zukunft, besondere Weisheit erfordern.

Es wird zurzeit heftig diskutiert, dass die junge Generation einen hohen Wissensdurst hat und mit den elektronischen Medien die Möglichkeit besteht, jederzeit an jedem Ort sein Wissen aufzufrischen. Für die erfahrene Führungskraft stellt sich daher die Frage, ob man über mehr Wissen als die Mitarbeiter verfügen kann. Es gibt Autoren, die behaupten, dass sich das Verhältnis von Führungskraft und Mitarbeitern aufgrund des neuen Wissens umgekehrt hat.

Die Jungen lernen nicht mehr von den Alten, sondern die Alten von den Jungen. In diesem Zusammenhang ist es doch weise, nicht in einen Kampf um das größere Wissen einzutreten. Weisheit ist die richtige Antwort einer Führungskraft auf das große Wissen der Mitarbeiter und Kollegen. Eine Führungskraft und ihre Mitarbeiter sollten nicht in einen Wissensstreit à la „Wer wird Millionär" eintreten. Viel schlauer ist es, sich der Auseinandersetzung mit Kollegen durch ein tief greifendes Verständnis der Thematik zu entziehen. Konflikte werden dadurch umgangen, dass die Wissenden und die Weisen gemeinsam eine Lösung komplexer Fragestellungen erarbeiten. Der Führungskraft kommt dabei die herausfordernde Aufgabe zu, Weises zu denken, Weises zu sagen und Weises zu tun.

Allein mit dem Anspruch an sich selbst, weise sein zu wollen, kommt die Führung der Weisheit schon ein gutes Stück näher. Mit der Überzeugung, dass Weisheit eine wichtige Tugend für die Führung ist, wird die Wahrnehmung und das Verhalten positiv beeinflusst. Vielleicht hat Sokrates ja Recht, dass das Wissen um eine Tugend schon ausreicht, um zu einer Verbesserung zu kommen. Sicher ist aber, dass Weisheit als Tugend von allen durchweg positiv beurteilt wird.

Wichtige Fragen auf dem Weg zur Weisheit

Man muss Weisheit als Kardinaltugend akzeptieren, um sich auf den Weg zu machen, weise zu werden. Doch der Prozess zur Weisheit scheint weitgehend unbekannt, sonst würde sich doch jeder diese grundlegend positive Eigenschaft sofort aneignen. In unserer Zeit steht die Vermehrung von Wissen im Zentrum, aber die Weisheit als besonderes Verständnis von Problemen wird nicht gelehrt. Das Aneignen von Wissen bringt uns der Weisheit nur bedingt näher. Weisheit drückt sich im Umgang mit Herausforderungen aus, das ist aber schon das Ergebnis eines Lernprozesses. Wie kann man also weise werden? Hier hilft uns ein Rückgriff auf den Philosophen Sokrates. In den Schriften anderer Philosophen wird er immer wieder als der Weiseste unter den Weisen dargestellt. Doch wie ist er zu dieser Ehre gekommen? Mit einem Regelbruch!

Das Verhältnis von Lehrer und Schüler ist durch ein Rollenmodell eigentlich klar definiert. Der Lehrer hat das Wissen und der Schüler profitiert von dem Wissen des Älteren und Erfahreneren. Eine Möglichkeit, das Wissen des Lehrers aufzunehmen, besteht in der Frage, die der Schüler an den Lehrer richtet. Der wird dann auf der Basis seines Wissens und seiner Erfahrung eine überzeugende Antwort geben. Sokrates macht es genau umgekehrt! Er fragte die Menschen um sich herum, er belehrt nicht. Das Wort „Belehren" sollten wir in diesem Zusammenhang schon einmal wirklich auf uns wirken lassen. Seine Methode, die sogenannte Mäeutik oder Hebammenkunst, besteht darin, das Wissen der anderen aufzunehmen. Durch immer weitere Fragen, die dem tieferen Verständnis dienen, wird der Sachverhalt erörtert und in allen seinen Facetten beleuchtet. Der Ausgangspunkt des Sokrates ist seine Feststellung: „Ich weiß, dass ich nichts weiß" (Störig 2002, S. 168). Nun ergeben sich durch eindringliche Fragen durchaus neue Fragen. Durch die Fragen bekommt man einen guten Eindruck über das Verständnis des Gegenübers von einem Sachverhalt. Ungereimtheiten und nicht näher begründete Vorurteile treten zutage. Sokrates hat mit dieser Methode ein Scheinwissen seines Gegenübers aufgedeckt. Wenn sich der Gesprächspartner an einem Punkt verstrickt, kann das zu einer gewissen Ausweglosigkeit (Aporie) in der Sache führen. An diesem Punkt steht dann hoffentlich die Bereitschaft zu einer weiteren und vertieften Diskussion. So ist das dem Sokrates zugeschriebene Credo „Erkenne Dich selbst" zu verstehen. Es ist die Aufforderung, eine Auseinandersetzung mit dem Guten und der Tugend aus weiteren grundlegenden Perspektiven anzugehen.

Wir alle kennen den Satz: „Wer fragt gewinnt". Tatsächlich kann man durch empathische Fragestellungen Scheinwissen aufdecken. Das gilt nicht nur für Fragen der Tugend oder der Ethik. Diskutieren wir doch einmal so häufig benutzte Begriffe wie Fortschritt, Innovation, Globalisierung, Digitalisierung, Agilität, Hierarchie und Führung. Schnell werden wir gewahr, dass jeder ein klares Verständnis dieser mächtigen Wörter und ihrer Bedeutung hat. Doch nicht immer ist bei dem Gesprächspartner ein tieferes Verständnis der Thematiken gegeben. Allzu oft werden die modernen Begriffe etwas unbedacht verwendet, um daraus persönliche Schlussfolgerungen abzuleiten. Wer nimmt sich schon die Zeit einer innerlichen Auseinandersetzung mit den wirklichen Herausforderungen und den überall präsenten Modebegriffen? Es geht im Kern nicht um die Kenntnis von Methoden, sondern um das tief greifende Verständnis, welche Konsequenzen sich in der konkreten Situation für den Einzelnen, das Unternehmen und die Mitarbeiter ergeben.

Was sich bis jetzt vielleicht für den Einen oder Anderen noch anhört wie ein überflüssiger philosophischer Diskurs, ist tatsächlich schon in unserer modernen Gesellschaft angekommen. Die Forderung nach disruptiven Innovationen sind ebenso Forderungen eines tiefen Verständnisses von bestehenden und neuen Geschäftsmodellen. Dort, wo es gelingt, solche grundlegenden Veränderungen zu ersinnen und im Markt zu etablieren, haben sich Leute in der Tiefe mit einer Thematik auseinandergesetzt. Die Herausforderer wollen die etablierten Unternehmen nicht auf deren Spielfeld angreifen. Sie definieren das Spielfeld neu. Das ist der Ausdruck eines neuen und grundlegenden Verständnisses von Situation und Entwicklungen.

In der Diskussion um agile Unternehmen wird eine gute Zusammenarbeit der Teammitglieder und der Führung behandelt. Hier kann der Ansatz, durch Fragen zu führen, durchaus hilfreich sein. Wenn die Führungskräfte ihre Mitarbeiter zu wichtigen und grundlegenden Herausforderungen befragen, ergeben sich eigentlich nur positive Effekte. Die Teammitglieder bekommen die Möglichkeit, ihre Vorstellungen einzubringen. Die Führungskraft wertet dieses Wissen nicht dadurch ab, dass sie eine Art von Überlegenheit oder ein sogenanntes Herrschaftswissen dagegenstellt. Durch intelligente Fragen, die der Einordnung des Themas dienen, einzelne Aspekte erläutern und vor allen Dingen auch die nicht explizit genannten Annahmen deutlich machen, wird das Thema von verschiedenen und neuen Perspektiven beleuchtet. So lernen auch diejenigen etwas, die einen vermeintlichen Wissensvorsprung reklamieren. Dazu hat die Führungskraft durch die Fragen die Möglichkeit, die verschiedenen Vorschläge in das unternehmerische Umfeld einzubetten und den Teammitgliedern übergeordnete Aspekte näherzubringen. Denn nicht alles, was möglich ist, sollte auch getan werden. Es entsteht ein gemeinsam erarbeitetes Bild für eine zukünftige Ausrichtung. Beide Seiten, die Führung und die Mitarbeiter, lernen etwas Neues hinzu und bekommen ein tieferes Verständnis der Herausforderungen und der möglichen Lösungswege. Da es sich um einen konstruktiven Prozess handelt, sind keine formalen Rollen notwendig. Die Kompetenz der Führungskraft ergibt sich allein aus den richtigen Fragen. Voraussetzung ist allerdings auch, dass die Experten die Schwächen ihrer Argumentation erkennen und offen sind, neue Perspektiven einzunehmen. Das wäre dann weise.

Die Synthese als Mittel der Weisheit

Die Führungskräfte sind in der Situation, dass trotz stetig ansteigender Informationsversorgung viele Entscheidungen nicht leichter, sondern eher schwieriger werden. Die Fülle an Daten erschlägt einen nahezu und doch fehlt es häufig genau an den notwendigen Informationen. Alle nur denkbaren betriebswirtschaftlichen Fragestellungen werden nahezu täglich um Veröffentlichungen,

Untersuchungen und Gutachten angereichert. Sind die Ergebnisse dabei so bahnbrechend, dass bisherige Sichtweisen wirklich verdrängt worden sind? In vielen Fällen werden sie natürlich mit einem anderen Anspruch versehen – neue Ansätze lediglich neben die älteren Ansichten gestellt –, oder sie konkretisieren nur, was vorher schon angedacht war. Die meisten Untersuchungen und die größte Masse an Informationen bestehen aus Detaillierungen.

Damit ist eine Erklärung für das Anwachsen von Daten und Informationen gefunden. Die Detaillierung lässt den Wissensberg ansteigen! Die Anzahl hintergründiger Erkenntnisse ist im Verhältnis zu Detaillierungen und immer konkreteren Ausformungen des Wissens verschwindend gering. Wenn wir also einen so gravierenden Anstieg von Informationen wie in den letzten Jahren zu verzeichnen haben, kann es sich nur zu einem geringen Teil um grundlegend Neues handeln.

Die tägliche wirtschaftliche Praxis besteht in einer Zergliederung von Problemen in alle nur denkbaren Richtungen. Betriebswirtschaftliche Fragestellungen werden aus beinahe jeder Perspektive „neu" betrachtet. Aufbauend auf den bekannten Grundlagen und Axiomen werden immer weiter vertiefende Fragestellungen aufgegriffen. Die dominante Vorgehensweise in der Wissenschaft wie in der unternehmerischen Praxis entspricht einem Sezieren der Erkenntnisobjekte. Ein umfassendes Begreifen findet weit weniger und immer häufiger gar nicht mehr statt. Grundlegende Fragestellungen, die sich mit Gesamtzusammenhängen beschäftigen und dabei auch wirklich neue Einsichten hervorbringen, sind eher selten. Immer wieder wird mehr oder weniger zu Recht festgestellt, dass doch nur alter Wein in neuen Schläuchen angeboten wird.

Es gibt eine einfache Erklärung für dieses Phänomen: Die Analyse hat die Synthese als Form des Erkennens fast vollständig verdrängt. Analysieren bedeutet ein Thema methodisch und nach wissenschaftlicher Vorgehensweise zu durchdenken. Übersetzt aus dem Griechischen heißt „analysieren": zergliedern, zerteilen, trennen. Welche Wortwahl wir auch immer wählen: Eine Fragestellung wird in ihre Bestandteile aufgespalten. Dabei wird die Güte der Analyse an der Anzahl und Vollständigkeit der aufgezeigten Facetten des Problems gemessen. Eine zunächst einfache Fragestellung wird durch ein Sezieren zu einem unüberschaubaren Gebilde aufgebläht. Als Ergebnis der durch die Analyse geschaffenen Komplexität wird die zu treffende Entscheidung immer schwieriger. Die Analyse schafft keine Erleichterung, sondern erhebliche Belastung.

Eine ganz andere Sichtweise vertritt die Synthese. Ihr geht es nicht um eine Aufspaltung und Atomisierung von Erkenntnisgegenständen. Das Ziel der Synthese ist ein Erkennen von Neuem aus der logischen Verknüpfung von vielfältigen Eindrücken. Der Weg führt von dem Besonderen zum Allgemeinen. Vom Bedingten und aus der Erfahrung festgestellten hin zu übergeordneten Zusammenhängen.

Jeden Tag werden Führungskräfte mit verschiedensten Problemstellungen konfrontiert. Schnell findet sich „Hilfe" aus vielen Richtungen. Mitarbeiter nehmen die Fragen auf und beginnen sofort mit einer genauen Analyse. Berater stürzen sich mit Erfahrung und Sachverstand auf das Thema und zergliedern, was das Zeug hält. So wird der Gesamtkomplex methodisch korrekt und sauber in seine wesentlichen Bestandteile zerlegt. In zunehmendem Maße werden wissenschaftliche und praktische Analysen vorgelegt, die nach methodischer Prüfung jeden Aspekt sauber herausgearbeitet haben. Doch das Vorgetragene und in dicken Büchern oder farbenreichen Charts gebändigte „Wissen" kann keine wirklich gute Lösung bringen. Da der Blick in die Tiefe geht, kann auch nur eine Symptombehandlung daraus erwachsen. Das ist nicht weise. Eine Analyse zeigt in Bezug auf eine konkrete Fragestellung nicht die Ursachen auf. Ein kritisches Hinterfragen der Problemstellung selbst und ihrer Einordnung in einen Gesamtzusammenhang findet nicht statt. Man schaut praktisch in die falsche Richtung. Der Blick ist ausschließlich auf eine Detaillierung gerichtet. Die Ursachen können sich aber nicht als Bestandteil des Themas wiederfinden, sondern liegen außerhalb des konkreten Problems im Hintergründigen, nicht im Detail.

Das Problem wird umso schärfer, als dass eine immer höhere Spezialisierung festzustellen ist. Die Analytiker starten nicht von einem übergeordneten Punkt aus, um von dort in die Tiefen einer Fragestellung hinabzusteigen. Jeder engt durch eine hohe Spezialisierung sein Gesichtsfeld schon vor Beginn der Arbeit möglichst stark ein, um dann mit Vehemenz den Weg in noch weitere Tiefen anzutreten. Das ist der Grund, warum die Anzahl der Ergebnisse so häufig genau der Anzahl der Experten entspricht. Gemeinsame Nenner werden durch die Scheuklappen der Spezialisierung nicht gesehen. Die Prämissen der verschiedenen Perspektiven sind dazu freizulegen. Die Analyse macht ein solches dialektisches Vorgehen entbehrlich. Die Kompetenz wird in die Detaillierung gelegt und nicht in ein Gesamtverständnis.

In Bezug auf Führung ist das schlimme Ergebnis: Es werden überhaupt keine gemeinsamen Standpunkte gesucht! Diese befinden sich nämlich nicht in der Tiefe, sondern auf den Ebenen höherer Abstraktion. Dort, wo ein Knotenpunkt besteht, der die Spezialisierung aufhebt. Die Synthese als Mittel, aus den Erfahrungen und Sichtweisen etwas Neues und Übergeordnetes entstehen zu lassen, wird von Experten geradezu bekämpft. Denn verlassen sie den sicheren Ort des jeweiligen Fachgebietes, werden sie angreifbar. Ihre Meinungen sind auf der Ebene der höheren Abstraktion nur gleichbedeutend mit anderen Ansichten. Nur in den Tiefen der Details durch eine sezierende Analyse hat man einen Vorteil. Und den will man um keinen Preis aufgeben. Im Gegensatz dazu birgt die Synthese die Gefahr, an Kompetenz zu verlieren. Um die Bedeutung der eigenen Aussagen zu steigern und unangreifbar zu werden, kann der Blick nur in die Tiefe gehen. Die Qualität der Ausarbeitung bewegt sich im freien Fall auf eine umfassende Darstellung von Nichtigkeiten zu. Aufgrund der Tobsucht im Detail kommen keine guten Lösungen zustande. Datenberge erdrücken die Führungskräfte, ohne wirklich Hilfe anzudienen.

Um den Zielen einer neuen Führungsphilosophie, der Innovation und der Beherrschung von Komplexität zu genügen, muss eine deutliche Schwerpunktverschiebung in Richtung der Synthese stattfinden. Die wichtigen betriebswirtschaftlichen Fragestellungen liegen nicht im Detail. Die Suche nach Zusammenhängen ist das Gebot der Stunde. Eine solche Denkweise haben schon die Eleaten, eine Gruppe von Philosophen aus dem 6. Jahrhundert vor Christus, gefordert und vorgelebt. Sie beschäftigten sich mit den Fragen von Sein und Schein. Nach Ansicht des Parmenides, der hier hervorsticht, muss eine klare Unterscheidung zwischen Meinung und Wissen beachtet werden. Die Wahrnehmung baut auf einer leicht zu erkennenden sinnlichen Erfahrung auf. Sie führt aufgrund ihres geringen Abstraktionsgrades zur Meinung. Meinungen gibt es so viele, wie es verschiedene Ansichten bzw. Beschreibungen – oder sagen wir: Analysen – gibt. Sie sind der Weg, den die einfachen Menschen gehen. Die Philosophen sind an einem grundsätzlichen Verständnis interessiert. Ihre Form der Auseinandersetzung mit der Welt führt zum Wissen und zum grundsätzlichen Verstehen. Sie durchbrechen gleichsam die Hülle der schnellen und oberflächlichen Wahrnehmung und suchen nach den Gesamtzusammenhängen. Der Weg der Abstraktion führt sie gezielt fort von einfach zu erkennenden Tatsachen. Die Weisheit der Philosophen verbirgt sich hinter den verschiedenen analytisch zugänglichen Zuständen einer Sache. Konkrete Ausprägungen einer Sache sind eine Scheinwelt, die es zu durchdringen gilt.

In Bezug auf ein umfassendes synthetisches Verständnis sind die Ansätze der Eleaten nicht von der Hand zu weisen. Wir folgen auf der Suche nach strategischen Fragestellungen unbewusst genau diesem Denkmuster. Was sind eigentlich die wichtigen, strategischen Dinge, die Bestand haben? Welche Eckpfeiler müssen angegangen werden, wenn grundlegende Verbesserungen erreicht werden sollen? Eine gute Kenntnis der kurzfristigen Entwicklungen einzelner Faktoren ist dabei nicht ausreichend. Eine Informationsgesellschaft, die alle möglichen konkreten und wahrnehmbaren Daten speichert und verarbeitet, führt nicht zu wertvollen Erkenntnissen. Eine genaue Abbildung und Messung der Bestandteile einer Problemstellung zeigt eine „Scheinwelt", die durchdrungen werden muss. Ein wahrhaftes Erkennen muss solche Sachverhalte aufzeigen, die unbemerkt hinter den konkreten Ausprägungen liegen.

Wir können für die moderne Betriebswirtschaft aus diesen archaischen Überlegungen eine wichtige Erkenntnis ziehen. Erkennen und Verstehen ist durch Detaillierung und Analysearbeiten von Sachverhalten nur sehr begrenzt möglich. Wenn Führungskräfte die Tugend der Weisheit erreichen wollen, geht es um ein Begreifen von Zusammenhängen. Wenn wir uns diesem Denkmuster und der notwendigen Synthese wieder zuwenden, kann viel Analyseaufwand eingespart werden. Die Kostenentlastung für die Unternehmen ist sicher enorm. Aber auch für die Führungskräfte selbst wird echte Entlastung geschaffen. Eine Entscheidung wird nicht durch sinnlose Aufbereitung von Teilaspekten einfacher. Eine Gesamtbeurteilung bleibt dem Unternehmer und Manager in keinem Fall erspart. Weniger Sezieren und mehr Begreifen bringen einen echten Qualitätssprung und erfüllen die Voraussetzung der Tugend „Weisheit".

Weisheit hat subjektive und objektive Qualität

Mit einer philosophischen Betrachtung der klaren Führung sollen neue Perspektiven aufgezeigt werden. Die Darstellungen müssen den Kern der Sache treffen und von grundlegender Natur sein. Ein solch radikaler Wechsel besteht in einer Neudefinition des Qualitätsbegriffes. Qualität ist nicht nur in Bezug auf die zwischenmenschlichen Aspekte der Führung subjektiv, sondern auch in Bezug auf die Inhalte. Natürlich haben die Dinge bestimmte Eigenschaften, aber die Qualität ist mit der materiellen Kennzeichnung nur eindimensional und damit nicht umfassend wiedergegeben. Neben die reine Beschreibung tritt die Wertung als Element der Wahrheit. Subjektive Wahrnehmung wird nicht mehr als Unwissenheit abgestraft, sondern ist etablierter Bestandteil unserer Realität.

Wenn die Qualität nicht allein in der Sache an sich begründet ist, kann man die These aufstellen: Qualität ist die Beziehung zwischen Subjekt und Objekt. Es kommt somit nicht allein auf die Sache an. Ebenso bestimmt nicht allein die subjektive Sicht die Qualität. Es ist eben die Kombination aus beidem! Wer sich dieser Erkenntnis stellt, macht einen großen Schritt in Richtung der Tugend der Weisheit. Eine gute Sache muss sich mit einer hohen Anziehungskraft für die Betrachter verbinden. Ein sachlich richtiges Konzept ist nicht an sich gut. Erst die Anziehungskraft, die es auf andere ausübt, führt zur Qualität. Gute Führung ist eine Kombination aus sachlich guten Vorschlägen und hoher Überzeugungskraft. Qualität in der Führung heißt: Das Richtige tun und Menschen bewegen, das anzuerkennen.

Gegen die Mehrdimensionalität der Qualität wird leider viel zu häufig verstoßen. Immer wieder liegt zu viel Gewicht auf den sachlichen Aspekten der Führung. Es ist nach wie vor so, dass gute Führung zu einseitig mit guten

Konzepten in Verbindung gebracht wird. Im Grundsatz herrscht eine stillschweigende Übereinkunft, dass sich echte Qualität immer durchsetzt. Natürlich ist das die objektive Qualität mit klar zu bestimmenden Merkmalen. So wird analysiert, gemacht und getan, um den Stein der Weisen zu finden. Viel Elan und Aufwand wird in die Ausarbeitung von Konzepten gelegt. Doch in die Überzeugung von Menschen wird sehr viel weniger Mühe investiert.

Wer die Weisheit allein in dem behandelten Thema und den Lösungsvorschlägen für Herausforderungen sieht, kann durchaus aberwitzige Situationen heraufbeschwören. In wichtigen Besprechungen stellen Experten nach langer und intensiver Arbeit ihre Überlegungen und Ergebnisse vor. Die Analysen sind sauber und aufwendig und es wurde gleichermaßen intellektuelle wie körperliche Kraft in die vorliegende Ausarbeitung gesteckt. Deshalb besteht bei den Verfassern der Vorlage auch kein Zweifel, dass man der nachweislichen Expertise folgen muss. Es kann gar nicht anders sein, als dass alle Zuhörer der vorgetragenen Sache folgen, weil sie ja eine hohe „objektive" Qualität in sich trägt. Die Vortragenden halten eine schöne und runde Offenbarungspräsentation. In einem Wurf werden alle Probleme aufgezeigt und natürlich auch effektive Lösungen vorgeschlagen. Die Erwartung ist, dass sich das qualitativ Hochwertige durchsetzt. Man hofft auf Begeisterung von allen Seiten oder zumindest breite Zustimmung. Doch in den meisten Sitzungen kommt es dann doch ganz anders. Trotz sauberer Arbeit und einer Anerkennung für den geleisteten Aufwand regen sich Widerstände. Die Sache geht nicht glatt über die Bühne. Eine Frage hierzu, eine Bemerkung dazu und schon geht eine breite Zustimmung verloren. Im schlechtesten Fall wird die Sache abgelehnt. Im besten Fall wird eine endgültige Entscheidung vertagt und man bekommt die Chance zur Nachbesserung. Wie sieht nun die Nachbesserung aus? Natürlich wird das Konzept verfeinert und einige Analysen werden nachgeschoben. Noch immer ist der Glauben an die Durchsetzungskraft des Objektiven nicht gebrochen. Weiterhin glaubt man daran, dass die Qualität in der Sache an sich steckt. Vielleicht wurde sie noch nicht von jedem der Zuhörer erkannt, aber sie ist zweifelsohne da und sie wird sich durchsetzen. Es ist sicher nicht notwendig, die Geschichte weiter auszumalen. Fakt ist, dass die objektiven Merkmale einer Sache eine sehr geringe, mitunter sogar gar keine Anziehungskraft haben.

Konzepte gelten gemeinhin auch nicht als weise. Sie mögen gut und teuer sein. Die rein sachliche Darstellung hat eben keine Qualität. Auch die Verfeinerung und Nachbesserung arbeiten wieder ausschließlich an der Sache. Deswegen sind sie auch mehr oder weniger witzlos. Nacharbeiten können vielleicht die eine oder andere Unstimmigkeit beseitigen. Die Qualität erhöhen sie aber nicht wirklich. Man arbeitet eigentlich mit der falschen Philosophie. Erst wenn es gelingt, die Betroffenen am Tisch zu gewinnen, entsteht Qualität. Die vorgetragene Sache muss eine Attraktivität für die Leute haben. Sachliche Darstellungen allein haben das nur in den wenigsten Fällen. Die Sache muss für die Mitentscheider spannend und überzeugend sein, sonst hat sie keine Qualität. Dazu sind Sichtweisen und Einstellungen zu ändern. Manche Ablehnung begründet sich gar nicht in der Sache an sich, sondern in anderen als den konkret behandelten Gründen. Einige Einstellungen lassen die Dinge immer unattraktiv erscheinen, auch wenn die Liste objektiver Vorteile noch so lang ist. Verbesserungsvorschläge müssen eben sachlich und persönlich überzeugen.

Insofern ist es weise, einen relationalen Qualitätsbegriff zu verwenden und die Einstellungen der Mitentscheider und Betroffenen im Vorfeld einzuholen. Gerade bei wichtigen und weitreichenden Entscheidungen wollen die Führungskräfte und auch die Mitarbeiter nicht überrannt werden. Sie benötigen Zeit, um sich einer Thematik zu nähern. In vielen Fällen muss ihnen rechtzeitig sachlich neues Wissen vermittelt werden. Aber ebenso sind die subjektiven Einstellungen und Werte zu hinterfragen und im Sinne einer erhofften Zustimmung im Vorfeld anzusprechen. Eine gute Führung beeinflusst die Einstellungen im Vorfeld. Wir haben ja Führung als Fähigkeit identifiziert, Menschen zu bewegen und Werte und Einstellungen zu verändern. Im Sinne der Weisheit darf dieser Ast der Arbeit nicht hinter die sachlichen Erwägungen zurücktreten.

Weisheit überzeugt einfach

Eine gute Führung kann sich nicht damit zufriedengeben, weise Konzepte zu erarbeiten. Echte Führungsqualität bedeutet eben auch, die Dinge durchzusetzen. Das kann einerseits mit Druck geschehen. Es gibt sicher Unternehmenssituationen, wo eine gewisse Härte angebracht ist, um die notwendigen Verbesserungen tatsächlich umzusetzen. Der leichtere und auf Dauer bessere Weg ist jedoch eine echte Anziehungskraft ausstrahlen zu lassen. Nicht nur die Sache an sich muss richtig sein. Ebenso sind ganz bewusst alle Maßnahmen zu ergreifen, die die subjektive Wahrnehmung verändern. Nur wenn die Dinge auch persönlich überzeugen, gewinnen sie an Qualität.

Für beide Aspekte einer hohen Führungsqualität gibt es einen gemeinsamen Nenner. Gute und überzeugende Konzepte sind einfach. Sie müssen verständlich sein, sonst wird ihnen nicht gefolgt. Was zu kompliziert ist, gerät aus dem Ruder. Wo Führungskonzepte nicht in einfachen Botschaften zusammengefasst werden können, besteht das Risiko des Missverständnisses. Nicht jeder in einem Unternehmen bringt die Zeit oder den Intellekt auf, komplizierte Sachverhalte und Vorgaben zu verstehen. Daher kann es sein, dass es sehr schnell zu Fehlinterpretationen kommt. Das beginnt schon bei der Einschätzung der Ausgangssituation und der Entwicklung geeigneter Verbesserungsmaßnahmen. Deshalb sind auch alle auf Detailkenntnissen basierenden Führungsentscheidungen letztendlich nicht geeignet. Dort, wo sehr spezielle Kenntnisse notwendig sind, kann die breite Masse nicht folgen. Führung richtet sich nicht nur an die Managementebenen. Gute Führung schließt eine große Anzahl an Menschen ein. Das sind eben auch solche, die sich nur oberflächlich mit den Dingen beschäftigen. Auch diese Mitarbeiter muss man gewinnen.

Die Botschaften der Führung sind heute viel zu komplex. Viele der ausgearbeiteten Strategien sind in sich zu facettenreich. In dem Bemühen, alle möglichen Aspekte zu berücksichtigen, werden sowohl die Ausgangssituation als auch die Maßnahmen unübersichtlich. Auch wenn solche differenzierten Ausarbeitungen sachlich richtig sein mögen, für eine überzeugende Führung sind sie nicht geeignet. Führung braucht klare Botschaften. Dort, wo lange Erklärungen notwendig sind, ist das mit Sicherheit nicht gegeben. Die Leute wollen vermehrt wieder klare Vorgaben. Alle Hinweise wie „Es kommt darauf an" oder „Da sind viele Aspekte zu berücksichtigen" sind als Richtungsgeber überhaupt nicht hilfreich. Nicht selten hören sich die Stellungnahmen der Führung an wie schlechte Wegbeschreibungen: „Hier lang, dann geradeaus, zweimal rechts; und dann fragen Sie bitte noch einmal". Die Richtung wird aus dieser Art von Vorgabe nicht wirklich klar. Die grobe Richtung muss angegeben werden und jedes erneute Nachfragen muss überflüssig werden. Argumentiert man mit Facettenreichtum und Komplexität, drückt man gleichzeitig aus, dass sich wohl nichts bewegen wird. Der Zuhörer wittert geradezu, dass die schwierige Situation kaum zu überwinden ist. Führung braucht Botschaften, dass es wieder vorangeht. Jedem muss die Richtung klar sein.

Protagoras ist für seine Fähigkeit, Leute hinter sich zu bringen, schwer angegriffen worden. Stark abfällig hat man ihn als Demagogen bezeichnet. Wir würden heute die Fähigkeit, Leute mit einfachen Botschaften zu überzeugen, vielleicht eher als populistisch bezeichnen.

Auch hier schwingt eine deutliche Abwertung mit. Die Wahrheit ist aber doch, dass es ein echtes Bedürfnis nach klaren Aussagen gibt. Wo vermeintliche Experten die Strategie beschreiben, wird dieses natürliche Bedürfnis der Menschen nicht befriedigt. Es mag zwar intellektuell wertvoll sein, komplexe Sachverhalte auch umfangreich zu beschreiben, als Führungsbotschaft ist so etwas aber überhaupt nicht geeignet.

Eine neue Führungsphilosophie gibt natürlich nicht dem Populismus einen besonderen Stellenwert. Es geht nicht darum, schnell eine unreflektierte Meinung laut vorzutragen. Nein, ganz im Gegenteil: Die Botschaften der Führung müssen inhaltlich richtig und klar verständlich sein. Die Einfachheit der Botschaften muss in jedem Fall auf einem tief greifenden Verständnis der Sachlage beruhen. Die objektive Qualität muss sehr hoch sein. Doch wenn man nach sauberen Analysen und einer anspruchsvollen Synthese den Knackpunkt gefunden hat, muss man ihn auch nennen!

Es macht häufig den Anschein, dass Führungskräfte aus dem Grunde die Kernbotschaft abmildern, weil man nicht zu viele Leute verprellen will. Natürlich schrecken klare Botschaften auch ab. Selbstverständlich besteht das Risiko, dass reduzierte Aussagen zu einem Widerspruch im Detail führen. Doch unklare und verschleierte Botschaften finden auch keinen Zuspruch. Da muss man nur an die Politik denken. Es kann auch gar nicht der Anspruch an Führung sein, bei Veränderungen nicht den einen oder anderen Mitstreiter inhaltlich auch zu verlieren. Wer es inhaltlich oder rhetorisch allen recht machen will, kann praktisch gar nichts mehr sagen. Die Veränderung an sich ist die Gefahr für die Betroffenen. Nicht die Inhalte führen zu Widerspruch, sondern der Wandel an sich. Mit einfachen Botschaften wird wenigstens die notwendige Entschlossenheit verdeutlicht. Auch wenn es inhaltliche Diskussionen über den einzuschlagenden Kurs gibt: Wer eindeutige Aussagen macht, verdeutlicht in jedem Fall den Führungsanspruch. Das ist schon eine Qualitätsdimension der Führung an sich. Überlange Erklärungen und ausgiebige Diskussionen haben einen solchen positiven Führungseffekt nicht.

Das Gefühl der Weisheit

Wohl kein Ast des Mythos Manager ist so kräftig, wie der der Rationalität im Management (Mintzberg 1990). Wirtschaft wird immer wieder mit objektiven Analysen und rationalen Entscheidungen in Verbindung gebracht. Obwohl der Homo Oeconomicus weitgehend überwunden sein sollte, zeigt dieses Denkmodell noch immer Ausstrahlungen. Es scheint wohl die weitverbreitete Ansicht vorzuherrschen, dass dort, wo es ums Geld geht, nur kühler Kopf und Sachlichkeit die richtigen Tugenden sind. Das Risiko von falschen, sprich: emotionalen, Ansichten und Entscheidungen wird als sehr hoch eingeschätzt. Man kann sogar sagen, dass der Mythos der Rationalität sozusagen zwei verschiedene Welten schafft. Auf der einen Seite das normale Leben, in dem alle Gefühle ebenso wie eine gewisse emotionale Intelligenz ihren Platz haben. Auf der anderen Seite das Berufsleben, in dem jeden Tag schwierige Situationen zu beherrschen sind und gute und sachliche Entscheidungen zu fällen sind.

Die Philosophie der neuen Führung kann sich dem sagenumwobenen Gedanken der strengen Rationalität in der Wirtschaft nicht anschließen. Es ist doch nicht zu erwarten, dass die handelnden Personen gleichsam wie schizophrene Gestalten hier so und dort so sind. Natürlich spielen Emotionen in der Wirtschaft eine ganz entscheidende Rolle. Denken Sie nur an Motivation und Stimmungen. Je nachdem, welches emotionale Umfeld geschaffen wird, können alle Veränderungen ins Leere laufen oder aber die Mannschaft kann gemeinsam Berge versetzen. Allein durch nicht näher zu begründende Einschätzungen können riesige Geldbeträge geschaffen oder vernichtet werden. Es ist auch überhaupt nicht klar, warum Manager ihr Wesen und ihre Emotionen unterdrücken sollen. Wie will man denn als Persönlichkeit wahrgenommen werden, wenn das Auftreten der Führungskräfte einer Parade von Eisklötzen gleicht? Viel zu häufig finden wir aber immer noch den bewusst sachlichen und rationalen Auftritt. Dabei handelt es sich in den meisten Fällen doch sowieso nur um eine Fassade.

Oder können wir wirklich davon ausgehen, dass hochkarätige Manager jeden Tag in ihrem Job so unbeteiligt ans Werk gehen, wie sie in öffentlichen Auftritten gerade erscheinen?

In der Führung, die eine gute Zukunft gestalten will, sind nicht rein rationale Einschätzungen gar nicht zu vermieden. Führung beschäftigt sich doch neben der inhaltlichen Komponente mit dem Zusammenspiel von Menschen. Solche Beziehungen sind nie rational. Der Umgang untereinander und miteinander wird ganz erheblich durch emotionale Faktoren beeinflusst. Man kann sogar sagen: Menschliche Beziehungen sind sowieso nicht rational. Sie werden beeinflusst von grundlegenden Einstellungen, von Meinungen und Sichtweisen.

Nicht nur die zwischenmenschlichen Beziehungen haben eine emotionale Komponente. Auch die inhaltlichen Entscheidungen sind nur teilweise der strengen Logik geschuldet. Auch sachliche Fragen werden natürlich durch grundlegende Einstellungen und Werte stark beeinflusst. Denken wir nur an die vielen, kaum zu beschreibenden Faktoren, die eine Unternehmenskultur prägen und damit das grundlegende Wertesystem für alle wirtschaftlichen Entscheidungen darstellen. So gibt es traditionelle, dynamische, technisch getriebene, marktgetriebene, kreative Unternehmen usw. Die Liste ließe sich beliebig erweitern. Die wenigen Beispiele machen aber schon deutlich, dass es sehr grundlegende Bewertungsmaßstäbe gibt, die mit enormer Macht neben den rationalen Entscheidungsmechanismen stehen. Es ist schon zu hinterfragen, ob solche nicht rationalen Entscheidungsfaktoren schaden oder nützen.

Letztendlich ist der Versuch der Versachlichung in der Wirtschaft auf zwei Faktoren zurückzuführen. Erstens sind die wissenschaftlichen und theoretischen Modelle der Wirtschaft auf einer technokratisch-mathematischen Ebene angesiedelt.

Sie sind nicht wirklich in der Lage, die Vielfalt des wirtschaftlichen Handelns zu erfassen. Aus ihrer Unvollkommenheit heraus schneiden sie einen Ausschnitt aus dem realen Geschehen, der die mathematische und damit rationale Erkenntnis in den Vordergrund stellt. Zweitens hängt der Mythos des rationalen Managements an dem philosophischen Ansatz, die Qualität ausschließlich im Objekt zu sehen. Subjektive Erwägungen haben bei dieser Philosophie keinerlei Berechtigungen in der Entscheidungsfindung. Es ist der schon kritisierte Objektivitätsgedanke, der jegliche persönliche Beurteilung aus dem guten und richtigen wirtschaftlichen Handeln verbannen will.

Für Viele ist auf den ersten Blick überhaupt nicht ersichtlich, warum der Mythos der Rationalität überhaupt thematisiert werden muss. Eine neue Führungsphilosophie baut doch auf den alten und überlieferten Werten der Philosophen auf. Es ist doch das Wesen der Philosophie, den Verstand als Maßstab der Erkenntnis herausgearbeitet zu haben. Doch es gibt gute Gründe, den Logos als einzige Basis der Erkenntnis zumindest zu hinterfragen. Der viel beschworene intellektuelle Verstand hat nämlich auch so seine Schwächen. Die strenge Rationalität schränkt das notwendige Verständnis unzulässig ein. Unser Geist – so geschult er auch sein mag – kann nur deutlich weniger Aspekte verarbeiten, als wir Menschen das im Ganzen können. Dogmatische Rationalität heißt Einschränkung und blendet die intuitiven Aspekte der Weisheit aus. Der zweifelsohne wichtige Logos kann überhaupt nur eine begrenzte Anzahl an definierten Variablen verarbeiten. Dabei laufen die Verarbeitungsprozesse auch noch überwiegend sequenziell. Wenn wir als Beispiel das Lesen dieses Buches nehmen, reihen wir vom Prinzip her Buchstaben an Buchstaben. Es wird ein irrwitzig langer Erkenntnisprozess eingeleitet und abgearbeitet. So ist es auch in der quantitativen Darstellung. Zahl für Zahl wird aufgenommen, interpretiert und verarbeitet. Doch versuchen wir einmal, unsichere Entwicklungen des Zeitgeistes allein mit dem Verstand zu verstehen. Sehr schnell stellen wir fest, dass wir keine Formel kennen, um den Zeitgeist abzubilden. Die Komplexität des Erkenntnisgegenstandes ist für eine logische und mathematische Betrachtung einfach viel zu groß. Wir können den Zeitgeist nicht verstehen, wir können ihn allenfalls empfinden. Anscheinend sind die auch von den Philosophen so gescholtenen, nicht logischen Wahrnehmungen besser in der Lage, hochkomplexe Dinge zu erkennen. Was sich dem rationalen Geist geradezu verschließt, kann durch sensibles Empfinden verstanden werden.

Es ist schon die Frage zu stellen, wie wir etwas so komplexes wie ein Unternehmen überhaupt rein rational verstehen wollen. Neben der unglaublichen Anzahl an Variablen ist hier zusätzlich noch eine dynamische Komponente zu berücksichtigen. Es ist sicher schnell nachvollziehbar, dass eine allein dem Logos unterworfene Beurteilung zu keinem umfassenden Ergebnis führen kann. Will man ein Unternehmen verstehen, dann muss man neben den unendlichen Zahlen, Ausarbeitungen und Berichten auch das richtige Gefühl entwickeln. Die Erkenntnis, wie ein Unternehmen tickt, beginnt immer mit einem Gefühl. Erst sehr viel später ist man in der Lage, das, was man schon immer gewusst hat, auch rational nachzuvollziehen.

Auch die Führungsthematik ist extrem facettenreich. Die Anzahl der Variablen und deren Zusammenhänge übersteigt die Verarbeitungskapazität des Logos bei weitem. Sollen wir nun aus Gründen der Vereinfachung einen irgendwie gearteten Ausschnitt wählen? Sollen wir den Erkenntnisgegenstand derart beschneiden, dass er sich für eine rationale Auseinandersetzung eignet? Nein, bei Führung brauchen wir ein komplexes Gesamtverständnis! Jede Ausschnittbildung, und damit willkürliche Einschränkung des Erkenntnisgegenstandes, ist eigentlich nicht zulässig. Wir müssen im Sinne des Gesamtverständnisses dem guten Bauchgefühl wieder zur Ehre verhelfen. Übrigens stellt sich diese Forderung nicht wirklich gegen die Ansichten der Philosophie. Sokrates, der alle seine Forschungen auf den Logos abgestellt hat, hat sich in schwierigen Situationen immer auf sein Bauchgefühl verlassen. Es waren die guten Geister, die er bei schwer zu verstehenden Themen zur Beurteilung herangezogen hat. Sein „Daimonium", das gute Gefühl, hat ihm in vielen Fällen deutlichere Signale gesendet, als es der Verstand konnte. Deshalb galt er auch als besonders weise (Weischedel 2001, S. 38).

Gerechtigkeit als Tugend

Gerechtigkeit basiert auf gesellschaftlichen Einstellungen und Rahmenbedingungen. Diese Wertemuster sind von ethischen und kulturellen Aspekten abhängig. Es gibt also nicht die Gerechtigkeit schlechthin. Das ist z. B. an verschiedenen Gesetzen zu erkennen, die Sachverhalte unterschiedlich regeln. So gibt es in verschiedenen Kulturen und Religionen sehr unterschiedliche Vorstellungen einer gerechten Strafe. Schon die Tatsache, was unter Strafe gestellt wird, ist in den verschiedenen Kulturen und Ländern sehr unterschiedlich. Die einzelnen Gesellschaften oder Kulturen bilden also eigene Vorstellungen von Gerechtigkeit aus. Und als wäre das nicht schon komplex genug, unterliegen unsere Werte noch dem Zeitgeist und damit einem anhaltenden Wandel. Die Veränderungen der Gerechtigkeit vollziehen sich meist langsam, stetig und unbemerkt.

Der Begriff der Gerechtigkeit findet auch in der Wirtschaft seinen Niederschlag. Es geht um gerechten Handel, gerechten Wettbewerb, gerechte Regelungen, gerechte Löhne, gerechte Arbeitsbedingungen usw. Auch in Bezug auf die Führung hat die Gerechtigkeit ihre Bedeutung. Sie ist eine allgemeine Forderung an das Unternehmen und die Mitarbeiter, und soll ungerechtfertigte Benachteiligungen vermeiden. Aktuelle Untersuchungen zeigen, dass Fairness in einem Unternehmen der wichtigste Aspekt der Unternehmenskultur ist (LinkedIn 2018). Fairness ist für eine Mitarbeiterbindung essenziell. Ebenso ist sie wesentliches Kriterium für ein ansprechendes Arbeitsumfeld. Nun ist das moderne Wort Fairness nichts anderes als das alte Wort Gerechtigkeit.

Gerechtigkeit ist ein Kernbegriff der Philosophie. Es handelt sich um eine sogenannte Kardinaltugend. Also eine Einstellung oder Verhaltensweise, die jeglichen Umgang zwischen Menschen prägen sollte. In Unternehmen treffen nun mal viele Menschen aufeinander, und das Zusammenspiel der Akteure sollte in jedem Fall gerecht sein. Dies gilt in den Unternehmen, aber auch im Umgang mit den weiteren Akteuren im Markt und sonstigen Einflussgruppen. Doch eine Definition dessen, was gerecht ist, ist gar nicht mal einfach.

Dem Problem der Gerechtigkeit hat sich schon Sokrates mit seiner Philosophie angenommen. Er hat in Gesprächen mit den Bürgern seiner Stadt versucht, eine Art Definition der Gerechtigkeit zu entwerfen. Seine Bemühungen haben gezeigt, dass keiner seiner Gesprächspartner Gerechtigkeit abstrakt und verbindlich beschreiben konnte. Die Argumentation erfolgte immer anhand von Beispielen und war auf bestimmte Situationen und Ereignisse bezogen. Außerdem wussten die Menschen weit mehr über Ungerechtigkeiten zu berichten, als dass sie Gerechtigkeit allgemein beschreiben konnten. Der Grund dafür liegt in den unterschiedlichen Werten und Sichtweisen jedes einzelnen. Es gibt zwar einige allgemein anerkannte Werte, die sich in der Gesellschaft, den Gesetzen und Regelungen wiederfinden und die die Gerechtigkeit ein wenig umreißen. Dennoch spielen auch persönliche Perspektiven eine besondere Rolle bei der Beurteilung dessen, was gerecht ist. Wie schon die mit Sokrates zeitgleich aktiven Sophisten hervorgehoben haben: „Wie alles einzelne mir erscheint, so ist es für mich, wie dir, so ist es für dich" (Hirschberger 1981, S. 54). Gerechtigkeit ist relativ. Aufgrund der Vielzahl von Beispielen von Ungerechtem und Gerechtem tat Sokrates den Ausspruch: „Ich weiß, dass ich nichts weiß" (Störig 2002, S. 168).

Die griechischen Philosophen haben Gerechtigkeit nicht nur auf einer gesellschaftlichen Ebene anhand von Gesetzen und festgelegten Regelungen diskutiert. Auf dieser Ebene wird Gerechtigkeit als ein Anspruch verstanden, den man an die Gesellschaft oder an Unternehmen stellen kann. Mit der Forderung an andere, gerecht zu sein, wird der Fokus von einem weg hin zu der einen umschließenden, ungerechten Welt gelegt. Sie ist Ausdruck einer Erwartung, für die man vielleicht selbst gar nichts tun muss. Und so hört man allenthalben, dass es in den Unternehmen fair zugehen soll. Der Anspruch ist klar; und er ist auch gerechtfertigt.

Die Philosophen der damaligen Zeit haben eine andere Perspektive eingenommen. Für sie ist Gerechtigkeit nicht etwas, was andere tun müssen, sondern zu allererst der Ausdruck einer persönlichen Lebenshaltung (Wikipedia 2018b). Gerechtigkeit war für sie eine oberste Tugend und ein Aspekt des anständigen Charakters. Gerechtigkeit ist also ein Anspruch, den jeder an sich selbst stellen sollte. Schaut man auf die Wortherkunft dieser Tugend, so erfährt man, dass Tugend von Tauglichkeit kommt. Wer also gerecht ist, der taugt auch was (Hirschberger 1981, S. 65 f.). Das Problem der Gerechtigkeit entsteht also nicht um einen herum, sondern in einem drin. Ein solcher Anspruch an sich selbst sollte auch das neue Leitbild der Führungskräfte sein. Wenn man andere führt, dann sollte es gerecht zugehen. Der persönliche Anspruch ist absolut zeitlos. Wir dürfen Gerechtigkeit nicht „wegdefinieren", indem wir einen Anspruch an andere stellen. Mit einer Besinnung auf uns selbst und dem Streben nach Gerechtigkeit als Charakterzug haben wir den richtigen Maßstab zur Beurteilung unserer Verhaltensweise gefunden. Die Mühe, die es bedeutet, gerecht zu handeln, hat einen hohen persönlichen Nutzen. Für die Philosophen war die Lust der intrinsische Antrieb, etwas zu tun, der höchste anzustrebende Wert war jedoch das Glück (Wikipedia 2018a). Eine gelungene Lebensführung wurde mit dem größten Glück auf Erden gleichgesetzt. Wer tugendhaft und gerecht lebt, der hatte es sozusagen geschafft. Wer einen gerechten Charakter hat, der wird auch Glück empfinden. Jeder möchte doch ein glückliches Leben führen und glücklich in und mit seinem Beruf sein. Ein Aspekt, das zu erreichen, ist die Gerechtigkeit als eine der Kardinaltugenden anzusehen und bei sich selbst anzufangen.

Es sollte für jede Führungskraft selbstverständlich sein, auch den an sie gerichteten Anspruch auf Gerechtigkeit zu erfüllen. Jede Führungsposition ist mit einer gewissen Machtfülle ausgestattet. Will man eine solche Position nicht ausnutzen, dann muss man gegenüber den Mitarbeitern gerecht sein. So wird aus Macht Kompetenz und Führungsstärke. Die Gerechtigkeit ist der wesentliche Maßstab, um als gute und starke Führungskraft wahrgenommen zu werden. Sokrates ermahnt uns zur Gerechtigkeit und er gibt uns mit auf den Weg, dass allein das Wissen um die Gerechtigkeit schon zu einer persönlichen Verbesserung führt. Niemand macht etwas absichtlich falsch. Fehler passieren, weil man es nicht besser weiß oder nicht besser kann. Wer an sich den persönlichen Anspruch stellt, gerecht zu sein, der wird auch automatisch gerechter werden. Jede Führungskraft sollte für sich selbst die Tugend entdecken, gerecht zu handeln. Als Belohnung für seine Bemühungen wird man seine Aufgabe vortrefflich erfüllen und wird ein glückliches und rechtschaffenes Leben führen. Im Verhältnis zu den Mitarbeitern und Kollegen wird man mit Gerechtigkeit erreichen, dass auch sie glücklich in ihrem Job sind und motiviert die erwarteten Aufgaben erfüllen.

Gerechtigkeit schaffen

Gerechtigkeit ist eine Beurteilung von Handlungen anhand gesellschaftlicher, unternehmensspezifischer und persönlicher Werte. Führung ist definiert als Beeinflussung von Einstellungen und Verhalten zur Erreichung von Zielen. Fügt man beide Definitionen zusammen, dann wird deutlich, dass man die Wahrnehmung dessen, was als gerecht angesehen wird, durchaus beeinflussen kann. Man lebt nicht in einer gerechten Welt, sondern man muss eine gerechte Welt schaffen. So, wie Gerechtigkeit eine Kardinaltugend für jeden einzelnen ist, so ist es auch eine der Kernaufgaben jeder Führungskraft, ein gerechtes Arbeitsumfeld zu erschaffen.

Dabei geht es nicht um subversive Beeinflussungen, damit Mitarbeiter und Kollegen Dinge tun, die sie eigentlich nicht wollen. Das Ziel besteht darin, ein harmonisches Miteinander zu gestalten. Nur auf dieser Basis werden die geführten Mitarbeiter ihre Leistungsbereitschaft im Sinne gemeinsamer Ziele einsetzen. Dort, wo offensichtlich Ungerechtigkeiten an der Tagesordnung sind, findet sich keine positive Stimmung, die die Mitarbeiter in irgendeiner Form motivieren kann. Wer hat schon Lust auf Ungerechtigkeiten? Glücklich im Job wird wohl auch niemand sein, der ein ungerechtes berufliches Umfeld erleidet.

Wenn Gerechtigkeit eine Tugend ist, dann beginnt das Schaffen eines gerechten Miteinanders zunächst einmal bei einem selbst. Doch es ist schwierig, eine allgemein gültige Definition von Gerechtigkeit zu finden, an die man sich anlehnen kann. Gerechtigkeit entsteht ja auch im persönlichen Miteinander und ist – so gesehen – von der Individualität und den besonderen situativen Bedingungen abhängig. Leichter ist es, allgemeine Maßstäbe zu nutzen, was denn ungerecht ist. Ein erster Schritt zu mehr Gerechtigkeit ist die Vermeidung von anerkannten Ungerechtigkeiten.

Da sich Gerechtigkeit auf die Beziehungen zwischen Menschen bezieht, ist jegliche Form von Eigennutz ungerecht. Beim Eigennutz steht ja nicht das Miteinander im Vordergrund, sondern das Ich. Natürlich verfolgt jede Führungskraft auch eigene Ziele, z. B. bezüglich der eigenen Karriere. Es ist aber ungerecht, diese Ziele zulasten anderer zu verfolgen. Ebenso ungerecht ist es, das gemeinsam Erreichte als persönliche Leistung darzustellen. Eigentlich selbstverständlich. Doch in den Unternehmen finden sich immer Leute, die gegen diesen Grundsatz verstoßen. Gerechtigkeit ist ein Ideal, und die Welt, in der wir leben, ist real. Der eine oder andere mag der Meinung sein, dass ein gewisser Eigennutz für seine Karriere unabdingbar ist. Doch das muss nicht stimmen. Vor allen Dingen dann nicht, wenn eine selbstbewusste neue Generation den persönlichen

Mangel aufzeigt und zur Sprache bringt. Eigennutz kann in einer Gruppe eigentlich nur dann funktionieren, wenn die Gemeinschaft gleichzeitig derart beherrscht wird, dass die Ungerechtigkeit nicht zutage tritt. Wer über Ungerechtigkeiten Vorteile erzielen will, kann das nur erreichen, wenn er gleichzeitig eine Machtposition innehat und diese Macht ausnutzt. Das ist in der heutigen Zeit vollkommen unangebracht. Der Zeitgeist stellt sich eindeutig gegen den Eigennutz von Führungskräften. Es bleibt bei dem klaren Aufruf an jede Führungskraft, nicht eigennützig zu sein.

Eine zweite Form der Ungerechtigkeit ist die Willkür. Jedes Miteinander wird deutlich erleichtert, wenn es klare Vereinbarungen und Regeln gibt. So kann sich der Einzelne orientieren und sein Verhalten an den gesetzten Standards ausrichten. Wenn sich alle an die Regeln halten, werden Konflikte grundsätzlich vermieden. Regelgerechtigkeit bedeutet, dass die Abmachungen einer Gruppe auch eingehalten werden. Es mag immer situative Ausnahmen geben, der Grundsatz aber lautet, dass sich alle an die anerkannten Regeln halten. Die Erwartung der Mitarbeiter ist, dass man ein hohes Maß an Verlässlichkeit vorfindet. Ist das bei einer Führungskraft nicht der Fall, handelt es sich um Willkür. Die Gruppe oder das Umfeld reagieren distanziert und ablehnend auf die zunächst einmal unverständlichen Abweichungen von den gemeinsamen Werten und den erwarteten Vorgehensweisen. Schnell wird der Verdacht genährt, dass die Regelabweichungen allein auf der Ausnutzung der formalen Rolle als „Chef" oder sogar als Ausnutzung von Macht beruhen. Willkür ist eine absolute Führungsschwäche. Den Mitarbeitern wird nämlich keine Möglichkeit gegeben, durch ihr Verhalten Konflikte zu vermeiden. Wenn sie sich entsprechend der Abmachungen der Gruppe und des Umfeldes verhalten und trotzdem eine unerwartete Reaktion der Führung erfolgt, führt das zu Stress und Ablehnung. Dabei muss die Willkür gar nicht mal beabsichtigt sein. Sie kann auch das Resultat einer schlechten Kommunikation sein. Der Eindruck von Willkür wird dann verstärkt, wenn man die Maßstäbe nicht kennt, die bei der Beurteilung des Handelns und der Leistungen angelegt werden. Fehlende oder schlechte Kommunikation lässt die Werte nicht erkennen. Die Mitarbeiter arbeiten sozusagen im Blindflug. Die Mitarbeiter handeln auf der Basis einer Vermutung, was denn von ihnen erwartet wird. Trifft die Vermutung nicht zu, oder werden im Nachhinein Ziele kassiert und Verhalten kritisiert, sind das deutlich negative Konsequenzen für die Mitarbeiter. Im Ergebnis entsteht eine hohe Frustration, weil sich die ganze Mühe des Tuns ja nicht gelohnt hat.

Nicht nur die Mitarbeiter leiden unter Willkür. Die Folgen für die Führungskraft können noch viel schlimmer sein. Eine wesentliche Erwartung an ein tugendhaftes und allgemein anerkanntes, positives Verhalten wird nicht erfüllt. Die Führungskraft wird abgewertet. Das kann so weit gehen, dass sogar die

Führungsrolle infrage gestellt wird. Ohne Akzeptanz lässt sich aber das Verhalten der Anderen nicht beeinflussen. Die Führungskraft kann nicht mehr führen, weil niemand ihm die Kompetenz dazu zubilligt. Wer auf eine solche schwierige Situation mit der Betonung formaler Legitimation reagiert, der hat vollends verloren.

Ungerechte Intransparenz

Bei Leadership oder Menschenführung geht es um Persönlichkeit und die Fähigkeit, andere zu überzeugen. Bei dieser eher soziologischen und psychologischen Sichtweise werden Ansätze der Kommunikation, Kooperation und Koordination entworfen. Es geht darum, die Einstellungen und Sichtweisen der Mitarbeiter zu beeinflussen, um sie zu dem als richtig angesehenen Verhalten zu veranlassen. Führung muss als Aufgabe verstanden werden, auch das zu beeinflussen, was als gerecht angesehen wird. Führung muss Werte vermitteln und Werte schaffen.

Wenn die moralischen Werte in einem Unternehmen nicht klar sind, dann bleibt auch unklar, was die Mitarbeiter als gerecht ansehen sollen. Die Bewertung von Gerechtigkeit wird zu einem individuellen Maßstab, der sehr stark von persönlichen und situativen Aspekten abhängt. Die Vorstellung von Gerechtigkeit in einem Unternehmen wird sozusagen fragmentiert. Jeder Mitarbeiter macht sich seine eigene Vorstellung von Gerechtigkeit. Es existieren zahlreiche Gerechtigkeitsvorstellungen gleichgewichtig nebeneinander. Und obwohl Gerechtigkeit grundsätzlich einen Allgemeinheitsanspruch hat, wird sie zum Ausdruck einer ganz persönlichen Empfindung. Die Individualisierung der Gesellschaft findet ihren Niederschlag in einer auf die eigene Person bezogenen Definition von Ungerechtigkeiten. Eine solche Form der Individualität verträgt sich nicht mit einem modernen Führungsverständnis, wo man Unternehmen und Teams durch gemeinsame Wertevorstellungen führen will.

Jegliche Form der Intransparenz fördert das Ungerechtigkeitschaos im Unternehmen. Wenn es keine greifbaren Maßstäbe zur Gerechtigkeit gibt, dann muss sich jeder seine eigene Wertewelt schaffen. Auf einer rein persönlichen Ebene herrscht aber schon bei geringen Mitarbeiterzahlen ein ziemliches Durcheinander. Die Individualisierung der Werte führen zu einer gewissen Unmöglichkeit der Führung. Führung soll es nicht jedem einzelnen recht machen, sondern Gruppen von Leuten oder gar dem ganzen Unternehmen ein gerechtes Umfeld bieten.

Wer Gerechtigkeit schaffen will, der muss die wesentlichen Werte für die Gruppe, der er angehört oder vorsteht, definieren. Mehr Klarheit führt automatisch zu mehr Gerechtigkeit. Dies ist schon aus dem Grunde der Fall, weil sich die Mitarbeiter ja nur dann an Werte halten können, wenn sie auch bekannt sind. Ist der Wertekanon öffentlich, dann kann sich jeder überlegen, ob die vorgetragenen Einstellungen auch für ihn gelten. Der Mitarbeiter hat die Freiheit, sich den Werten der Gruppe anzuschließen oder auch nicht. Bei der Entscheidung, ob man die Werte des Unternehmens oder des Teams übernimmt, kann man durchaus neue Wertmaßstäbe annehmen und alte Überzeugungen „über den Haufen werfen". Das, was als gerecht angesehen wird, wird so in Teilen beeinflusst. Hier schließt sich der Kreis zur Moral als ein Wertegerüst einer Gruppe von Leuten. Indem Leute die Wertmaßstäbe der Gruppe übernehmen, schafft man ein grundsätzliches oder situatives Verständnis von Gerechtigkeit. Die Welt wird aus der Sicht der Mitarbeiter oder der Teammitglieder gerechter.

Um Werte zu beeinflussen, müssen Einstellungen und Ziele transparent sein. Man kann das auch umdrehen und jegliche Form der Intransparenz als Ungerechtigkeit brandmarken. Tatsächlich finden sich unglaublich viele Intransparenzen in einem Unternehmen. Ausgangspunkt von Intransparenzen sind unter anderem die stetig ansteigenden Anforderungen an die Unternehmer und das Management. Es ist durchaus gerechtfertigt, ein Übermaß an Anforderungen für die Lenker in den Unternehmen zu erkennen. Will man allen Anforderungen auf der Unternehmens-, Bereichs- und Teamebene gerecht werden, so ist eine klare Ausrichtung kaum noch zu erkennen. Sollen auch noch individuelle Vorstellungen von Gerechtigkeit durch die Führung berücksichtigt werden, so verliert die Vorstellung von Gerechtigkeit weiter an scharfen Konturen, und die gefühlte Ungerechtigkeit nimmt zu. Verschärft wird das Problem noch dadurch, dass vergangene Taten und Entscheidungen aus der zeitlichen Distanz anders beurteilt werden können. So lebt man als Führungskraft in gewisser Weise immer mit dem Risiko, dass man in dem Dschungel der Vorstellungen von Gerechtigkeit etwas falsch einschätzt. Und ebenso lebt man in der Gefahr, dass man von der Vergangenheit eingeholt wird.

Eine besondere Form der Intransparenz ist das politische Verhalten. Die Politik lebt von der Beteiligung vieler und der Berücksichtigung möglichst vieler Meinungen. In dem Versuch, möglichst viele Aspekte zu berücksichtigen, geht die klare Linie schnell verloren. Während das Team vielleicht an einer bestimmten Zukunftsausrichtung arbeitet, können die Ansätze und auch die Ergebnisse aus politischen Gründen verworfen werden. In der Kommunikation heißt es dann, dass die Lösungen in einem größeren (Führungs-)Kreis nicht durchsetzbar waren oder sind. Die gesamte Arbeit und all die Mühen werden verworfen. Während die Führungskraft den Kompromiss lobt, sind die Mitarbeiter schnell frustriert und verlieren die Lust. Die Motivation ganzer Bereiche und Teams kann verloren gehen. So werden viele unglücklich im Job.

Natürlich gehört der Kompromiss zu jeder arbeitsteiligen Unternehmung, bei der verschiedene Perspektiven zu einem Thema aufeinandertreffen. Der Kompromiss schützt ja auch vor besonders waghalsigen und vielleicht auch unbedachten Ansätzen. Das politische Umfeld in Unternehmen ist jedoch für die meisten Mitarbeiter nicht transparent. Die Beziehungsgeflechte sind informell und nur den „eingeweihten" Führungskräften bekannt. Diese Form der Intransparenz und die daraus resultierenden Entscheidungen sind für viele Mitarbeiter ungerecht. Deshalb dürfen wir der Führung gerne auferlegen, nicht zu politisch zu agieren. Es besteht ein klarer Widerspruch zwischen politisch motivierten Entscheidungen und der notwendigen Transparenz, die als Basis für Gerechtigkeit angesehen wird. Auch hier muss Klarheit geschaffen werden. Nicht das politische Geschick führt zu Gerechtigkeit, sondern das Verständnis für komplexe Zusammenhänge. Erst wenn die verschiedenen Aspekte, die zur Zustimmung und Ablehnung führen, offengelegt werden, kann man auch mit Verständnis für die Ergebnisse rechnen. Wie soll man auch eine Situation verstehen, wenn nicht alle zu berücksichtigenden Faktoren offenliegen? Unter Intransparenz kann man Themen nur vorbehaltlos akzeptieren oder resignieren. Verstehen braucht Information und Klarheit. Nur auf der Basis klarer Aussagen und einer Darlegung auch schwieriger Situationen kann man die Gerechtigkeit von Situationen verstehen. Wer als Führungskraft seine besondere Stärke im politischen Geschick und in verdeckten Handlungen sieht, der wird die Tugend der Gerechtigkeit nicht zugeschrieben bekommen. Letztendlich distanzieren sich solche Führungskräfte von den Teams und Organisationseinheiten, die geführt werden sollen. Die politische Intransparenz basiert auf einem Wissensvorsprung um Entscheidungszusammenhänge, die niemand oder nur bestimmte Ebenen im Unternehmen kennen. Ein gerechtes Miteinander sieht sicher anders aus.

Ungerechte Entscheidungen

Man kann und muss wohl eine kaum noch zu beherrschende Komplexität in den Unternehmen feststellen. So fehlt es häufig schon an einer klaren Ordnung der Ziele, die die Führungsmannschaft erreichen soll. Einige Aufgaben stehen durchaus im Widerspruch zueinander. So sollen die Unternehmenslenker einerseits Wettbewerbsvorteile durch Effizienzgewinne realisieren. Auf der anderen Seite appellieren die Betroffenen mit der Ungerechtigkeit zu hoher Leistungsanforderungen. In unserer heutigen Zeit empfinden einige das Nichtabrufen von Leistung als ungerecht, während andere schon bei geringen Belastungen von Überforderung sprechen. Bei Richtungsentscheidungen für Innovationen kämpfen verschiedene Parteien um unterschiedliche Ansätze, die es zu verfolgen lohnt. Permanent sind Entscheidungen zu treffen und natürlich gibt es zu jedem Sachverhalt unendlich viele Meinungen. Wie auch immer: Die Anforderungen an die Führung sind schon lange nicht mehr eindeutig.

Jeder Manager, sei er nun Vorstand, Geschäftsführer, Bereichs- oder Abteilungsleiter, Stabsmitarbeiter oder Projektverantwortlicher, will einen erheblichen und positiven Einfluss auf das Unternehmen nehmen. Da die Ideen zu den „notwendigen" Veränderungen aber im Wesentlichen aus dem eigenen Arbeitsumfeld einer arbeitsteiligen Organisation erwachsen, ist die Menge der Vorschläge mindestens so groß wie die Anzahl der Führungskräfte. Für die Führungskraft entsteht das Problem, die vielfältigen, gleichzeitig „akuten Themen" irgendwie zu bewältigen. Was ist nun wirklich geeignet, einen echten Quantensprung zu erreichen? Wo muss man handeln, um Risiken abzuwehren? Täglich werden der Führung Entscheidungen abverlangt, aus der Vielzahl der Themen die richtigen Aufgaben zu selektieren.

Doch als Unternehmenslenker ist man nicht allein. Um die Führungskraft herum postieren sich zahllose Gruppen, die sehr schnell zur Hilfestellung bereit sind. Die Mitarbeiter auf praktisch jeder Ebene sind für einen guten Rat schnell zu haben. Insbesondere bei der Priorisierung der Aufgaben und Projekte haben sie ein klares Bild. Nur zu gerne sind sie bereit, die eigene Meinung mitzuteilen. Jeder Einzelne und jedes Team und jeder Bereich bringt sich rechtzeitig in Position, um bei der Bewertung des Wichtigen zu helfen. Doch sehr schnell entpuppen sich die „vermeintlichen Helfer" als Wolf im Schafspelz. Denn immer wieder zeigt sich, dass die verschiedenen Empfehlungen doch nur neue und getarnte Ansprüche an das Management sind.

Der moderne Manager lebt wirklich in der Gefahr, im Überfluss der Anforderungen, der Flut an Informationen und der Vielzahl an Entscheidungssituationen unterzugehen. Aus der Führungskraft, die ein Unternehmen nach vorne treiben soll, wird ein Getriebener, der zu guten Teilen nicht mehr selbstbestimmt arbeiten kann. Die Orientierung wird zunehmend schwieriger. Die Aufgabe für das eigene Unternehmen und die Mitarbeiter das Wertvolle und Richtige zu erkennen, wird zur Herkulesaufgabe. Bei der Bandbreite der zu behandelnden Themen und der Vielzahl von Entscheidungen läuft man ständig Gefahr, dass eine Priorisierung von Aspekten und die Nicht-Berücksichtigung von Perspektiven als ungerecht empfunden werden.

Eine philosophische Betrachtung der schwierigen Entscheidungssituationen kann eine gewisse Ordnung in den Wirrwarr der Anforderungen bringen. Zunächst einmal basieren Entscheidungen immer auf der Auswahl von mindestens zwei Alternativen. Ohne Alternativen keine Entscheidung. Der Entscheidung wohnt eine besondere Gerechtigkeit inne. Indem man sich auf eine Sache festlegt, werden alternative Lösungsmöglichkeiten verworfen. Eine Entscheidung ist gegenüber der verworfenen Alternative so gesehen immer ungerecht. Zumindest wird das häufig von denjenigen so gesehen, deren Vorschlag sich nicht durchsetzen kann. In der Folge könnte man fast meinen, dass es keine gerechten Entscheidungen gibt. Der Verlierer wittert immer Ungerechtigkeit.

Im Bemühen um Gerechtigkeit in der Führung hat sich der Trend durchgesetzt, möglichst viele Perspektiven zu berücksichtigen und auch gegensätzliche Ansichten aufzunehmen. Gerechtigkeit soll durch den Ausschluss von möglichst vielen Ungerechtigkeiten umgangen werden. Das gerechte Ziel ist der Konsens der Entscheidungsträger. Durch die Berücksichtigung möglichst vieler Dimensionen, so denkt man, wird einer Ungerechtigkeit in der Sache entgegengewirkt. Auf dieser Logik aufbauend entsteht die Forderung, keine einsamen Entscheidungen zu treffen, sondern den Kreis der Entscheider deutlich auszuweiten. Der Konsens fußt dann auf einer Berücksichtigung von immer mehr Teilnehmern. Ist die gerechte Entscheidung also eine solche, bei der möglichst viele mitentscheiden? Diese These ist falsch!

Gerechtigkeit entsteht nicht durch die Einbindung möglichst vieler Entscheider, sondern durch eine gerechte Beurteilung der Alternativen. Also der Lösungen. Es sollte bei jeder Entscheidung geübte Praxis sein, dass verschiedene Aspekte gehört werden. Die Überlegungen sollten auf der Tugend der Weisheit basieren. Dazu sind natürlich möglichst viele Aspekte möglichst wertfrei aufzunehmen. Gute Entscheidungen nehmen das Wissen im Unternehmen auf. Die Ziele dürfen aber nicht verwässern. Nur eine klare Beurteilung der Perspektiven und eine Priorisierung der Ziele führen auch zu guten und weitreichenden Entscheidungen. Unklare Zielsysteme mit zu vielen Dimensionen sind nicht gerecht, sondern unklug. Wer ein Unternehmen auf einen zukunftsfähigen Kurs bringen will, der muss die Richtung auch offen zeigen. Klarheit ist nicht ungerecht, sondern eine wirtschaftliche Notwendigkeit. Und Klarheit ist gerecht. Es ist das Wesen von Entscheidungen, bestimmte Alternativen nicht weiter zu verfolgen. Eine Entscheidung wird auch nicht dadurch besser oder gerechter, dass immer mehr Leute mitentscheiden. Es ist der Weg zur klugen Entscheidung, der gerecht ist. Da dieser Zusammenhang in den meisten Fällen nicht verstanden wird, kommt es zu immer weniger erkennbaren Zielen. Ein Wirrwarr an vorgetragenen Ansprüchen, die zu berücksichtigen sind, führt zu völlig unübersichtlichen Situationen, die das Attribut der Gerechtigkeit auch nicht erfüllen.

Wer also führen will, muss damit leben, dass jede getroffene gerechte Entscheidung das Gegenteil der Ungerechtigkeit in sich trägt. Dieser Zusammenhang ist nicht zu umgehen. Subjektive Einschätzungen von ungerechten

Entscheidungen lassen sich nicht überwinden. Weder durch verwässerte Zielsysteme noch durch ausufernde Entscheidungsgremien. Gerechtigkeit basiert auf weisen Entscheidungen, bei denen natürlich möglichst viele Aspekte aufgenommen und bewertet werden. Die Entscheidung auf der Basis von Wissen und einer Synthese der vorgetragenen Argumente ist in jedem Fall gerecht. Es wird aber immer auch Widersacher geben, die sich nicht genügend berücksichtigt und die eingeschlagene Richtung als ungerecht gegenüber ihrem persönlichen Standpunkt empfinden. Dieses Gerechtigkeitsphänomen ist nicht zu umgehen. Hier stößt echte oder gute Führung an die Grenzen dessen, was als gerecht empfunden wird. Schließlich ist Gerechtigkeit eine weitgehend individuelle und persönliche Empfindung. Die Gefühlswelt der Enttäuschungen lässt sich aber nicht in jedem Fall durch Logik überwinden. Führungskräfte müssen damit leben, dass ihre Entscheidungen von anderen als ungerecht angesehen werden. Um mit diesem Vorwurf gut umgehen zu können, bedarf es eines klaren Maßstabes, warum es genau zu der konkreten Entscheidung gekommen ist. Dieser Maßstab kann bei unendlich vielen zu berücksichtigenden Argumenten nur in einem selbst liegen. Jede Führungskraft muss sich klar positionieren und ein klares Zielsystem entwickeln. Wer mit sich selbst klarkommen will und auch noch den Anspruch der Gerechtigkeit gegenüber anderen vertreten will, der muss eine klare Ordnung für sich und für andere schaffen.

Führen ist gerecht

Führung bedeutet eine Position einzunehmen, in der man die Werte und Handlungen von anderen beeinflusst. Damit stellt sich die Frage, ob es überhaupt gerecht ist, andere Menschen zu beeinflussen. Welcher Aspekt der Gerechtigkeit kann es rechtfertigen, über anderen zu stehen und wichtige Entscheidungen nicht nur mit anderen, sondern auch über andere zu fällen? Die Frage nach der Gerechtigkeit von Führung ist uralt und sie wird in verschiedenen Kulturen sehr unterschiedlich beantwortet.

Die Sophisten hatten die Frage nach der Gerechtigkeit von Führung aufgebracht. Indem sie die Legitimation der Götter auf dem Olymp infrage gestellt haben, wurde auch die Macht der Könige auf Erden nicht mehr als uneingeschränkt akzeptiert. Erst durch diese kühne These wurde das Problem der Führung überhaupt thematisiert. Ohne göttlichen Beistand muss die Führung ein Verhalten an den Tag legen, das ihre Rolle und Machtbefugnisse rechtfertigt (Helferich 2000, S. 18 ff.). Historischer Ausgangspunkt der Überlegungen war die Frage, mit welchem Recht der Perserkönig Xerxes gegen die Griechen zu

Felde gezogen ist. Gibt es eine Form der Gerechtigkeit, die einen solchen Feldzug rechtfertigt (Störig 2002, S. 161)? In der theoretischen Auseinandersetzung mit der Frage haben die Sophisten das natürliche Recht des Stärkeren erkannt und daraus eine Rechtfertigung des Tuns abgeleitet. Ihre Überlegungen haben sie aber auch dahin geführt, dass es neben einer natürlichen Gerechtigkeit auch eine normative Gerechtigkeit gibt, die in Gesetzen niedergelegt wird und auf einer Übereinkunft der Gesetzgeber beruht (Hirschberger 1981, S. 57).

Auch in unserer Zeit gibt es Formen der natürlichen Gerechtigkeit. Es ist unstrittig, dass sich in jeder Gruppe von Menschen eine bestimmte Ordnung mehr oder weniger automatisch einstellt. Es entspricht nicht der Natur, dass eine Menge von Menschen ohne jede Ordnung besteht. Immer bilden sich in Ansammlungen von Leuten Fraktionen mit verschiedenen Werten und Einstellungen. Das ist zunächst einmal eine horizontale Ordnung. Aber auch eine Führung wird sich schnell herausbilden. Hier mag es gegeben sein, dass diejenigen, die einen Führungsanspruch artikulieren, um die Position des Mächtigen kämpfen. Aber immer wird sich auch eine hierarchische Ordnung einstellen. Wir können das in der Natur sehr wohl beobachten. Auch in ausgesprochen sozialen Systemen, wie wir sie aus der Tierwelt kennen, gibt es immer eine Führung bzw. ein Leittier.

Wir können der Tatsache, dass sich eine Über- und Unterordnung ergibt, nicht per se den Stempel der Ungerechtigkeit aufdrücken. Es gehört anscheinend zu den inhärenten Funktionen einer menschlichen Gemeinschaft, dass sich eine Hierarchie ausprägt. In den aktuellen Ausführungen zu Transformation, Agilität, New Work und anderen modernen Führungsansätzen wird dieser Zusammenhang gerne übersehen. Ausgeprägte Teamstrukturen sowie Beteiligungs- und Kommunikationsmodelle sollen dem Ideal der hierarchielosen Führung folgen.

Die ebenso einfache wie falsche These lautet: Hierarchie ist ungerecht. Diese Bewertung ist weder philosophisch noch faktisch haltbar. Die Autoren sehen eine besondere Gerechtigkeit in einer unnatürlichen „Gleichmacherei". Eine Ordnung von Menschen ist nicht ungerecht. Die Überlegungen müssten dahin gehen, dass nur bestimmte Formen der Hierarchie ungerecht sind.

Eine deutliche Ablehnung von Hierarchie ist wohl angebracht, wenn die Über- und Unterordnung auf den falschen Kriterien basiert. Niemand würde heute z. B. aristokratische Modelle, bei denen die Führungsrolle durch Geburt bestimmt wird, als gerecht empfinden. Ebenso ist es richtig, hierarchische Ordnungen abzulehnen, bei denen die Führungsrolle durch Ungerechtigkeiten erreicht wurde. Wer also durch z. B. Eigennutz, Willkür und ohne Einhaltung eines anerkannten Leistungsprinzips zur Führungskraft wird, der muss mit dem Makel der ungerechten Führungsrolle leben. In diesen Fällen ist die Position falsch oder ungerecht besetzt, es ist aber falsch, damit einen Feldzug gegen jegliche Form der Hierarchie anzutreten. Hier wird gerne schon mal das Kind mit dem Bade ausgeschüttet. Es ist wie mit der Macht. Überall in der realen Welt existieren Machtpositionen, unsere Erwartung ist es aber, mit diesen Möglichkeiten sorgsam umzugehen. Darum setzen wir uns auch mit der Tugend als einem wesentlichen Faktor einer guten Führung auseinander. Wenn eine hierarchische Stufe durch anerkannte Tugenden erreicht wird und sich die Führungskraft auch auf der hierarchischen Position weiterhin tugendhaft verhält, so ist auch die Führung von anderen gerecht. Daran besteht seit jeher kein Zweifel.

Für die moderne Führungskraft darf kein Zweifel daran bestehen, dass das Führen von Mitarbeitern grundsätzlich gerecht ist. Es handelt sich um eine natürliche Erwartung von Gemeinschaften von Menschen. Man kann sogar die These aufstellen, dass fehlende Führung eine Ungerechtigkeit ist. Die Mitarbeiter erwarten, dass hierarchisch höher gestellte Personen ihre Rolle ausfüllen und dem Unternehmen, dem Bereich oder dem Team ein Richtung geben.

Fehlt es an einer klaren Orientierung, wird Führung nicht erkannt. Hat jemand eine übergeordnete Position inne, ohne dass er auch führt, ist das ungerecht. Deshalb benötigen wir, auch wenn wir eine Dezentralisierung von Verantwortung anstreben und ausgeprägte Teamstrukturen fördern, eine echte und klare Führung.

Allerdings kann jede Führungskraft durch falsches Verhalten die gerechte Position zu einem sehr ungerechten Miteinander werden lassen. Aus philosophischer Sicht ist ein klarer Anspruch von Gerechtigkeit an einen selbst nötig. Es ist ebenso eine gerechte Forderung der Mitarbeiter, dass sie eine gerechte Führung wollen. Aber sie wollen eben auch geführt werden. Sie wollen in einem Unternehmen gemeinsame Werte erkennen und diese auch befolgen. Für die Führung gilt: Nicht die Hierarchie an sich ist ungerecht, sondern nur eine falsche Interpretation der Rolle.

Die Tugend der Tapferkeit

Das Wort Tapferkeit lässt sofort Bilder im Kopf entstehen. Archill und Odysseus als sagenumwobene Figuren der Ilias und der Odyssee sind die Helden, die für uns den Begriff der Tapferkeit verkörpern. Sie waren mutige Krieger und herausragende Führer, deren Legenden noch nach Jahrtausenden eine besondere Anziehungskraft haben. Im Laufe der Jahrhunderte ist der Begriff der Tapferkeit aus unserem täglichen Sprachgebrauch nahezu verschwunden. Dennoch hat er eine hohe Strahlkraft und wohl jeder wird sofort die Tapferkeit als Kardinaltugend anerkennen.

Das Bild des Kriegers als tapferes Vorbild ist sicher für eine moderne Führungsphilosophie nur bedingt geeignet. Auch wenn wir von Wettbewerb sprechen und den Kampf als Motor allen wirtschaftlichen Geschehens identifiziert haben, sollten wir keine Assoziationen zu kriegerischen Auseinandersetzungen wecken. Dennoch fühlen wir instinktiv, dass Tapferkeit auch in der Gesellschaft, der Wirtschaft und in den Unternehmen eine Tugend von großer Bedeutung sein kann.

In der Gesellschaft gibt es eine klare Erwartung, den Fortschritt zu fördern. Und die öffentliche Meinung sieht eher ein Klein-Klein als mutige Entscheidungen, die geeignet wären, tatsächlich eine dynamische und vernetzte Zukunft zu gestalten. Die Unternehmen wollen und müssen Innovationen hervorbringen und eine hohe Anpassung an die wirtschaftlichen Umweltfaktoren erreichen. Innovation, Disruption, Agilität und Transformation sind nur die sprachlichen Platzhalter für eine Führung, die eine hohe Wettbewerbsfähigkeit auch in der Zukunft sicherstellen soll. Auch für die Unternehmen gilt es also, sich Herausforderungen zu stellen und mutige Entscheidungen zu treffen.

Zukunft ist naturgemäß ungewiss und jede unbekannte Situation erfordert Mut. Und auch, wenn das Unbekannte durchaus Ängste auslösen kann, wir können der Zukunft nicht entgehen. In einem nie endenden Prozess wird aus der Zukunft in jedem Fall eine neue Gegenwart werden. Somit ist es doch nur zu gut nachzuvollziehen, dass in Unternehmen die Forderung nach mutiger Führung artikuliert wird. Wir müssen uns der Zukunft stellen, sie kommt sowieso als neue Gegenwart in unser Leben, auch wenn wir das nicht wollen. Gewiss, immerwährend herrscht ein Kampf zwischen den Bewahrern und den Erneuerern. Es gibt eine Kampflinie zwischen den Mutigen und den Ängstlichen. Nicht in jedem Fall werden die Mutigen den Kampf gewinnen. Doch was bedeutet das eigentlich für die Unternehmen? Dort, wo sich die Bewahrer durchsetzen, wird echte Führung nicht erkannt. Wenn eine Organisation oder Teile davon sozusagen von alleine laufen, wo ist dann die Notwendigkeit des Leitens? Sind die Mitarbeiter motiviert und tragen sie Verantwortung und ist das unternehmerische Umfeld stabil, dann gibt es sachlogisch gar keine Notwendigkeit einer Führung. Wenn Unternehmen bewahren, dann gibt es eben auch keine neuen Wege, auf die die Mitarbeiter geführt werden müssen. Wenn alles so bleiben soll, wie es ist, verkümmert die Führung automatisch zu einer reinen Administration. Da nichts Neues ansteht, kann die Führung sich nur mit dem Ist beschäftigen. Und wie sieht dann eine solche Beschäftigung mit dem Vorhandenen wohl aus? Richtig, man kontrolliert, ob tatsächlich alles so bleibt, wie es gut erscheint. Eine Verwaltung des Bestehenden ist keine ernst zu nehmende Führung. Es fehlt am Mut oder besser: an der Tapferkeit.

Schlägt man nach, was Mut denn eigentlich ist, so findet man eine Definition, bei der Beherztheit als wesentliches Merkmal angeführt wird (Wikipedia 2018d). Der Mutige traut sich etwas zu und ist dazu fähig, sich in unbekannte und unsichere Situationen zu begeben. So wird nur der Mutige die unsichere Zukunft gestalten können. Die Mutlosen verharren in der Gegenwart und sichern das bisher Erreichte. Vom indogermanischen Wortstamm her heißt Mut (mo oder muot) sich mühen und einen starken Willen haben. Das sind doch unzweifelhaft Tugenden, die wir von jeder ernst zu nehmenden Führungskraft erwarten. Lassen Sie es mich mal ganz klar sagen: Die Mutlosen sind keine guten Führer. Sie bewegen nichts, sie leiten nicht auf neuen Wegen, weil sie ja lieber in der Gegenwart stehen bleiben.

Wir können also den Mut als wesentliche Führungstugend ansehen. Doch Tapferkeit ist noch etwas mehr. Die Tugend der Tapferkeit ist weiter gesteckt als der reine Mut und umfasst weitere wesentliche Aspekte. Der Tapfere ist nicht nur mutig, sondern hat auch die Fähigkeit, in schwierigen und mit Nachteilen verbundenen Situationen trotz Rückschlägen durchzuhalten (Wikipedia 2018f). Das ist nun eine weitere Charaktereigenschaft, die wir von einer Führungskraft erwarten.

Gute Führung besteht doch nicht allein aus dem Mut, sich einer risikoreichen Situation zu stellen. Nein, es geht doch darum, Herausforderungen tatsächlich zu meistern. Führung ist kein Bungee-Sprung, bei dem man einmal seinen ganzen Mut zusammennimmt. Es ist ein Führen und Leiten von Veränderungen, die natürlich auf Widerstände stoßen, bei denen Unwägbarkeiten auftreten und bei denen auch Rückschläge zu verkraften sind. Deshalb muss man nicht nur mutig in den Kampf ziehen, sondern auch tapfer an einer Sache dran bleiben. Bis zum Erfolg.

Tapferkeit aus Überzeugung

Die Tapferkeit ist sicher eine Kardinaltugend der guten Führung. Wir erwarten von der Führung, dass sie sich mutig den immer neuen Herausforderungen stellt und eigene Wege zur positiven Gestaltung der Zukunft findet. Ebenso ist es unerlässlich, auf unerwartete Situationen zu reagieren und den guten Plan dann auch zum Erfolg zu führen. Ohne Durchhaltevermögen und die Fähigkeit der Anpassung wird das wohl nur in wenigen Fällen zu erreichen sein. Ein wesentliches Merkmal der Tapferkeit ist es, dass der Weg zum Erfolg durchaus mit persönlichen Risiken verbunden ist. Man kämpft mit Leidenschaft für eine Sache und natürlich kann jeder Kampf auch verloren werden. Der mutige Einsatz für eine neue Richtung kann bei ausbleibendem Erfolg durchaus negative Konsequenzen haben. Nicht nur für das Unternehmen, sondern eben auch für einen selbst. Die Niederlage kann die Karriere zumindest im aktuellen Unternehmen ernsthaft gefährden. Also warum soll man dann als Führungskraft Tapferkeit an den Tag legen? Es kann doch viel ökonomischer sein, das Risiko von weitgehenden oder grundlegenden Veränderungen nicht einzugehen.

Echte Tapferkeit basiert auf starken Überzeugungen und einem klaren Werteschema. Es ist das Gefühl, für eine gute oder gar bessere Sache zu stehen, das die Mühen und Risiken rechtfertigt. Tapfer ist nur derjenige, für den der neue Weg unausweichlich und richtig ist. Wer sich unbedacht in schwierige Situationen bringt, mag zwar mutig sein, das Attribut der Tapferkeit bleibt ihm aber wohl verwehrt. Tapferkeit verbindet sich nämlich mit einem wohlbedachten Wagnis. Der neue Weg muss auf einer weisen Auseinandersetzung mit den Notwendigkeiten und den gegebenen Möglichkeiten basieren. Nur, wenn eine Herausforderung wirklich durchleuchtet wurde und von vielen Seiten betrachtet wurde, kann man zu einer starken Überzeugung gelangen. Fehlt es an der intellektuellen Auseinandersetzung, reden wir von vorgefassten Meinungen und Vorurteilen, für die es sich eigentlich nicht zu kämpfen lohnt. Wenn wir uns aber mit einer Sache wirklich intensiv auseinandersetzen, dann gewinnen wir automatisch an Stärke und auch an Authentizität. Die persönliche und vertiefte Auseinandersetzung mit einem Thema im Sinne einer Synthese führt zwangsläufig zu einer starken Überzeugung. Es ist doch so, dass die weise Beschäftigung mit einem Thema zu einer umfassenden Beurteilung und einer persönlichen Bewertung der Widersprüche und Risiken führt. Natürlich hat man im Rahmen der Synthese die verschiedenen Aspekte der Spezialisten gehört und bei weisen Entscheidungen auch berücksichtigt. Aber man hat diese Aspekte eben auch für sich bewertet und gewichtet. Man kann es nicht allen recht machen und sollte es auch nicht versuchen.

Wenn man aber stark sein will, dann sollte man die möglichen Bedenken und Einsprüche im Vorfeld durchdenken und dazu ein klares Bild entwickeln. Den in jedem Fall zutage tretenden Widersprüchen gegen den eingeschlagenen Weg kann man sich sehr einfach stellen, wenn man die verschiedenen Aspekte wirklich durchdacht hat. Solche Störfeuer können einen dann nicht mehr aus der Bahn werfen.

Den Mut und das Durchhaltevermögen der Tapferkeit gewinnt man also durch eine feste Überzeugung. Es sind klare Vorstellungen und Werte, für die man sich einsetzt. Und wenn man die Werte nicht einfach übernommen, sondern für sich selbst entwickelt hat, dann bringt das die Stärke, die dem Tapferen zu eigen ist. Hier entsteht die Balance zwischen Risiko und Gewinn durch den eigenen Weg. Die Tapferkeit entspringt einem klaren Wertekanon, für den es sich zu kämpfen lohnt.

Natürlich geht man persönliche Risiken ein, aber das Festhalten an den eigenen Werten ist das Risiko wert:

> Der Tapfere ist unerschrocken nach dem Maße des Menschen. Er wird nun auch die menschlicherweise furchterregenden Dinge fürchten; aber so wie es Pflicht ist und wie es die Vernunft will, wird er sie tragen um des Guten willen (Aristoteles und Gigon 2001, S. 119).

Die Tugend der Tapferkeit verlangt also von jeder Führungskraft, sich klare Werte und Maßstäbe zu geben. Diese führen zu einer festen Überzeugung und geben einem die Stärke, die Widerstände und Unwägbarkeiten des neuen Weges auszuhalten. Im modernen Sprachgebrauch würden wir bei klaren Werten und der Kraft, diese auch kundzutun, von Authentizität sprechen. Es ist für gute Führungskräfte wohl auch unerlässlich, an den eigenen Werten festzuhalten, eben auch unter Inkaufnahme persönlicher Risiken. Das ist es, was wir unter einer guten Führung verstehen. Das Ziel der Veränderung und den neuen Weg bei den ersten Widerständen aufzugeben, wirkt schwach. Auch politische Abstriche vom richtigen Weg haben in den Unternehmen eigentlich keine Berechtigung. Wie soll man starker Anführer sein, wenn man gleichzeitig aus politischen Gründen gegen seine Überzeugung handelt. Mit dem anhaltenden politischen Kompromiss verliert die Führungskraft sofort ihre Authentizität. Die Tugend der Tapferkeit, also den Kampf auf sich zu nehmen, um etwas Besseres zu erreichen, geht gleich mit verloren.

Anscheinend ist hier auch einer der wesentlichen Kritikpunkte an der Hierarchie in Unternehmen verankert. Hierarchie ist ein mächtiger Begriff, der wohl tausende von Interpretationen in sich trägt. Aber ein Phänomen findet sich in veralteten hierarchischen Organisationen immer wieder: Während nach unten eine starke Position behauptet wird, fehlt es an Mut und Überzeugung gegenüber der nächsthöheren Ebene. Nicht selten sind Führungskräfte bereit, ihre Überzeugungen sagen wir mal: „hinten anzustellen", um sich keinen persönlichen Risiken auszusetzen. Die von oben definierte Aufgabe oder Perspektive wird als Befehl verstanden, den es um jeden Preis umzusetzen gilt. Und der Preis wird sehr hoch sein. Wenn die Führungskraft bei der Annahme des „Befehls" und der Umsetzung der Anweisung eigene Überzeugungen aufgeben muss, so verliert sie gleichzeitig die Tugend der Tapferkeit. Diese ist aber eine wesentliche Voraussetzung, um bei den eigenen Mitarbeitern als gute und starke Führungskraft wahrgenommen zu werden. Bei fehlender Tapferkeit des eigenen Vorgesetzten wird automatisch dessen Führungsanspruch infrage gestellt. Eine unreflektierte Ausführung von zugewiesenen und nicht weiter hinterfragten Aufgaben zerstört die

Führungskompetenz in den Augen der Mitarbeiter. Das ist der Preis einer veralteten hierarchischen Ordnung, bei der die Führungskräfte nicht tapfer um ihre Sache kämpfen.

Verantwortung übernehmen

In den Unternehmen ist die Anzahl der Institutionen und Personen, die an der Führung teilnehmen, immer größer geworden. Damit ergibt sich auch eine Teilung der Verantwortung in immer kleinere Päckchen. In extremen Fällen sind die autonomen Aufgabenpakete derartig detailliert, dass man schon bei relativ einfachen Fragestellungen auch solche Themen berührt, für die eine andere institutionalisierte Organisationseinheit oder eine andere Person zuständig ist. Die logische Konsequenz daraus lautet, dass man andere Bereiche, Abteilungen und Kollegen in die Entscheidungsfindung einbeziehen muss. Das ist gar nicht anders machbar, denn es ist niemandem gestattet, sich einfach über die verankerte Organisation hinwegzusetzen. Im Ergebnis werden die singulären Verantwortungsbereiche immer kleiner und die Koordinationsnotwendigkeiten steigen unaufhaltsam. Eine Entwicklung, die die Führungskräfte entmachtet und ihnen die individuellen Freiräume und damit die Verantwortung immer mehr nimmt. Die Übernahme von Verantwortung wird zu einem kollektiven Gut.

Doch es wäre falsch, die Ursachen der Misere einzelnen Führungskräften zuzuschreiben. Letztendlich ist es ein breiter gesellschaftlicher Konsens, der zur Organisation von Nichtverantwortung geführt hat. Oder erkennen Sie in der Politik noch klare Verantwortlichkeiten und Persönlichkeiten, die die übertragenen Aufgaben auch wirklich übernehmen könnten? Müssen wir nicht an vielen Stellen sogar die mangelnde Selbstverantwortung der Mitbürger und Mitarbeiter bemängeln? Es sind diese allgemeingültigen Einstellungen, deren Wirkungskreise auch die Unternehmen berühren. Ein unausgesprochener Konsens hat dazu geführt, dass Gremien immer größer geworden sind, dass Mandate ausgeweitet wurden und Führungsfunktionen mit immer mehr Personen besetzt worden sind. Es ist der Ausdruck einer allgemein anerkannten, aber nicht mehr zeitgemäßen, alten Führungsphilosophie, getreu dem Motto: „Viel hilft auch viel"!

Ein guter Lackmustest für die organisierte Nichtverantwortung sind Misserfolge oder Krisen. Schnell entschuldigen sich bei der Suche nach einem Schuldigen alle dadurch, dass es gerade die Entscheidungen oder das Tun der Anderen war, die die Misere herbeigeführt haben. Bildhaft gesprochen stellt sich der Führungskreis im Kreise auf und jeder zeigt auf einen Schuldigen an seiner Seite. Bei einem solchen Vorgehen ist es nicht leicht, eine Führungskraft zu finden, die

Verantwortung übernimmt oder übernehmen muss. Individuelle Verantwortung wird durch kollektive Schuld ersetzt. Dieses Verhalten hat einen sehr komfortablen Effekt, denn wenn schon alle irgendwie an einem schlechten Zustand beteiligt sind, wäre es natürlich ungerecht, einen Einzelnen herauszugreifen und ihm die Verantwortung für Misserfolge zu geben. Geteilte Verantwortung ist eine Verantwortung, für die man nicht verantwortlich gemacht werden kann! So bequem ein solcher Effekt auch sein mag, wo etwas verändert werden soll und muss, ist eine solche Aufstellung kontraproduktiv und frustrierend zugleich.

Eine klare Führung muss der philosophisch anmutenden Tugend der Tapferkeit wieder zu alter Ehre verhelfen. Eine neue Führung, die die Zukunft aktiv gestalten will, soll gleichermaßen mutig wie besonnen sein, und die Führungskräfte sollen dafür die Verantwortung übernehmen. Tapferkeit basiert eben auf der Überzeugung, für eine gute Sache zu stehen und dafür auch persönliche Risiken einzugehen. Und tatsächlich finden sich in der jungen Generation viele, die bereit sind, mutige Schritte zu gehen und Verantwortung zu übernehmen. Die Übernahme von Verantwortung ist nicht nur der persönlichen Werteskala geschuldet, sondern wird auch von denjenigen gefordert, die einen Stillstand durch organisierte Nichtverantwortung erkennen. Nichtverantwortung kann auch nicht durch Hierarchie verschleiert werden. Es wird zunehmend offensichtlich und ebenso heftig kritisiert, wenn hochgestellte Persönlichkeiten keine „echte Verantwortung" übernehmen. Hier bildet sich auch eine Ablehnung gegen alte hierarchische Ordnungen aus, bei denen gerne Macht und Überlegenheit demonstriert wird, ohne echte Verantwortung zu übernehmen. Welches Unternehmen braucht solch eine Führung, und welche Mitarbeiter sollen zu hochdotierten Verantwortungslosen aufschauen?

Wie kommt es eigentlich zur organisierten Nichtverantwortung? Die Antwort darauf ist erschreckend: Es herrscht ein stillschweigender Konsens! Natürlich werden sich die Manager gegen den Vorwurf wehren, an einer solchen Führungsorganisation beteiligt gewesen zu sein, aber ohne Übereinkunft entstehen keine Organisationsformen in Unternehmen. Sie sind das Ergebnis eines längeren Evolutionsprozesses; und durch Evolution setzen sich die Merkmale durch, die die besten Chancen für den weiteren Fortbestand haben. Die Organisation von Nichtverantwortung ist so gesehen ein bewährtes Überlebensprinzip. Würde es keine allgemeine Übereinkunft über die Zersplitterung von Verantwortung geben, müssten sich massive Widerstände zeigen.

Hier zeigt sich dann die Herausforderung für eine klare Führung. Es gilt nicht nur, mutige Ziele zu setzen und zu verfolgen. Es gibt eine zweite „Frontlinie" gegenüber den Kollegen. Auf jeder Ebene werden sich Leute dafür stark machen, dem Kollegen eben nicht zu viel Verantwortung zu übertragen. Vordergründig werden enorme Risiken ins Feld geführt, wenn jemand zu viel Verantwortung zugesprochen bekommt. Es ist aber zumindest ein Teil der Wahrheit, dass viele abgesicherte Führungskräfte befürchten, in einem der nächsten Schritte selbst mehr Verantwortung übernehmen zu müssen. Der Konsens über die organisierte Verantwortungslosigkeit kann in Gefahr geraten und durchaus heftige Gegenwehr auslösen.

Wer als Führungskraft also Verantwortung übernehmen will, der muss tatsächlich tapfer sein. In der Sache, aber auch darin, den Anspruch überhaupt zu formulieren. Eine mutige, aber nicht nachhaltige Forderung verblasst sehr schnell. Es bedarf neben dem Mut auch des Durchhaltevermögens, wenn man als Führungskraft Verantwortung einfordert und tatsächlich auch übernimmt.

Mutige Ziele und Entscheidungen

Die Anforderungen an die Führung sind durch neue wirtschaftliche und technische Herausforderungen, aber auch durch eine ausufernde Meinungsvielfalt immer vielfältiger geworden. Es besteht kein Zweifel, dass solche Situationen es deutlich erschweren, einen klaren und von vielen getragenen Weg zur Wiedererlangung von Wettbewerbsvorteilen zu identifizieren. In vielen Unternehmen ist das Konsensprinzip fest verankert. Nach weitgehender Überzeugung ist es nicht möglich, einige Meinungsbilder oder Anspruchsträger sozusagen einfach auszublenden. Es fehlt ein Maßstab dafür, welche Einschätzung zu welchem Zukunftsprojekt gerade nicht von überragender Bedeutung ist. Immer wieder wird – übrigens wie in der Politik – hervorgehoben, dass man den Dialog suche und an gemeinsamen Lösungen zur Sicherung der Zukunft arbeite.

Die negativen Folgen des Konsensprinzips sind offensichtlich. Der Konsens ist der kleinste gemeinsame Nenner einer Vielzahl von Meinungen. Er basiert auf einer nicht näher hinterfragten Einschätzung, dass die zu berücksichtigenden Perspektiven mehr oder weniger gleich zu gewichten sind. So sollen bei wichtigen Entscheidungen für die Zukunft gleichermaßen Marktaspekte, Finanzaspekte, Personalaspekte, Gesellschaftsaspekte und ökologische Aspekte berücksichtigt werden. Bei einer Einigung auf einen Kompromiss, der alle Perspektiven gleichbehandelt, sind radikale Verbesserungen nicht zu erwarten. Mutige und weniger mutige Führungskräfte und sonstige Einfluss nehmende Gruppen suchen einen gemeinsamen Mittelweg. Während die Einen von unglaublichen Risiken der vorgeschlagenen Veränderungen ausgehen, sehen Andere praktisch keine schwerwiegenden Nachteile und allenfalls große Chancen in der Zukunft.

Ein zweiter erheblicher Nachteil des Konsensprinzips besteht in der Dauer der notwendigen Abstimmungsprozesse. Wettbewerbsvorteile sind dynamisch. Kaum hat man sie gewonnen, werden vonseiten der Konkurrenz schon wieder alle Anstrengungen unternommen, sie zu egalisieren. Ein Unternehmen, das nicht schnell genug agiert, gerät schon nach kurzer Zeit wieder ins Hintertreffen. Wer sich nicht schnell genug bewegt, kann Vorteilspositionen nicht erhalten oder neu aufbauen. Und langsame Entscheidungswege haben noch einen weiteren Nachteil. In dem einen oder anderen Fall ist zwar die Idee durchaus zur Bildung von Wettbewerbsvorteilen geeignet, aber bis zur Marktreife kommt man u. U. gar zu spät. Diese Gefahr ist heute besonders groß, denn täglich hört man von Unternehmen, die durch Technologie und Digitalisierung die Marktgegebenheiten drastisch verändern und damit eine hohe Anpassungsgeschwindigkeit der etablierten Anbieter geradezu herausfordern.

Es besteht kein Zweifel: Das Konsensprinzip steht dem Neuen und Überlegenen ein gutes Stück im Wege. Die Einigung auf den kleinsten gemeinsamen Nenner und lange Entscheidungswege dienen allenfalls dem Erhalt des Erreichten. Viele Unternehmen können auf ihre Entwicklung und auch auf ihre wirtschaftlichen Erfolge stolz sein. Und natürlich stellt sich die Frage, ob man durch zu schnelles und unreflektiertes Verhalten die derzeitige Situation gefährden soll. Die verschiedenen an den Entscheidungen beteiligten Meinungsbildner wollen mit ihrer Einflussnahme solche Gefahren vom Unternehmen abwenden. Und das ist auch gut so! Eine Gefahr für die Unternehmen besteht aber darin, dass die Chancen der Zukunft viel geringer eingeschätzt werden als der Wert des Status quo. Schließlich gefährdet jede Veränderung zwangsweise die derzeitige Situation. Ein Kompromiss, der eben einen Ausgleich zwischen verschiedenen Risikopositionen schafft, führt aber in einem dynamischen Wettbewerbsumfeld mittelbar zu echten Wettbewerbsnachteilen. Erst die eigene „Bewegungslosigkeit" durch verlängerte Entscheidungswege in großen Unternehmen gibt den Herausforderern die Möglichkeit, die Angreiferposition überhaupt einzunehmen. Diese Gefahr entsteht sofort, wenn nur ein einziges Unternehmen im Markt den Nachteilen von langsamen und mutlosen Entscheidungen nicht unterliegt. Die sogenannte Disruption hat das Zeug dazu, ganze Märkte „auf den Kopf zu stellen".

Wenn das Konsensprinzip zu guten Teilen das Erreichte und Bewährte sichert, so kann mit dem Aufkommen disruptiver Geschäftsmodelle eine solche Vorgehensweise durchaus die Zukunftsfähigkeit von Unternehmen gefährden. Auf solche Herausforderungen muss die Führung neue Antworten finden. Dazu sind die Ziele für die Zukunft neu abzustecken. Etablierte Unternehmen können dabei aber auch eine Menge verlieren. Ganz anders in Neugründungen und kleinen Unternehmen. Die Umsetzung von neuen Geschäftsmodellen kann bei diesen

Unternehmen eben deutlich weniger Bestand gefährden, weil es davon gar nicht viel gibt. So sind die Herausforderer in einer besonders glücklichen Situation. Sie können frei denken und haben nicht gleichzeitig das Problem, ihr eigenes, etabliertes und bisher tragfähiges Geschäft zu gefährden. Die Gestaltung der Zukunft ist nicht mit dem Verlust des Bestehenden verbunden.

Wenn eine Führungskraft in Anbetracht disruptiver Bedrohungen die Zukunft gestalten will, dann bedeutet das wohl zwangsläufig, dass man das bisherige, vielleicht sogar ausgeuferte Konsensprinzip ein Stück weit verlassen muss. Das Setzen neuer Ziele mit einem klaren Gestaltungswillen fokussiert auf Veränderungen, die immer auch Risiken in sich tragen. Dabei können und werden natürlich unterschiedliche Werte und Einstellungen zum Tragen kommen. Insbesondere, was die Geschwindigkeit und das Bedrohungspotenzial von Veränderungen auf den Märkten angeht, wird es sicher keinen breiten Konsens in den etablierten Unternehmen geben.

Der Mut zur Veränderung basiert auf einer neuen Gewichtung der Chancen und Risiken. Es geht nicht um eine pauschale Abrechnung mit dem Erreichten, sondern tatsächlich um eine neue Beurteilung von Bedrohungen. Die Grundlage der Überlegung ist, dass der Wettbewerb seine neuen Positionen ausbauen will. Die Frage über allem ist, wie schnell die eigene Marktposition dadurch gefährdet wird. Die Neubewertung erfolgt unter starken Unsicherheiten. Das gilt sowohl für die Veränderter als auch für die Bewahrer. Keiner kann mit Sicherheit voraussagen, wie und vor allen Dingen wie schnell sich gravierende Verschlechterungen des Status quo ergeben können. Eine Neubewertung verlangt aber in jedem Fall Mut von der Führung. Und natürlich werden Veränderungen von gewohnten Bewertungen auch auf erbitterte Widerstände treffen. Wer aber Veränderungen will, muss sich darüber im Klaren sein.

Ohne Mut und Tapferkeit sind neue Ziele nicht zu erreichen.

Mut zur Offenheit

In unserer Gesellschaft zeigt sich ein klarer Trend zur Offenheit. Überall hört man Forderungen nach einer offenen Gesellschaft, offener Wirtschaft, offenen Systemen und offener Kommunikation. Es besteht kein Zweifel, dass Offenheit ein wesentliches Merkmal unserer modernen Gesellschaft ist. Die Forderung nach Offenheit ist auch leicht verständlich, wenn man sich mit deren Gegenteil, der Abgrenzung, einmal beschäftigt. Eine abgrenzende Gesellschaft passt nicht zu unserem weit entwickelten Demokratieverständnis. Eine abgrenzende Wirtschaft erfüllt nicht die Voraussetzungen für weltweite und ungehinderte Handelsströme.

Abgrenzende Systeme bringen nur im besten Fall proprietäre und dadurch überlegene System hervor. In den meisten Fällen werden komplexe Schnittstellen oder fehlende Kompatibilität einen Erfolg der Systeme verhindern. Und bei der Kommunikation haben aufgeklärte Menschen auch ein Recht auf Wissen und Information. Das gilt in der Gesellschaft ebenso wie in den Unternehmen.

Offenheit in den Unternehmen lässt sich gut durch Bilder moderner Work Spaces verdeutlichen. Wichtig ist aber eben auch die offene Tür des Chefs, die als Symbol für eine gute Kommunikation der Führung mit den Mitarbeitern steht, und die die Mitarbeiter einlädt, einzutreten. Gegenteile der offenen Führung sind das hierarchische und das politische Unternehmen.

Dort wird hinter verschlossenen Türen agiert, die Mitarbeiter arbeiten an definierten Aufgaben und ein Austausch zwischen den Ebenen findet nicht in ausreichendem Maße statt. Richtungsfragen und wichtige Weichenstellungen werden auf den Führungsetagen besprochen und nicht an die Mitarbeiter weitergegeben. Das Dumme daran ist nur, dass Führung Wege aufzeigen soll und Leute in eine Richtung bewegen will. Ohne dass der Kurs hinreichend bekannt ist, kann das nicht klappen. Wie sollen alle an einem Strang ziehen, wenn keiner weiß, wohin er ziehen soll? In politischen Unternehmen gibt es verdeckte Entscheidungsmuster und überall lauern Stolperfallen. Diese Gefahren kann nur derjenige umgehen, der sich in dem intransparenten politischen System gut auskennt und Teil des abgrenzenden und vielleicht sogar verschwörerischen Tuns ist.

Wenn nun zu Recht die Forderung nach Offenheit in der Gesellschaft und in den Unternehmen gestellt wird, so vermuten wir natürlich etwas Neues und besonders Modernes. Doch auch in diesem Fall können wir Rückgriff auf den ehrwürdigen alten Philosophen Sokrates nehmen. Seine politische Philosophie war es, dass Themen, die die Gemeinschaft betreffen, nicht hinter hohen Mauern und in verschlossenen politischen Gremien behandelt werden sollten. Sein Credo lautete, dass diese Themen mit den Bürgern auf dem Marktplatz, der Agora, zu diskutieren sind. Für ihn war Offenheit ein legitimer Anspruch an die gesellschaftlichen Institutionen (Störig 2002, S. 164). Er hat Offenheit aber vor allen Dingen als einen wesentlichen charakterlichen Wesenszug gesehen. Er forderte die Mitbürger und insbesondere die Jugend dazu auf, überlieferte Einstellungen nicht einfach zu übernehmen, sondern sich in einem persönlichen Erkenntnisprozess kritisch mit den Werten und Tugenden auseinanderzusetzen. Eine solche Reflexion und auch neue Interpretation von gängigen Werten war für ihn unverzichtbar, denn wer nicht offen für neue Denkweisen ist, der gewinnt auch nicht die Tugenden der Weisheit, Gerechtigkeit, Tapferkeit und Mäßigung. Alle diese Begriffe bedürfen der regelmäßigen Überprüfung und Interpretation und sie sind natürlich auch abhängig von den realen Gegebenheiten, die sich im Zeitgeist widerspiegeln. Das war früher so und ist auch heute noch so.

Auch in der modernen Psychologie und Sozialwissenschaft wird Offenheit als ein wesentlicher Charakterzug verstanden. Im Zusammenhang mit der Offenheit von Personen werden Attribute wie einfallsreich, originell, intellektuell und neugierig verwendet (Wikipedia 2018e). Der offene Charakter hat eine Vorliebe für Abwechslung und Neuerungen und ist aufmerksam gegenüber den Ansichten und Wertvorstellungen von anderen Personen. Das alles sind doch Eigenschaften, die gerade jetzt bei den anhaltenden Diskussionen um Agilität, Disruption und Transformation gefordert werden. Das Thema Offenheit ist nach wie vor von hoher Aktualität.

Nun stellt sich die Frage, warum Offenheit im Zusammenhang mit Mut und Tapferkeit behandelt wird. Darauf gibt es verschiedene Antworten. Wer seinen eigenen Wertekanon gewinnen will, der muss sich neue Perspektiven verschaffen. Es bedarf immer eines gewissen Mutes, sich und die eigene Ansichten infrage zu stellen. Es erfordert aber auch Mut, für die so gewonnen eigenen Werte einzustehen. Das ist nicht immer leicht, denn wie bei Sokrates richtet sich so ein persönlicher Anspruch gegen die gängigen Interpretationen des Establishments in einem Unternehmen. Die gesetzten Mitarbeiter, die für die aktuelle Auslegung der Werte in einem Unternehmen stehen, nehmen nicht selten Führungspositionen ein oder gelten als besonders erfahrene Kollegen. Eine kritische Diskussion mit Vorgesetzten kann schnell als Anarchie verstanden werden. Das ist zumindest immer dann der Fall, wenn die Führung eben nicht die notwendige Offenheit mitbringt. Erfahrung ist ein Anspruch der Alten gegenüber den Jungen. Die Erfahreneren reklamieren ein überlegenes fachliches Verständnis und fordern natürlich eine besondere Form des Senioritätsprinzips ein. Ohne Mut können die Jungen weder mit den Führungskräften noch mit den Erfahrenen über ihre Werte und Wertvorstellungen für das Unternehmen sprechen. Dabei ist bei demjenigen, der seine Werte durch einen intensiven intellektuellen Diskurs entwickelt hat, gar nicht ausgeschlossen, dass die Authentizität größer ist als bei den etablierten Kollegen. Der offene Charakter wird eben genau wegen dieser Tugend ein gutes Maß an Ablehnung erfahren. Wenn Mitarbeiter Veränderungen in den Unternehmen herbeiführen wollen, bedarf es zudem eines ziemlich ausgeprägten Durchhaltevermögens, denn nichts geschieht von jetzt auf gleich. Die neuen Einstellungen und Werte werden sich immer erst auf dem Zeitstrahl ihr Recht erkämpfen können. Das Alte und Bestehende hat zunächst immer einen gewissen Vorrang „nach der Ungerechtigkeit der Zeit". Dies musste auch Sokrates erfahren, der für seine Aufforderung, an die Jugend ethische und moralische Fragen zu stellen, vor Gericht gestellt wurde. Der Vorwurf lautete: „Verführung der Jugend". Am Ende wurde er zum Tode verurteilt. Er nahm die Strafe an, weil er nicht von seinen Grundüberzeugungen ablassen konnte, oder wie wir heute sagen würden: Weil er seine Authentizität nicht preisgeben wollte.

Nicht nur bei der Bestimmung der geschäftlichen Ausrichtungen und der Diskussion über persönliche und unternehmensspezifische Werte ist Beherztheit gefragt. Auch auf der sozialen Ebene, im Umgang miteinander, erfordert eine große Offenheit einen gewissen Mut. Wenn man wirtschaftliche Ziele formuliert, mag dies noch mehr oder weniger konfliktfrei über die Bühne gehen. Schwierig ist allerdings der Moment, wo man die Ergebnisse auch von den Mitarbeitern einfordert. Die Führungskraft wird zunächst allein die Zielerreichung in die Diskussion einbringen, derjenige der die Ziele nicht erreicht hat, wird in aller Regel alle nur denkbaren Behinderungsfaktoren aufzählen. Er wird mit aller Wahrscheinlichkeit versuchen, die Auswegslosigkeit seiner Situation zu untermauern. Eine Fehlleistung zuzugeben, ist der eher unwahrscheinlichere Fall. Bei all den Diskussionen um hierarchielose Organisationen und teamorientiertes Arbeiten fehlt der Aspekt, wie man mit nicht erfüllten Zielen umgehen soll. Vielleicht ist der Gedanke, dass die neuen Führungssysteme so gut sind, dass der Fall gar nicht eintritt. Vielleicht gibt es auch die Überzeugung, dass das (hierarchielose) Team die Misserfolge wegdiskutieren oder in einer logischen Sekunde wegarbeiten kann. Alle diese Vorstellungen sind natürlich absurd. Führung bedeutet Ziele zu setzen, einen Weg dahin zu definieren und Abweichungen vom Weg zu erkennen. Führung ist eben auch unter sozialen Gesichtspunkten nicht konfliktfrei. Es ist wohl nicht der richtige Weg, diese Situation zu verleugnen. Insofern bedarf es des Mutes, sich den Mitarbeitern entgegenzustellen und Ergebnisse einzufordern. Daran ändert auch eine Transformation und Digitalisierung nichts. Die Unternehmen sollen sich ja nicht nur mit den Schlagwörtern beschäftigen, sondern auch diese Prozesse zu einem sichtbaren Ergebnis führen.

Das verdeckte und politische Handeln gegenüber Mitarbeitern scheint der einen oder anderen Führungskraft noch der leichtere Weg zu sein. In vielen Unternehmen gibt es ja auch noch keine Kultur der Offenheit. Es ist ja außer für Machtmenschen nicht angenehm, wenn man Mitarbeitern und Kollegen mitteilen muss, dass die Erwartungen nicht erfüllt wurden. Aber es ist ein Gebot der Fairness, nicht nur positive Dinge anzusprechen. Gerade, wenn etwas nicht läuft, muss die Führung das ansprechen. Nur so kann der Mensch gegenüber seinen Weg korrigieren und in die richtige Richtung laufen.

Es gibt heute keine Alternative zu einem offenen Miteinander. Es ist nicht nur eine legitime gesellschaftliche Forderung, die sich in den Unternehmen Bahn bricht, sondern es ist auch ein heutzutage anerkannter Erfolgsfaktor für Unternehmen. Ein offener Charakter ist die Voraussetzung für eine Innovationskultur und eine erfolgreiche Transformation von Unternehmen. Die Führungskräfte, die den Mut haben offen zu sein, werden ein hohes soziales Ansehen genießen, auch wenn nicht jede Botschaft positiv ist. Offenheit ist ein wichtiger Faktor, um als kompetente und starke Führungskraft angesehen zu werden.

Vertrauen und Tapferkeit

Wer sich mit den Führungstugenden auseinandersetzt, der setzt sich mit einem persönlichen Anspruch an gute Führung auseinander. Auch in Bezug auf das Vertrauen gibt es eine persönliche Perspektive. Das Schlagwort hier heißt Selbstvertrauen. Wer Anderen Vertrauen entgegenbringen will, der sollte auch zu sich selbst einiges Vertrauen haben. Für das Management von Veränderungen und den Umgang mit Unsicherheiten ist sicher ein gewisses Maß an Selbstvertrauen unumgänglich. Auch die persönliche Entwicklung ist ja ein Prozess, bei dem gelernte und vermeintlich sichere Positionen aufgegeben werden und neue Einstellungen und Sichtweisen gewonnen werden. Diesen Prozess anzustoßen und auch fortzuführen, bedarf des Mutes und der festen Überzeugung, den eingeschlagenen Weg auch bewältigen zu können.

Selbstvertrauen ist eine persönliche Einschätzung über einen selbst. Sie basiert auf der Überzeugung, bestimmte Kompetenzen zu haben, um Situationen und Herausforderungen zu bewältigen. Häufig geht das Selbstbewusstsein mit einem großen Erfahrungsschatz einher. Man hat dann einfach gelernt, dass man es kann. Ein anderer Weg zu einem gesunden Selbstvertrauen besteht in der Ausbildung fester Überzeugungen bei moralischen Fragen und eigenen Werten. Wer hier durch einen persönlichen Prozess eine hohe Standhaftigkeit entwickelt, der wird diese festen Einstellungen auch gegenüber anderen verteidigen können. Das gewonnene Selbstvertrauen kann sich sowohl in der Behandlung inhaltlicher Fragestellungen als auch auf eine ganz abstrakte Zuversicht beziehen. Man kann einfach davon überzeugt sein, dass man besonders gut mit Veränderungen und unsicheren Situationen umgehen kann. Insofern ist es nur vernünftig, an der subjektiv positiven Wahrnehmung der eigenen Fähigkeiten permanent zu arbeiten.

Das Selbstbewusstsein ist ein wichtiger Faktor, um auch mit den üblichen Rückschlägen bei Veränderungsprozessen fertig zu werden. Es ist eine wichtige Grundlage für Tapferkeit. Es ist doch nur natürlich, dass bei der Gestaltung einer unsicheren Zukunft auch viele Überraschungen passieren. Starke Führungskräfte sind in der Lage, mit diesen Unwägbarkeiten gut umzugehen. Sie werden eben nicht aus der Bahn geworfen, sondern können sich darauf verlassen, dass sie die Situation in den Griff bekommen. Wer die Tugend der Tapferkeit besitzt, der gibt nicht auf, er überprüft die neue Situation, bewertet die neuen Gegebenheiten und zieht daraus wichtige Rückschlüsse für Anpassungen des ursprünglichen Plans. Ein gesundes Selbstvertrauen ist ein Balanceakt zwischen den Extremen der Borniertheit, also einem zu starren Festhalten an ursprünglichen Einschätzungen, und der Orientierungslosigkeit, die durch hektische und wenig gradlinige Anpassungen entsteht kann. Wer diese Balance findet, der zeigt eine Stärke, die von Kollegen und Mitarbeitern sicher ihre Wertschätzung erfahren wird.

Man kann und muss davon ausgehen, dass Selbstvertrauen auch eine wichtige Voraussetzung ist, um anderen Menschen Vertrauen entgegenbringen zu können. Wer sich selbst nicht sicher ist, der ist wohl auch anderen gegenüber unsicher. So kann man die These aufstellen, dass Führungskräfte mit einem ausgeprägten Kontrollzwang diesen aufgrund der eigenen Unsicherheit ausüben. Die Kontrolle dient vordergründig der Fehlervermeidung und Fehlerkorrektur, ist aber wohl eher der Ausdruck mangelnden Vertrauens in die Mitarbeiter und letztendlich auch in sich selbst.

Schwache Führungskräfte brauchen geradezu vermeintliche Fehler anderer, um ihre Ansichten und ihre Position vor Mitarbeitern und Kollegen und sich selbst rechtfertigen zu können. Fehler geben ihnen die Möglichkeit, sich einzumischen und eine gewisse Überlegenheit zu demonstrieren. In solchen Situationen fällt es den Führungskräften nicht schwer, sich durchzusetzen und den anderen zu zeigen, wie es richtig geht. Doch so kann sich kein starkes Team entwickeln. Der Anspruch der Führungskraft basiert nicht auf einer echten Stärke, sondern auf einer vermeintlichen Schwäche der Mitarbeiter. Wenn sich aber Führung auf Schwächen stützt, kann sie selber nicht stark sein. Das Ziel der Führung, innerhalb eines Bereiches oder Aufgabengebietes Stärken auszubauen und Schwächen aufzufangen, wird so sicher nicht erreicht.

Also sollten Führungskräfte die Stärke zeigen, den Mitarbeitern Vertrauen entgegenzubringen. Es werden Fehler passieren oder auch ganz andere Herangehensweisen an Themenstellungen zutage treten. Dieses Neue und Andere muss als Bereicherung empfunden werden. Dinge sind nicht schlecht, nur weil sie anders als die bekannten Verhaltensweisen und Einstellungen sind. Sie können einen echten Gewinn darstellen. Wenn die starke Führung auf inhaltlichen Kompetenzen beruht, dann ist auch anzunehmen, dass die nicht so erfahrenen Mitarbeiter solche weitreichenden Erfahrungen noch nicht haben. Sie werden also Dinge ganz zwangsläufig anders angehen als man es selbst tun würde. Wer solche neuen Wege schon im Vorfeld durch zu enge Vorgaben eingrenzt, der bringt seinen Mitarbeitern kein Vertrauen entgegen. Natürlich muss eine Führungskraft Eckpfeiler definieren und Vorgehensweisen kanalisieren, aber die Mitarbeiter erwarten auch eine Wertschätzung ihrer Ideen und ihrer Arbeit. Wo kein Vertrauen in die Leistungsfähigkeit der Kollegen herrscht, da geht jede Motivation verloren. Aus den vielen Talenten werden stark beschnittene Erfüllungsgehilfen.

Das kreative Potenzial gerade von jungen Mitarbeitern sollte, wenn es um die Gestaltung einer unsicheren Zukunft geht, doch genutzt und nicht unterdrückt werden.

Es ist also folgerichtig, den Führungskräften die Tapferkeit abzuverlangen, neue Wege und Ansichten zuzulassen. Das ist nicht nur inhaltlich geboten, sondern auch, um die eigene Position als Führungskraft zu stärken. Es ist doch nicht zu erwarten, dass Leute, denen man kein Vertrauen schenkt, sozusagen als „Dankeschön" die Führungsrolle der Vorgesetzten hoch bewerten. Das Misstrauen fällt auf die Führung zurück. Die Auseinandersetzung mit den Führungskräften wird spiegelbildlich auch von einem besonderen Misstrauen geprägt sein. „So wie man in den Wald hinein ruft, so schallt es heraus"; das ist eine altbekannte Redensart.

Wer also kein Vertrauen in andere hat, der wird auch kein Vertrauen in die eigenen Leistungen zurückbekommen. Wer eine starke Führungskraft sein will, der muss seine Stärke auf dem Vertrauen der Mitarbeiter und Kollegen aufbauen. Dazu muss jeder selbst den ersten Schritt tun.

Die Tugend der Mäßigung

Gute Führung basiert auf den klassischen Tugenden der Weisheit, Gerechtigkeit und Tapferkeit. Daraus darf aber nun nicht abgeleitet werden, dass die Qualität der Führung unendlich ansteigt, wenn man besonders weise, besonders gerecht und besonders tapfer ist. Es ist vielmehr so, dass die Ausprägung der Tugenden sowie das gesamte Verhalten in einem gewissen Rahmen stattfinden sollten. Gute Führung ist mit keinem Extrem verbunden. So wird denn auch in der philosophischen Diskussion eine weitere Kardinaltugend, die der Mäßigung, hoch bewertet. Mäßigung ist nicht gleichzusetzen mit mäßig, was in unserer Sprache auch als gering oder schlecht angesehen wird. Es geht vielmehr um eine gute Balance zwischen zwei Extremen. Platon sieht die Mäßigung als das gelungene Zusammenspiel von drei Seelenteilen, die er als Vernunft, Mut und Lust bezeichnet (Störig 2002, S. 183). Mindestens bei der Lust bzw. Begierde wird die Mäßigung als eine Form der Beherrschung sofort als positives Attribut verstanden. In unserer Kultur werden Personen, die ihren Begierden oder Gelüsten ungehindert Lauf lassen, nicht positiv beurteilt. Aber auch die Tugenden sollten nicht in Extreme verfallen. Eine zu einseitige Ausrichtung auf die Logik bzw. den Logos lässt das richtige Gespür für eine Situation vermissen. Mut kann auch zum Übermut werden, bei dem die Risiken von Situationen nicht mehr gesehen oder gar negiert werden. In allzu waghalsige Manöver sollte auch eine starke Führung die Unternehmen nicht verstricken. Es besteht kein Zweifel daran, dass die Mäßigung die wichtige Funktion hat, das an sich Richtige auch im richtigen Umfang zu verfolgen. Zu viel ist eben zu viel. Im Laufe der jahrhundertelangen philosophischen Auseinandersetzung mit dem Thema sind sogar Stimmen laut geworden, die die Mäßigung als Mutter aller Tugenden betrachten (Wikipedia 2018c).

Mäßigung ist eine Art von Mindestanforderung, die an die Führung gestellt wird, die aber unbedingt auch als persönlicher Maßstab dienen muss. Es ist ja eine philosophische Weisheit, dass alle Dinge auch ihr Gegenteil in sich tragen. Schon aus diesem Grunde ist es nur ratsam, nicht den Extremen hinterherzulaufen. Es ist ein wesentlicher Aspekt der eigenen Werte, seine persönlichen Maßstäbe zwischen extremen Ausprägungen von Eigenschaften zu finden.

Hier entsteht die eigene Persönlichkeit. Wer also eine echte Führungspersönlichkeit werden möchte, der ist klar aufgefordert, sich der Mäßigung zu befleißigen. Dieser Prozess der Auseinandersetzung mit Werten und nicht unbedacht alles zu tun, was möglich ist, ist kein Anzeichen von Schwäche. Es ist ganz im Gegenteil ein klarer Ausdruck der inneren Stärke zum Verzicht. Die vermeintliche Beschränkung ist in Wahrheit eine klare Festlegung der eigenen Position. Sie ist ein wichtiges Regulativ, um starke Führung nicht mit der Position des „Sonnengottes" gleichzusetzen.

Um das Wesen der Mäßigung im Zusammenhang mit starker Führung zu verstehen, kann man verschiedene Bilder heranziehen. Ganz grundsätzlich sollten wir uns über Menschen freuen, die eine besondere Stärke haben. Gleichzeitig ist es aber für das Zusammenspiel von Menschen unabdingbar, das nicht jeder seine ganze Stärke ausnutzt. Wir sind als Erwachsene stärker als unsere Kinder, wir gehen aber nur gut mit unseren Kindern um, wenn wir diese Kraft kontrollieren. Wir greifen bei zerbrechlichen Dingen nicht mit aller Kraft zu, sondern müssen ein Gefühl dafür entwickeln, wie wir die Sache nicht beschädigen. Und genau das ist der Anspruch an eine starke Führung. Nicht die Stärke, die man in einer Position innehat ist das Problem, sondern nur der Umgang mit dieser Stärke. Wenn eine Führungsposition mit besonderen Kompetenzen ausgestattet ist, dann ist es eben nicht tugendhaft, die damit verbundene Stärke unkontrolliert oder eigennützig einzusetzen. Jede Führungskraft muss sich beherrschen können und darf sich nicht allein durch institutionalisierte Berechtigungen rechtfertigen. Das gilt sowohl in der Sache als auch im Umgang miteinander. Hier besteht eine besondere Verantwortung für jede Führungskraft.

Es darf nicht sein, dass eine starke Führung zu unbeherrschtem Verhalten gegenüber den Mitarbeitern führt. Natürlich geht mal etwas schief und werden

Erwartungen nicht erfüllt. Es ist aber vollkommen unangemessen, die gerechtfertigte Kritik im falschen Ton vorzubringen. Die Überordnung in der Führung ist zunächst einmal mit einer besonderen Verantwortung verbunden. Sie rechtfertigt in keinem Fall eine emotionale Auseinandersetzung oder gar die Abwertung des Gegenübers. Ein solches Verhalten passt nicht in unsere Zeit und niemand wünscht sich Verhältnisse zurück, in denen solche Attitüden zum Führungsverhalten gehört haben. Auch wenn wir eine klare Führung zur Durchsetzung notweniger Veränderungen in den Unternehmen benötigen, darf das nie zu einer Verschlechterung des Miteinanders führen. Es ist eine totale Schwäche, wenn man sich in der Position gefällt, auch unbeherrscht mit anderen umgehen zu können. Unkontrollierte Emotionalität wie Wut ist eine Schwäche, weil sie gegen die Tugend der Mäßigung verstößt.

Vom Hochmut in der Führung

Wenn über gute Führung gesprochen wird, wird nicht selten über die Erfolge bestimmter Unternehmen und ihrer Leitfiguren diskutiert. Diejenigen, die „ihr" Unternehmen erfolgreich an den Märkten in Stellung bringen, werden als große Führungspersönlichkeiten hoch geschätzt. Diese Sichtweise ist aus Sicht einer Philosophie der Führung wohl verkürzt, weil gute Führung eben nicht allein auf wirtschaftlichen Ergebnissen basiert. Gute Führung schafft Werte, die sich vielleicht nur teilweise in Umsatz und Erlösen oder Aufwand und Kosten niederschlagen. Gute Führung kann auch zu einer Kultur des Wandels oder zu nachhaltigen Ergebnissen führen. Gleichwohl ist der aktuelle Zeitgeist sehr stark durch wirtschaftliche Erfolge bestimmt. Wer wirtschaftlichen Erfolg hat, stellt etwas dar und macht einen guten Job.

Wo große Erfolge gefeiert werden können, da ist auch Selbstbewusstsein und Stolz zu finden. Und das auch zu Recht. Warum soll nicht auf Erfolge verwiesen werden? Und wie sonst soll sich das Selbstbewusstsein der Führungskräfte ausbilden, als über mutige Entscheidungen und damit verbundene Erfolge. Doch gerade in solchen Fällen greift hoffentlich auch die Tugend der Mäßigung. In der Führung besteht immer die Gefahr, dass sich der Mut zum Hochmut wandelt. Hochmut ist ein durchaus negatives Charaktermerkmal, das die Attribute der Überheblichkeit und Anmaßung in sich trägt. Und tatsächlich trägt der Zeitgeist Tendenzen, die die Gefahr des Hochmutes andeuten. Es gibt in der globalisierten Welt eine ganze Reihe von Beispielen, bei denen die Erfolgreichen das richtige Maß verloren haben.

Gerade die besonders Erfolgreichen scheinen den wirtschaftlichen Erfolg derart im Auge zu haben, dass weitere moralische Bedenken leicht beiseitegeschoben werden. Mit dem Erfolg übersteigert sich das Selbstbewusstsein. Die eigene falsche Wahrnehmung schwankt zwischen dem Gefühl der Unbesiegbarkeit und Unantastbarkeit. In der Folge werden die eingeschlagenen Wege immer verwegener und die Risiken für die Unternehmen werden immer größer. Zusätzlich wandelt der Hochmut die Charaktere, sodass Emotionalität und Abwertung der Mitstreiter immer häufiger werden. Aus der Sicht der anmaßenden Führungskraft bedarf es ja auch keines eingespielten Teams. Man selbst steht für den Erfolg und die Mannschaft kann man nach eigenem Belieben jederzeit neu aufstellen. In der Folge bildet sich eine Kultur heraus, die allein durch das Erfolgsstreben des Unternehmers oder Topmanagers geprägt ist. Ohne Rücksicht auf Verluste. Die Unsicherheit steigt und wird fälschlicherweise als notwendiges Übel eines harten Wettbewerbs interpretiert. In Wahrheit geht es um die Eitelkeit und Maßlosigkeit der Akteure. Eine Kultur des immer mehr, immer weiter und immer schneller steht nicht für die Tugend der Mäßigung.

Glücklicherweise passiert das eher um uns herum als in unserem Land. Aber dennoch muss man die Ausstrahlungseffekte ganz klar im Auge behalten. Das ist z. B. in der bislang als moralische Institution geltende amerikanische Gesellschaft so. Einige Erfolgreiche baden geradezu in ihrem Ruhm und stellen sich nahezu als unantastbar dar. Als Folge dieses Hochmutes versuchen sie neben dem Feld der Wirtschaft auch zunehmend ihr Gewicht in gesellschaftliche Themen einzubringen. Die Idealvorstellung scheint hier ein System der Timokratie zu sein, wo man aus besonderen Erfolgen oder angehäuftem Vermögen auch besondere Rechte ableitet. Auch in den osteuropäischen Ländern gibt es enormen Reichtum, der protzig zur Schau gestellt wird. Es ist in der Welt an vielen Stellen ganz offensichtlich das richtige Maß verloren gegangen. Das Übermaß wird überall sichtbar, auch an Selbstbewusstsein und Überheblichkeit. Das ist sicher nicht das, was unter einer guten Führung verstanden werden sollte. Erst wenn die Mäßigung als Tugend fest verankert ist, darf man eine klare Führung fordern.

Die als Anmaßung empfundene Selbstdarstellung der Führung ist wohl auch ein Grund für die zunehmende Ablehnung von althergebrachter Hierarchie. Es gibt immer wieder Fälle, in denen Führungskräfte Erfolge in übertriebenem Maße auf sich selbst beziehen. Es ist eine weitverbreitete Attitude, sich als Macher zu positionieren, der die Dinge in die Hand nimmt. Ganz unzweifelhaft können Führungskräfte wichtige Richtungsentscheidungen treffen und maßgeblichen Anteil am Erfolg haben. In einer arbeitsteiligen Organisation ist es aber anmaßend, den Erfolg auf die eigene Leistung zu kaprizieren. Es arbeiten immer viele Hände daran, Dinge voranzutreiben. Wer das ausblendet, der maßt sich an, die

Arbeit der Anderen als eigene Lorbeeren auszugeben. Als Führungskraft soll man führen und nicht operativ selbst machen; also arbeiten andere operativ. Deren Mitwirkung unter den Teppich zu kehren, widerspricht jeder Form von gutem Führungsverhalten. Gerade auch wo Teamstrukturen gelebt werden, ist eine solche Anmaßung nicht zu rechtfertigen. Ein solches Verhalten wird von den Mitarbeitern, aber auch Kollegen zunehmend kritisch beurteilt. Der Hochmut der Führungskraft wird in unserer Zeit sofort in starke Ablehnung übersetzt. So, wie die anmaßende Darstellung ja alle diejenigen abwertet, die mitgemacht haben.

Es macht für die Unternehmen viel Sinn, den wirtschaftlichen Erfolg mit der Tugend der Mäßigung in Zusammenhang zu bringen. Kann es ein Zuviel an wirtschaftlichem Erfolg geben? Gibt es eine tugendhafte Begrenzung des Erfolges und wie wäre ein solche Einstellung zu rechtfertigen? Die Tugend der Mäßigung verpflichtet die Führung, Extreme zu vermeiden. Da ist auch der wirtschaftliche Erfolg zunächst einmal keine Ausnahme. Das philosophische Problem besteht darin, dass eine Führung, die alles unter den Maßstab des wirtschaftlichen Erfolges stellt, damit auch genau eine darauf beruhende Kultur zum Leben erweckt. Sehr schnell kann sich die zunächst logisch klingende Perspektive zu der Einstellung wandeln: „Der Erfolg heiligt die Mittel". Eine monokausal ausgerichtete Unternehmung wird über kurz oder lang genau dort landen. Dabei kann man sogar zynisch von einem Erfolg der Führung sprechen. Der Erfolg der Führung besteht darin, dass die vorgegebenen Werte und Einstellungen im gesamten Unternehmen übernommen wurden. Alle Mitarbeiter folgen dem Weg, den die Führung vorgegeben hat. Die einäugige Sichtweise der Führung wird in der Folge aber mit Sicherheit einige wirklich nachteilige Aspekte zutage bringen. Die Grenzen des moralischen Handelns werden sich unter der klaren Maxime mit Sicherheit auch verschieben. Es gibt mittlerweile leider genügend Beispiele, wo Unternehmen oder einzelne Bereiche gegen anerkannte moralische Prinzipien oder sogar geltendes Recht verstoßen haben. Der wirtschaftliche Erfolg mag sich ja sogar über einen gewissen Zeitraum eingestellt haben, auf lange Sicht wird aber eine existenzgefährdende Kultur gefördert. Die fehlende Mäßigung birgt das Risiko des Untergangs. Schon in den alten Schriften stand zu lesen, dass der Hochmut vor dem Fall kommt.

Die anmaßende Einmischung

Manager werden gerne mit den Begriffen „Entscheider" und „Macher" belegt. Die Synonyme für das Management sind wohl so zu verstehen, dass man den Führungskräften einige Freiheitsgrade zuspricht. Aus der Sicht des einfachen

Mitarbeiters mag das auch stimmen. Die Wahrheit in vielen Unternehmen ist jedoch eine ganz andere: Eine weiterreichende Beteiligung verschiedenster Gruppen schränkt nahezu alle Freiheiten des Managements ein! Die Verbindungen zwischen den internen und externen Interessensgruppen sowie den institutionalisierten und nicht institutionalisierten Anspruchsträgern haben ein absolut feinmaschiges Netz entstehen lassen. Die moderne Führungskraft ist in einem Wust von Beziehungsgeflechten eher gefangen, als dass sie frei agieren kann. Die Bezeichnung der Führungskräfte als Macher basiert mehr auf dem Mythos Manager als auf den realen Gegebenheiten.

Die breite Beteiligung ist, anders als viele denken, nicht nur durch sachliche Notwendigkeiten gegeben. Es ist vielmehr so, dass in den Unternehmen auch eine entsprechende Kultur vorherrscht. Diese Kultur basiert auf dem gesellschaftlichen Phänomen der Hyperdemokratisierung, die ihre Ausstrahlungseffekte in die Unternehmen zeigt. Über eine Zersplitterung von Verantwortungsbereichen hat sich eine viel zu große Menge an institutionalisierten Gruppen geschaffen, die sich in viele Fragen einmischen. Daneben gibt es noch informelle Beeinflusser, die umfassende Mitspracherechte fordern, ohne einen legitimierten Bezug zur Thematik zu haben. Eine echte Arbeitsteilung ist dadurch weitgehend ausgehebelt. Überall wird von Teams gesprochen, die sich horizontal und vertikal über die institutionalisierten Grenzen hinweg formen sollen. Die hierarchische Ordnung soll im Sinne der Zukunftssicherung, Agilität und Disruption zugunsten einer breiteren Beteiligung der Mitarbeiter komplett aufgegeben werden. Es erscheint in vielen Unternehmen wichtig, möglichst viele Meinungen nicht nur einzuholen, sondern auch an der Entscheidung zu beteiligen. Diese Sichtweise basiert aber in vielerlei Hinsicht auf einer ausgeprägten Form der Anmaßung.

Es ist in der Führung zu einer weitverbreiteten Gewohnheit geworden, sich an allen Themen zu beteiligen, die besonders interessant sind. Hier liegt dann insofern eine Anmaßung vor, als dass ja häufig keine direkte Betroffenheit gegeben ist, die eine Beteiligung zwingend erforderlich macht. Es ist insofern absolut vertretbar, von Einmischung statt von sachgerechter Beteiligung zu sprechen. Gerade auch auf den Führungsebenen ist der Glaube weitverbreitet, dass eine hohe Position auch die Berechtigung gibt, sich bei allen möglichen Themen zu Wort zu melden. In den immer voller werdenden Sitzungsräumen sitzen nicht nur die direkt Verantwortlichen, sondern eben auch viel andere, die ihre Meinung zum Sachverhalt kundtun wollen. Leider muss man dabei feststellen, dass eine gute Vorbereitung auf das Thema und eine inhaltliche Auseinandersetzung für eine Einmischung gar nicht notwendig sind. So wird gleich gegen zwei Tugenden der Führung verstoßen. Erstens gegen die Tugend der Weisheit, die von der Führung eine inhaltlich vertiefte und auf einer Synthese beruhenden Beurteilung von

Themen fordert. Zweitens gegen die Mäßigung, die eine Beteiligung allein auf einem Meinungsbild eigentlich verbietet. Außerdem ist es sicher nicht maßvoll, sich bei Themen einzumischen, die im Sinne der Arbeitsteilung die eigenen Verantwortungsbereiche nur tangieren.

Eine maßvolle Beteiligung statt einer übertriebenen Einmischung ist nicht nur horizontal auf einer Führungsebene notwendig, sondern auch vertikal. In einem gesunden Unternehmen muss es wieder gelingen, Arbeiten zu delegieren und sich auf gute Ergebnisse verlassen zu können. Grundsätzlich ist eine Nähe der Führungskräfte zu den eigenen Mitarbeitern sehr positiv zu beurteilen. Doch häufig ist mit einem gut gemeinten Kümmern eben auch ein Aushebeln der vertikalen Arbeitsteilung verbunden. Dies ist immer dann der Fall, wenn man zu häufig mal nachfragt, wie es denn vorangeht und diese Frage gleich mit ein paar wichtigen Tipps zur weiteren Vorgehensweise verknüpft. Eine Mäßigung und Einhaltung von Arbeitsteilung würde bedeuten, Aufgaben und Verantwortung wirklich zu übergeben. Auch wenn die Führungskräfte natürlich eine Kontrollfunktion wahrnehmen sollen und rechtzeitig Fehlentwicklungen erkennen müssen, muss die richtige Balance zwischen echter Führung und Einmischung gefunden werden. Doch man findet sehr häufig noch die anmaßende Einstellung, dass die Führungskraft alle Aufgaben der Mitarbeiter mindestens so gut, wenn nicht sogar besser erledigen kann. Auf der Basis dieser arroganten Behauptung erfolgt dann die Rechtfertigung, sich in die Aufgaben der anderen einzumischen. Die Tugend der Mäßigung fordert aber, sich nicht als Superheld in allen Belangen zu sehen, sondern die Leistungen der Mitarbeiter anzuerkennen. In der Aufforderung „Erkenne Dich selbst" sollte auch die Fähigkeit gesehen werden, loslassen zu können. Vertikale Arbeitsteilung verlangt echte Delegation und setzt Vertrauen voraus. Ist dieses nicht gegeben, kommt es zur Einmischung in Themen, die eigentlich durch die Mitarbeiter erledigt werden sollten.

Die maßvolle Beteiligung ist keine Beschränkung der eigenen Kompetenz. Sie stellt eine klare Führung nicht infrage, sondern ist Ausdruck einer guten Führungsphilosophie. Ganz im Gegenteil, müssen wir die übertriebene Einmischung als Führungsschwäche verstehen. Man führt ja dann nicht mehr, sondern macht selbst. Ein geringes Maß an Einmischung zeigt die Tugend der Mäßigung und ist damit überaus positiv zu beurteilen. Sie ist Ausdruck eines hohen qualitativen Anspruchs auf der horizontalen Ebene. Vertikal ist sie ein Maßstab echter Führung, die sich nicht im Bessermachen der Aufgaben von Mitarbeitern verliert. Und sie hat für die Führungskräfte auch sehr positive Effekte. Stellen Sie sich einmal vor, wie viel Zeit zu gewinnen ist, wenn man nicht mehr bei jedem Thema mitmischt, sondern sich auf das fokussiert, was für das eigene Aufgabengebiet wirklich relevant ist. Damit gewinnt dann auch das Grundprinzip der Wirtschaft, die Arbeitsteilung, neuen Glanz.

Literatur

Aristoteles, Gigon O (2001) Die Nikomachische Ethik. Übersetzt von Olog Gigon. Artemis & Winkler, Düsseldorf

Helferich C (2000) Geschichte der Philosophie. Dtv, München

Hirschberger J (1981) Geschichte der Philosophie. Teil 1 Altertum und Mittelalter. Herder, Freiburg im Breisgau

Kunzmann P, Burkard F-P, Wiedmann F (2001) DTV-Atlas Philosophie. Dtv, München

LinkedIn (2018) Wettbewerbsfaktor Zugehörigkeit. So schaffen Unternehmen Loyalität. Presseportal. https://www.presseportal.de/pm/64022/3989114. Zugegriffen am: 14. November 2018

Mintzberg H (1990) The Manager's Job: Folklore and Fact. Harvard Business Review 2: 163–176

Störig H-J (2002) Kleine Weltgeschichte der Philosophie. Limitierte Jubiläumsedition. S. Fischer, Frankfurt a. M.

Weischedel W (2001) Die philosophische Hintertreppe. Nymphenburger, München 2001

Wikipedia (2018a) Eudaimonie. Wikipedia. https://de.wikipedia.org/wiki/Eudaimonie. Zugegriffen am: 14. November 2018

Wikipedia (2018b) Gerechtigkeit. Wikipedia. https://de.wikipedia.org/wiki/Gerechtigkeit. Zugegriffen am: 14. November 2018

Wikipedia (2018c) Mäßigung. Wikipedia. https://de.wikipedia.org/wiki/Mäßigung. Zugegriffen am: 14. November 2018

Wikipedia (2018d) Mut. Wikipedia. https://de.wikipedia.org/wiki/Mut. Zugegriffen am: 14. November 2018

Wikipedia (2018e) Offenheit (Psychologie). Wikipedia. https://de.wikipedia.org/wiki/Offenheit_(Psychologie). Zugegriffen am: 14. November 2018

Wikipedia (2018f) Tapferkeit. Wikipedia. https://de.wikipedia.org/wiki/Tapferkeit. Zugegriffen am: 14. November 2018

Wikipedia (2018g) Weisheit. Wikipedia. https://de.wikipedia.org/wiki/Weisheit. Zugegriffen am: 14. November 2018

Das Seinige Tun 7

Der Weg zu einer klaren Führung führt immer über eine besondere Führungsphilosophie. Diese ist trotz eines hohen Abstraktionsgrades facettenreich und vielschichtig. Die Auseinandersetzung mit der Philosophie hat uns gelehrt, dass es weniger darauf ankommt, was man denkt, sondern vielmehr wie man denkt. Es gibt die klare Erkenntnis, dass es hinter dem leicht wahrzunehmenden Zeitgeist verdeckte Tugenden aufzuspüren gilt. Dass solche Überlegungen eine Möglichkeit sind, in die Zukunft zu schauen und Megatrends zu erkennen. Und es gibt die Überzeugung, dass jede gute Führung bei den Führungspersönlichkeiten selbst ansetzen sollte. Nur auf der Basis eines persönlichen Wertemodells hat man eine Grundlage, auch die Moralvorstellungen in Unternehmen und die gesamte Unternehmenskultur positiv zu verändern. Eine Auseinandersetzung mit den klassischen Tugenden der Weisheit, Gerechtigkeit, Tapferkeit und Mäßigung ist ein guter Rahmen für jede Führungskraft, Kompetenz und Authentizität zu gewinnen. Es ist in unserer Zeit absolut notwendig, neben dem eindimensionalen Streben nach wirtschaftlichem Erfolg auch eine multidimensionale Ausrichtung an den Tugenden zu fordern. Das alles sind die Elemente, die eine klare Führung und eine gute Führungsphilosophie kennzeichnen.

Nun ist es ein durchgängiger philosophischer Anspruch, so viele Aspekte auch irgendwie auf einen gemeinsamen Nenner zu bringen. Hier kann uns zum letzten Mal einer der großen Philosophen der griechischen Klassik helfen. Platon hat seine ganze Führungslehre in einem einzigen Ausspruch verdichtet: „Das Seinige tun" (Hirschberger 1981, S. 126)!

Die wenigen Worte wirken sofort; man bekommt unmittelbar ein Gefühl davon, was gemeint ist. „Das Seinige tun" kann und sollte das wertvolle Leitmotiv für alle Führungskräfte sein. In der archaischen und theoretischen Auseinandersetzung mit dieser Grundhaltung werden grundsätzlich zwei verschiedene Aspekte hervorgehoben. Auf der einen Seite ist es der Ausdruck einer weitgehenden Autonomie und einer permanenten persönlichen Verbesserung. Auf der anderen Seite wird „Das Seinige tun" ganz klar mit einem definierten Rollenmodell und der Erfüllung gemeinschaftlicher Aufgaben in Verbindung gebracht (Donovan 2003).

Das Seinige tun ist eine Aufforderung zur inneren Einkehr. Das neue Bild der Führungskraft ist nicht mehr ein Manager-Jet-Set, der immer unterwegs ist. Es geht nicht darum, an möglichst vielen Besprechungen teilzunehmen. Der volle Terminkalender sollte nicht länger der Maßstab für die Bedeutung sein. Es geht darum, Werte zu schaffen und in den eigenen Augen und denen des Unternehmens wertvoll zu sein. Dazu bedarf es einer starken Konzentration. Es sind die Felder abzustecken, in denen man aktiv sein will, und in denen man tatsächlich Werte schafft. Genauso sind die Themen zu identifizieren, bei denen man sich ohne größeren Schaden für das Unternehmen stärker zurückziehen kann. „Das Seinige tun" verlangt von uns, neben das hektische Treiben ein neues und besonders wichtiges Bild zu stellen. Wir müssen uns wieder vorstellen können, dass die gute Führungskraft in Ruhe und mit einiger Gelassenheit am Schreibtisch sitzt und arbeitet. Nicht Hektik sollte das Bild des modernen Managers prägen, sondern die konzentrierte Arbeit. Konzentration heißt eben auch Kontemplation. Aus einem oberflächlichen Mitmischen bei allen möglichen Themen sollte wieder eine vertiefte Auseinandersetzung mit wesentlichen Fragen im eigenen Aufgabengebiet und für das Unternehmen werden. Das neue Bild der Führungskraft sollte es sein, wieder vertieft an einer Sache zu sitzen; sich die notwendige Zeit für wichtige Themen zu nehmen. Es ist gerade in bewegten Zeiten notwendig, durch Nachsinnen die Komplexität von Themen zu erfassen und am Ende zu besiegen. Das Nachdenken und Grübeln sollte nicht länger eine Domäne wissenschaftlicher Experten oder externer Berater sein. „Das Seinige tun" heißt, die Dinge auch wirklich richtig zu machen. Die Führungskräfte müssen wieder dahin kommen, dass sie devot mit ihrer Arbeit umgehen. Im Moment ist es noch so, dass man das eine tut und gleichzeitig mit seinen Gedanken noch auf zwei anderen Hochzeiten tanzt. Die Führung sollte wieder mehr im hier und jetzt sein. Das ist ein wesentlicher Aspekt der neuen Führungsphilosophie und besonders wichtig auf dem Weg zu einer klaren Führung.

Letztendlich muss jede einzelne Führungskraft für sich ein klares Bild gewinnen, wie Führung aussehen soll. Das Gefühl ist der richtige Gradmesser, denn „Das Seinige tun" bedeutet doch Dinge zu tun, bei denen man sich wirklich wohlfühlt. Wohlfühlen ist eine emotionale Komponente und auch die einzig zulässige Bewertung. Viel zu häufig wird eine Position aufgrund der großen Außenwirkung angestrebt, aber nicht weil man sie wirklich will. Eine Beförderung schreckt nicht ab. Es verbindet sich kein Herzklopfen mit neuen und vermeintlich anspruchsvollen Aufgaben. Mehr Geld, mehr Macht, mehr Erfolg, aber nicht mehr Verantwortung. Das erscheint traumhaft! Mit einer solchen Denkweise gilt es grundlegend aufzuräumen: Sie ist einfach falsch. Fakt ist, dass alles seinen Preis hat. Für jede Karriere muss man einiges opfern. Es ist eben nicht so, dass sich eine Karriere – sei sie auch noch so steil – nur mit positiven Momenten verbindet. Jede Karriere ist immer mit einem gewissen Leidensweg verbunden. Eine neue Führungsphilosophie verlangt von jeder Führungskraft, sich die Herausforderungen bewusst zu machen und klare Entscheidungen zu treffen. Der richtige Maßstab kann doch nur sein, dass man sich selbst als wirklichen Gewinn in der angebotenen Position sieht. Und dies ohne anmaßend zu sein. In der Auseinandersetzung mit einem selbst muss man von einer Sache wirklich überzeugt sein. Dies gilt nicht nur auf der inhaltlichen Ebene bei wichtigen Managemententscheidungen, sondern auch für das Führen und das eigene Bild der Führung.

Der Führungsmannschaft bleibt in jedem Fall eine intensive Auseinandersetzung mit dem Thema nicht erspart. Es ist für jeden einzelnen unumgänglich, ein klares Bild von Führung zu entwerfen. Das ist eine wichtige Grundlage, um die Rolle einer guten Führung in einem Unternehmen zu definieren. Doch die Selbstbeschäftigung darf nicht als Ausdruck eines zügellosen Individualismus verstanden werden. Ganz im Gegenteil. Wenn der Prozess der Definition von Führung und den damit verbundenen Rollen abgeschlossen ist, ist zu prüfen, wie diese Vorstellungen mit den Wertvorstellungen im Unternehmen in Einklang zu bringen sind. Gute Führung bedeutet, dass das Selbstverständnis mit den Werten im Unternehmen kompatibel ist. Voraussetzungen sind klare Vorstellungen von Führung in unserer Zeit und den zeitlosen Grundsätzen. Dieses Buch ist eine Anleitung für jeden einzelnen, seine Position zu definieren oder auch zu überprüfen.

Das Credo von Platon – „Das Seinige tun" – hat neben dem Anspruch an jede einzelne Führungskraft auch einen klaren gesellschaftlichen und unternehmerischen Bezug. Es geht darum, eine bestimmte Rolle in der Führung und als Führungskraft einzunehmen. Platon hat in seiner Staatslehre „Politea" bestimmte Rollen definiert und sieht es als unumgänglich an, dass jeder seine Rolle kennt und sie vollends ausfüllt. Für Platon ist es ein weiterer Knackpunkt für eine gute Führung und die Gerechtigkeit der Organisation. So ist es denn auch seine Grundüberzeugung, dass nicht der gute Mensch allein einen guten und gerechten Staat ausmacht, sondern die gute Organisation.

Hier tut sich ein ganz neues Feld der Unternehmensführung auf. In unserer heutigen Welt handelt es sich im Gegensatz zur wertebasierten Führung um einen instrumentellen Ansatz. Diese werden gemeinhin dem Bereich des Managements und nicht dem der Führung zugeschrieben. Und auch hier ergeben sich zahlreiche und ganz neue Felder, die es zu diskutieren gilt. Man kann sicher behaupten, dass die Rollen der Führung in den Unternehmen nicht mehr klar definiert sind. Die Führungskraft soll leiten, korrigieren, verständnisvoll sein und Erfolge erzielen. Die Mitarbeiter wollen Freiraum, Mitentscheiden und ihre Work-Life-Balance optimieren. Bei den vielfach vorgeschlagenen hierarchielosen Organisationen vermischt sich das Führen mit dem Geführt-Werden. Will man das Seinige tun, ist es unausweichlich, die Rollen der Führung bzw. des Management neu und klar zu beschreiben. Nur wenn die Erwartungen klar sind, kann man sie auch erfüllen. Immer neue Ansätze sollen die Anforderungen der Zeit – und vor allen Dingen der Zukunft – erfüllen. Es gibt zahllose Vorschläge, die Organisation für die Zukunft agil, disruptiv und innovativ zu gestalten. Doch die meisten Ansätze scheinen nicht geeignet, Komplexität zu beherrschen. Es ist also auf der Basis einer klaren Führung auch auf das Management von und in Unternehmen einzugehen. Doch das ist ein anderes Feld. Im Rahmen dieses Buches kann das nicht geleistet werden. Hier ist eine weitere Aufgabe, nämlich die Philosophie eines neuen Managements zu entwickeln, noch zu erledigen.

Literatur

Donovan BR (2003) The Do-It-Yourselfer in Platons Republic. American Journal of Philology 124: 1–18

Hirschberger J (1981) Geschichte der Philosophie. Teil 1 Altertum und Mittelalter. Herder, Freiburg im Breisgau

Weiterführende Literatur

Demokratie

Brockhaus (2001) Demokratie. F.A. Brockhaus, Leipzig
Ritz C, Schaal GS (2010) Politische Führung in der Postdemokratie. APUZ 2–3: 9–15
Thurich E (2011) Demokratie. Bundeszentrale für politische Bildung. http://www.bpb.de/nachschlagen/lexika/pocket-politik/16391/demokratie. Zugegriffen: 29. November 2018

Führung und Philosophie

Weimer A (1995) Mit Platon zum Profit. Ein Philosophie-Lesebuch für Manager. Frankfurter Allgemeine Zeitung, Frankfurt am Main

Generations

Albrecht A (2014) Wunsch und Wirklichkeit der Generation Y. Unternehmeredition Personal 5:40–41
Eckert D (2017) Generation Y unzufrieden. Deutsche Arbeitnehmer von ihren Chefs gefrustet. Welt Online. https://www.welt.de/171322669. Zugegriffen: 29. November 2018

Gerechtigkeit

Brockhaus (2001) Gerechtigkeit. F.A. Brockhaus, Leipzig

Globalisierung

Bundeszentrale für politische Bildung (2018) Globalisierung. Zahlen und Fakten. Bundeszentrale für politische Bildung. https://www.bpb.de/nachschlagen/zahlen-und-fakten/globalisierung. Zugegriffen: 29. November 2018

Globalisierung Fakten (2005–2018) Was ist Globalisierung? Globalisierung Fakten. https://www.globalisierung-fakten.de/globalisierung-informationen/was-ist-globalisierung. Zugegriffen: 29. November 2018

Globalisierung Fakten (2005–2018) Gründe der Globalisierung. Globalisierung Fakten. https://www.globalisierung-fakten.de/globalisierung-informationen/gruende. Zugegriffen: 29. November 2018

Macht

Brockhaus (2001) Macht. F.A. Brockhaus, Leipzig

Hoffmann W, Rohnert E (2018) Vom Mythos Macht im Management: Ein Tabu im Umbruch? Perspektive blau. http://www.perspektive-blau.de/artikel/0503a/0503a.htm. Zugegriffen: 29. November 2018

Moral und Führung

CareerBuilder Germany (2016) Das Zusammenspiel von Führung und Moral. CareerBuilder. https://arbeitgeber.careerbuilder.de/blog/fuehrung-und-moral-mehr-selbstreflektion-und-authentizitaet. Zugegriffen: 29. November 2018

Schnaas D (2018) Die verlorene Moral der Wirtschaft. WirtschaftsWoche Online. https://www.wiwo.de/politik/ausland/tauchsieder-die-verlorene-moral-der-wirtschaft/20923670.html. Zugegriffen: 29. November 2018

Schüür-Langkau A (2015) Wie moralisch müssen Führungskräfte sein? Springer Professional. https://www.springerprofessional.de/management—fuehrung/wie-moralisch-muessen-fuehrungskraefte-sein/6599984. Zugegriffen: 29. November 2018

WeiblerJ, Kuhn T (2018) Führungskräfte zwischen Macht und Moral: Mythen und Einsichten. Leadership Insiders. https://www.leadership-insiders.de/fuehrungskraefte-zwischen-macht-und-moral-mythen-und-einsichten. Zugegriffen: 29. November 2018

Mythos Management

Martin RL (2014) Mythos Strategische Planung. Harvard Business Manager 3:62

Shareholder-Value

Grötker R (2006) Das neue Spiel. Die Sache mit dem Shareholder Value: Wo er herkommt. Und wo er hinführt. Brand Eins Online. https://www.brandeins.de/magazine/brand-eins-wirtschaftsmagazin/2006/kapitalismus/das-neue-spiel. Zugegriffen: 29. November 2018

Malik F (2005) Muss der Kapitalismus vor den Kapitalisten gerettet werden? Manager Magazin Online. http://www.manager-magazin.de/unternehmen/artikel/a-353623.html. Zugegriffen: 29. November 2018

Strategische Unternehmensführung

Andrews K (1971) The Concept of Corporate Strategy. Dow Jones-Irwin, Homewood

Schreyögg G (1984) Unternehmensstrategie. Grundfragen einer Theorie strategischer Unternehmensführung. Springer, Berlin/New York

Staehle WH (1994) Management. Vahlen, München

Tugenden und Führung

Christensen CM (2016) Der Sinn des Lebens. Harvard Business Manager 4: 26–37

Franz A (2018) Vom Streben nach Glück und Lebensfreude – der Hedonismus als philosophisches Konzept. Liebe und Selbstfindung. https://www.liebe-und-selbstfindung.de/der-hedonismus-als-philosophisches-konzept. Zugegriffen: 29. November 2018

Goleman D (1999) Emotionale Intelligenz – zum Führen unerlässlich. Harvard Business Manager 3: 27–75

Malik F (2014) Führen Leisten Leben. Wirksames Management für eine neue Welt. Campus, Frankfurt am Main

Wikipedia (2018) Verliererspiel. Wikipedia. https://de.wikipedia.org/wiki/Verliererspiel. Zugegriffen: 29. November 2018

Unternehmenskultur

Jossey-Bass, Ogbonna E (1993) Managing organisational culture: fantasy or reality. Human Resource Management Journal 3: 42–54

Marshall J, McLean A (1985) Exploring Organisation Culture as a Route to Organisational Change. In Hammond V (Hrsg) Curret Research in Management 2–20. Francis Pinter, London

Martin J (1985) Can organization culture be managed? In Frost PJ et al. (Hrsg) Organisation Culture. Beverly Hills, Sage

Oenning L (2018) So sichern sich Unternehmen die Loyalität ihrer Mitarbeiter. Handelsblatt Online. https://www.handelsblatt.com/unternehmen/beruf-und-buero/the_shift/linkedin-studie-so-sichern-sich-unternehmen-die-loyalitaet-ihrer-mitarbeiter/22771002.html. Zugegriffen: 29. November 2018

Rose N (2017) Manager brauchen wieder mehr Bescheidenheit. WirtschaftsWoche Online. https://www.wiwo.de/erfolg/management/fuehrungskultur-manager-brauchen-wieder-mehr-bescheidenheit/20124816.html. Zugegriffen: 29. November 2018